BASTEI
LÜBBE

Von Willy Breinholst sind bei Bastei Lübbe erhältlich:

60024 Hallo, hier bin ich!
11608 Hallo, hier bin ich wieder!
12269 Hallo, hier bin ich! Band 2
12625 Liebe auf den ersten Blick
12677 Kinder – ein Geschenk des Himmels
12799 Nur keine Aufregung, Mann!
60039 Hallo, Mama! Hallo, Papa!
60044 Hallo, Herr Doktor!
60059 Guck mal, Mami! Guck mal, Papi!
60063 Mama ist die Beste auf der Welt
10742 Die schönsten Geschichten für junge Eltern
71502 Die schönsten Geschichten für junge Eltern *(Farbige Geschenkausgabe)*
71515 Die schönsten Geschichten für alle, die ein Herz für Kinder haben *(Farbige Geschenkausgabe)*
14241 Die besten Geschichten

Willy Breinholst

Hallo – nimm's nicht so tragisch!

BASTEI LÜBBE

BASTEI LÜBBE TASCHENBUCH
Band 14456

1. Auflage: Dezember 2000

Vollständige Taschenbuchausgabe

Bastei Lübbe Taschenbücher ist ein Imprint
der Verlagsgruppe Lübbe

Originalausgabe

Herausgeber: Verlagsgruppe Lübbe GmbH & Co. KG,
Bergisch Gladbach
Satz: hanseatenSatz-bremen, Bremen
Druck und Verarbeitung: Ebner Ulm
Printed in Germany
ISBN 3-404-14456-2

Sie finden uns im Internet unter
http://www.luebbe.de

Der Preis dieses Bandes versteht sich einschließlich
der gesetzlichen Mehrwertsteuer.

Inhaltsverzeichnis

Charley Moon und die Blondine

Nur wenige Reisende saßen im Erster-Klasse-Wagen des Nachtexpreß. Charley Moon hatte sich ein leeres Abteil ausgesucht und hoffte, für sich allein zu bleiben, wenn auch nicht ganz bis Manchester, so doch wenigstens eine Strecke lang. Aber gerade, als der Zugführer zur Abfahrt pfiff und die schweren Räder des Nachtexpreß sich langsam in Bewegung setzten, wurde die Schiebetür zum Gang aufgezogen. Eine große, attraktive Blondine trat ein. Sie trug einen Koffer, der mit Abzeichen der führenden europäischen Hotels beklebt war. Charley warf schnell einen Blick auf ihr goldenes Armband, ihre Brillantringe und ihr Perlencollier. Offensichtlich handelte es sich um eine

Dame der besseren Gesellschaft – oder zumindest um eine Dame, die es verstand, überall den Rahm abzuschöpfen. Sie versuchte, ihren Koffer ins Gepäcknetz zu heben, aber anscheinend war er zu schwer. Charley sprang auf und half ihr. Offenbar verfügte die Lady nicht über allzu große Kräfte, denn der Koffer wog höchstens ein paar Kilo.

»Vielen Dank«, sagte sie lächelnd und sah ihm einen Augenblick tief in die Augen. Irgend etwas in ihrem Blick verriet ihm, daß sie gegen einen kleinen Flirt nicht abgeneigt wäre, aber da war sie an den verkehrten Mann geraten. Charley war müde und abgekämpft nach einem langen, anstrengenden Tag und hatte nur den einen Wunsch: zu schlafen, um frisch und ausgeruht zu sein, wenn der Zug Manchester erreichte. Dort, hoffte er, würde Patricia ihn erwarten. Fünf Jahre waren eine lange Trennung gewesen. Er sehnte sich nach ihr.

Die Blondine nahm Platz, zündete sich eine Zigarette an und zog ein Taschentuch aus ihrer Handtasche. Hübsche Beine, registrierte Charley, und das weiß sie auch.

Dann lehnte er sich gemütlich in die äußerste Ecke der Bank zurück, löschte die Leselampe hinter sich und schlummerte ein.

Er erwachte davon, daß die junge Dame nervös in ihrer Handtasche kramte.

»Wie schrecklich«, jammerte sie, »ich habe mein Portemonnaie verloren. Was soll ich bloß tun?«

»Ist es vielleicht hinter den Sitz gerutscht?« meinte Charley ziemlich desinteressiert.

»Nein, da habe ich schon nachgesehen. Ich habe alle losen Kissen hochgehoben und meinen ganzen Koffer durchsucht – während Sie schliefen.«

»Haben Sie es draußen im Gang oder auf der Toilette liegenlassen?«

Sie schüttelte den Kopf. »Ich hatte es noch, als ich den

Taxifahrer bezahlte und dann die Fahrkarte kaufte ... Ach Gott, ich muß es am Fahrkartenschalter vergessen haben. Und jetzt habe ich keinen Pfennig mehr. Dabei brauche ich zweihundert Pfund für ein Flugticket!«

»Na, so ein Pech«, meinte Charley.

Sie blickte ihn direkt an. »Sie könnten mir wohl nicht zweihundert Pfund leihen?« fragte sie mit einer Unbekümmertheit, als bäte sie nur um ein Streichholz. Aber zweihundert Pfund waren schließlich keine Kleinigkeit. Charley jedenfalls hatte nur wenig mehr als diesen Betrag bei sich, und das war alles, was er sich in den letzten fünf Jahren zusammengespart hatte. Nun wollte ein wildfremdes Mädchen sein ganzes Geld – ganz schön unverschämt.

»Zweihundert Pfund? Nein, mein Fräulein, tut mir leid.«

Sie warf ihm ihr bezauberndstes Lächeln zu.

»Mit zweihundert Pfund kommen Sie noch relativ billig davon«, sagte sie.

Er sah sie verständnislos an. »Billig davon? Wie meinen Sie das?«

»Ach, ich meine bloß, daß ich mir unter allen Umständen – auf irgendeine Weise – zweihundert Pfund beschaffen muß, bevor der Zug in Manchester ist. Aber Sie besitzen vielleicht gar nicht so viel?«

»Doch«, nickte Charley, »die habe ich zufällig. Aber ich kenne Sie doch gar nicht. Sie haben sich nicht einmal vorgestellt. Das wäre zumindest ...«

»Geben Sie mir Ihren Namen und Ihre Adresse, dann schicke ich Ihnen den Betrag zurück, sobald ich mit meiner Bank Verbindung aufgenommen habe.«

Sie war wirklich nicht von gestern. In ihrer Stimme lag fast etwas Befehlendes, und das ärgerte Charley.

»Tut mir leid, gnädiges Fräulein«, erwiderte er kühl, »aber ich kann Ihnen leider nicht helfen.«

Sie saß einen Augenblick stumm da, dann beugte sie

sich ein wenig vor, sah ihm durchdringend in die Augen und versuchte, seinen Blick festzuhalten.

»Wenn ich nun plötzlich anfange zu schreien, die Notbremse ziehe, hinausstürze und dem Schaffner melde, Sie wollten mich vergewaltigen? Es wäre ja nicht das erste Mal, daß Männer, die mit einer jungen Dame allein im Nachtexpreß saßen, so etwas versucht hätten. Das könnte recht peinlich für Sie werden. Man ruft die Polizei, Sie werden verhört, sensationslüsterne Journalisten kommen angerannt. Wäre es Ihnen nicht zweihundert Pfund wert, einen solchen Skandal zu vermeiden?«

So ein Typ war sie also. Er hatte schon von dieser Art Nachtzugpassagiere gehört, glücklicherweise aber bisher noch keine getroffen. Nun sollte also auch er diesen billigen Trick kennenlernen, der sicher enorm einträglich war, wenn man die nötige Frechheit besaß. Und daran schien es der jungen Dame keineswegs zu fehlen.

»Ich fürchte, bei mir können Sie diese Nummer nicht abziehen, Verehrteste«, sagte er ruhig und zündete sich gelassen eine Zigarette an. »Vielleicht sehe ich wie ein leichtes Opfer aus, aber seien Sie sicher, das bin ich nicht. Suchen Sie sich lieber ein anderes Abteil, Ihre Gesellschaft beginnt mich zu langweilen.«

»Hören Sie«, sagte sie selbstsicher, »offenbar ist Ihnen nicht klargeworden, wie ernst ich es meine. Wenn ich mein Haar zerzause, meine Bluse aufreiße und laut schreiend auf den Gang stürze, dann werden Sie wohl schwerlich den Schaffner und die anderen Reisenden davon überzeugen können, daß Sie so unschuldig sind wie Sie vorgeben. Soweit ich weiß, gibt es in diesem Land immer noch recht harte Strafen für das Vergehen, arme kleine Mädchen im Nachtexpreß zu überfallen.«

»Sie widerliche ...«

Sie unterbrach ihn: »Ist es Ihnen wirklich nicht zweihundert Pfund wert, eine so schmähliche Anzeige zu vermeiden, wegen ... na sagen wir, wegen versuchter Vergewaltigung? Sie tragen doch einen Trauring. Was Ihre liebe kleine Frau wohl sagen würde, wenn sie in den Zeitungen über ihren Mann liest?«

»Sie sind widerwärtig.«

Sie lächelte. »Aber nicht doch. Ihnen gegenüber bin ich noch milde. Ich verlange nur zweihundert Pfund, oder? In anderen Fällen habe ich schon erheblich mehr vorgeschlagen. Beispielsweise haben mir bekannte Politiker mit einem makellosen Ruf mit Freuden weit größere Beträge übergeben, um einen Skandal zu vermeiden. Ich gucke mir meine Leute an. Sie schätze ich auf dreihundert bis vierhundert Pfund, verlange aber nur zweihundert. Wenn ich Sie so schonungsvoll behandle, dann nur, weil ich Sie ungemein sympathisch finde. Ich habe das Gefühl, Sie sind auf dem Wege zu Ihrer kleinen, niedlichen Frau. Wäre es nicht ein Jammer, wenn ...«

»Hören Sie jetzt sofort auf!«

Charley erhob sich, ergriff seinen Koffer und wollte das Abteil verlassen.

»Setzen Sie sich!« kommandierte sie und versperrte ihm blitzschnell mit ihrem Körper den Ausgang. »Sie setzen sich sofort wieder hin – oder ich schreie! Wie Sie sicher erraten haben, verfüge ich über eine gewisse Routine in diesem Gewerbe.«

Charley schleuderte seinen Koffer auf den Sitz und ließ sich fallen. Er war fest davon überzeugt, daß sie mit ihrer Drohung ernst machen würde, wenn er jetzt mit ihr kämpfte. Plötzlich begriff er, wie sie sich all diesen wertvollen Schmuck verschafft hatte – ein deutlicher Beweis, daß sie wirklich eine Meisterin ihres Faches war: Erpressung der gemeinsten Art und Weise.

»In fünf Minuten hält der Zug, dann steige ich aus«, sagte sie geschäftsmäßig. »Sagen wir, ich gebe Ihnen genau eine Minute, um sich zu entschließen. Die Notbremse hängt hier oben, in wenigen Sekunden kann ich meine Bluse zerreißen, meine Frisur durchwühlen, Ihr Gesicht zerkratzen und um Hilfe schreien. Übrigens, ich kann so grauenvoll schreien, daß über den Grund gar keine Zweifel aufkommen.«

»Und ich werde dem Schaffner sofort erklären, was Ihr dreckiges Geschäft in Wahrheit ist und was für eine widerliche Verbrecherin Sie sind. Glauben Sie nur nicht, daß ...«

Ein höhnisches Grinsen ließ ihn verstummen. »Um billige Ausreden sind Gewaltverbrecher nie verlegen. Aber leider – ein Jammer für Sie! – kommen sie nie sehr weit damit.«

Charley erhob sich, zerdrückte seinen Zigarettenstummel im Aschenbecher und stand ihr einen Augenblick unsicher gegenüber. Sie versperrte ihm immer noch die Schiebetür. Ihre eine Hand klammerte sich fest um den Kragen ihrer Seidenbluse. In Sekundenschnelle konnte sie die Bluse zerreißen, konnten ihre langen, spitzen roten Fingernägel sein Gesicht verunstalten. Bei ihrem zynischen Blick zweifelte er keinen Augenblick, daß sie ihre Drohungen ohne Bedenken wahrmachen würde, wenn er nicht nachgab, bevor die Frist abgelaufen war.

»Okay«, sagte er mit einem ergebenen Schulterzucken und holte seine Brieftasche hervor. »Aber ich habe nur hundertachtzig Pfund. Und ich verlange eine Quittung für den Betrag. In Naturalien!«

Sie lockerte den Griff um ihren Kragen, steckte die Brieftasche schnell ein und sah ihn verständnislos an.

»In Naturalien? Wie meinen Sie das?«

»Ich will Sie küssen. Dann kann ich vor aller Welt damit prahlen, daß ich die frechste und gemeinste Hexe verführt habe. Sie haben mein Geld bekommen – jetzt verlange ich eine Gegenleistung. Das ist doch nicht mehr als recht und billig?«

Einen Augenblick stand sie unentschlossen da. Dann bot sie ihm die Lippen an. Er zog sie an sich, umarmte sie gewaltsam und küßte sie. Er küßte sie immer wilder, und es schien ihr nicht zu mißfallen. Endlich befreite sie sich aus seiner Umarmung.

»So, das reicht«, meinte sie und zog ihre Bluse zurecht. In dem Moment bremste der Zug und rollte langsam in einen Bahnhof ein. Sie zog schnell ihren Koffer vom Gepäcknetz und verschwand durch den Gang. Er blieb eine Weile an der Tür stehen und sah ihr nach. Dann setzte er sich wieder auf seinen Platz, zündete sich eine Zigarette an und holte seine Zeitung hervor. Kurz darauf setzte sich der Nachtexpreß wieder in Bewegung.

»Smarte Puppe«, murmelte er nicht ohne Bewunderung. »Nur schade, daß sie ausgerechnet an mich geraten ist.«

Dann ließ er ihr goldenes Armband, die Uhr und das Perlencollier in seine Jackentasche gleiten, fühlte in seiner Hosentasche nach, wo sein Geld immer noch wohlverwahrt lag, faltete die Zeitung auseinander und riß einen Artikel heraus, dessen Vorspann lautete: »Nach Verbüßung einer fünfjährigen Gefängnisstrafe in Dartmoor konnte heute Charley Moon, besser bekannt unter dem Namen ›König der Taschendiebe‹, seine Zelle als freier Mann verlassen.«

Nächster Patient, bitte!

Seine Kollegen sagten, er sei der Typ, der, noch bevor er ein weichgekochtes Frühstücksei aufschlägt, es erst einmal mit dem Stethoskop abhorcht, um absolut sicher zu sein, daß kein Küken drinnen ist. Niemals unternahm er etwas, was nicht durchdacht war. Niemals traf er vorschnelle Entscheidungen oder Maßnahmen, die nicht bis ins einzelne vorgeschrieben oder geprüft worden waren. Solch ein Arzt ist natürlich bei seinen Patienten sehr beliebt, und er hat eben auch viele. So wie Dr. Hansen.

Eines Tages kam eine neue Patientin, eine junge Dame namens Nancy Berg. Da sie die weibliche Hauptrolle in unserer Geschichte spielt, wollen wir kurz über sie berichten.

Sie war eine außergewöhnlich reizende, ungewöhnlich gutgebaute, natürliche und moderne junge Frau von zweiundzwanzig sonnigen Lenzen. Stellen Sie sich vor: dunkles Haar, braune Augen mit einem Sternrubinglanz, dem die meisten Männer verfallen, und feste, volle Brüste, die weder Büstenhalter noch andere Mätzchen nötig hatten. Schmücken Sie dieses Bild noch aus mit einem lieblichen, reizenden, natürlichen Lächeln, und Sie haben Nancy Berg vor sich, wie sie leibt und lebt, eine Bankangestellte und erstmals Patientin bei Dr. Martin Hansen.

Sie hatte etwas ins Auge bekommen, deshalb saß sie in seinem Wartezimmer.

»Nächster Patient, bitte.«

Nancy war an der Reihe.

Er führte sie in sein Behandlungszimmer und bot ihr einen Platz an.

»Was kann ich für Sie tun?«

»Ich bin durch den Park geradelt«, fing Nancy an, »und es war ziemlich windig. Da flog mir was ins Auge, ich weiß nicht, ob's ein Insekt war oder etwas Schmutz, aber es tut weh, wenn ich mit den Augen blinzele.«

Dr. Hansen lehnte sich in seinen Sessel zurück und musterte seine Patientin von oben bis unten.

»Haben Sie die üblichen Kinderkrankheiten gehabt? Masern, Mumps, Pocken, Scharlach?« fragte er etwas automatenhaft.

»Glaube schon«, sagte Nancy.

Dr. Hansen notierte es auf ihrem Patientenblatt.

»Sind Sie gegen Windpocken geimpft?«

Nancy nickte.

»Gab es Geisteskrankheiten in Ihrer Familie?«

»Wie bitte?«

»Hat jemand in Ihrer Familie einmal an geistigen Störungen gelitten, an Morbus mentalis oder ähnlichen Krankheiten mit psychischen Symptomen?«

»Nicht, daß ich wüßte. Abgesehen vom Bruder meines Vaters, der in Australien lebt. Der gilt als exzentrisch, aber die Leute glauben, das kommt nur von dem vielen Geld, was er da unten gemacht hat.«

Dr. Hansen notierte das. Dann stand er auf und knöpfte seinen Laborkittel zu.

»Darf ich mal Ihre Zunge sehen?«

»Aber ... ich bin doch nur wegen dem Auge ...«

»Darf ich bitte Ihre Zunge sehen?« sagte Dr. Hansen resolut, und Nancy streckte die Zunge heraus.

»Hmm!« Der Arzt schaute ihr in den Hals. Dann betastete er die Drüsen dort auf beiden Seiten und fühlte den Puls.

»Ich möchte auch noch ein Blutbild machen.«

Nancy war ziemlich verwundert, aber bevor sie etwas tun konnte, hatte er schon ihr Ohrläppchen angestochen und quetschte ein paar Blutströpfchen auf ein Glasscheibchen, das er unter dem Mikroskop betrachtete.

»Hmm!« sagte er und drehte sich zu Nancy um. »Ziehen Sie sich bitte aus, ich möchte Ihr Herz und Ihre Lunge untersuchen.«

»Aber wie ich schon sagte, Herr Doktor, ich hab da etwas im Auge, und es tut furchtbar weh, wenn ich blinzeln muß ...«

Dr. Hansen schrieb sich das Ergebnis seiner Mikroskopuntersuchung auf. »Haben Sie Kinder?« fragte er.

»Nein, überhaupt nicht ... Ich bin weder verheiratet noch verlobt.«

»Also keine Kinder. Sie erwarten jetzt auch keins?«

»Aber ich bitte Sie, Herr Doktor! Ich bin zufällig ein anständiges Mädchen!«

»Tief einatmen, bitte ... Atem anhalten! Jetzt langsam ausatmen«, sagte Dr. Hansen. »Bitte jetzt husten!«

Nancy hustete. Das Auge tat ihr weh. Wenn er doch bald danach sehen würde! Sie hatte zwar gehört, daß Dr. Hansen ein sehr gewissenhafter Arzt sei, aber ...

»Noch mal husten!«

Nancy hustete.

»Schlafen Sie gut? Haben Sie Schwierigkeiten einzuschlafen?«

»Ich schlafe wie ein Klotz, Herr Doktor.«

Dr. Hansen prüfte dann die Reflexe. Danach tastete er den Bauch ab und bemerkte offensichtlich befriedigt, daß der Blinddarm schon herausgenommen worden war. Schließlich maß er den Blutdruck.

»Gut, Miss Berg, Sie können sich wieder anziehen. Ach, übrigens, darf ich mal kurz Ihre Zähne sehen?«

Nancy machte den Mund weit auf. Da war keine einzige Füllung, sogar die Weisheitszähne waren in bestem Zustand. Dr. Hansen schob den Blutdruckmesser zur Tischmitte und rollte die Luftmanschette sorgfältig zusammen.

Dann sagte er etwas, bei dem das liebe kleine Herz Nancys fast stehenblieb.

»Also, Miss Berg«, sagte er, »ich habe Sie schon tausendmal in der Bank gesehen, als ich da Einzahlungen machte, und Sie haben immer fröhlich und gesund ausgesehen. Jetzt habe ich Sie genauer untersucht – abgesehen von Ihrem Auge, um das ich mich gleich kümmern werde –, und ich kann mit gutem Gewissen sagen, daß Sie eine völlig gesunde junge Frau sind. Der Mann, der Sie einmal gewinnt, ist bestimmt nicht hereingefallen. Liebe Miss Berg – um die Sache kurz zu machen –, wollen Sie meine Frau werden?«

Ein Pyjama! Ein echt seidener Schlafanzug!

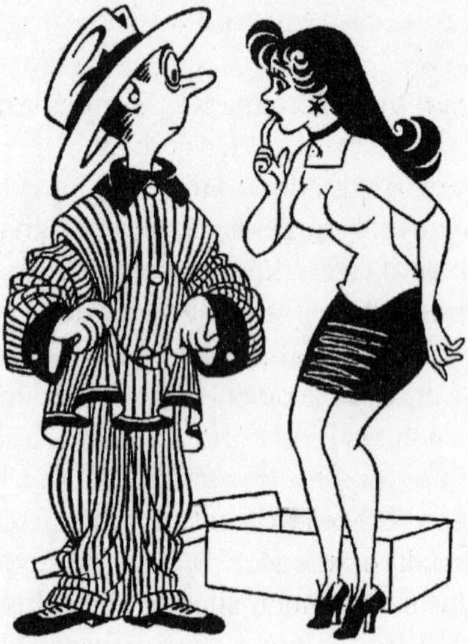

Es ist weder die Qualität noch der Preis eines Geschenkes, die zählen, sondern die dahinterstehende Überlegung, die gute Absicht. Es ist einfach wundervoll, Päckchen von Menschen zu öffnen, die einem viel bedeuten – von Eltern, Ehepartnern oder Kindern. Was macht es da schon aus, wenn der edle Schenkende dann und wann Dinge auswählt, die später umgetauscht werden müssen? Das passiert jedem von uns irgendwann einmal, doch üblicherweise schätzen wir alle trotzdem die gute Absicht, die dem Geschenk zugrunde liegt.

Hier nun eine Geschichte, wie unangenehm es doch

sein kann, seine Enttäuschung zu zeigen, wenn sich unter den Geschenken auch ein paar befinden, die dem Geschmack des Empfängers nicht entsprechen oder die einfach nicht passen.

Es geht um Carls fünfundzwanzigsten Geburtstag und den ersten, den er als Ehemann feiern würde. Daher ist es keineswegs verwunderlich, daß er sehr gespannt war, was sich seine hübsche Frau Nina aus diesem Anlaß einfallen lassen – und was sie ihm schenken würde.

Schon Monate vor dem Geburtstag knauserte und sparte Nina am Haushaltsgeld, damit sie Carl wenigstens ein paar der Dinge kaufen konnte, die er auf seine lange Wunschliste geschrieben hatte.

Nina hatte ein ganz ausgezeichnetes Abendessen zubereitet, und als sie mit dem Essen fertig waren, umarmte Carl sie, küßte sie und dankte ihr für das herrliche Essen.

Nun war der Zeitpunkt gekommen, an dem er seine Geschenke erhalten würde.

»Ich hoffe, du bist nicht allzu enttäuscht«, sagte Nina. »Ich meine, weil ich dir nicht das Surfbrett oder das Rennboot gekauft habe, die ganz oben auf der Liste standen. Aber dafür war einfach nicht genug Geld da. Und für die Filmkamera ebenfalls nicht. Aber ...«

»Es war doch nur ein Scherz, daß ich das mit dem Rennboot auf den Wunschzettel geschrieben habe.«

»Aber ich habe dir doch ein paar Dinge gekauft«, sagte Nina und überreichte ihm drei Päckchen.

»Donnerwetter!« meinte Carl aufgeregt. »Was das wohl ist? Es sieht ungeheuer spannend, teuer und wichtig aus. Ich habe ja absolut keine Ahnung, was da drin sein könnte.«

Er nahm das erste Päckchen von einer Hand in die andere, wog es, doch das brachte ihn nicht viel weiter. Schließlich begann er die Verpackungsschnur zu lösen.

»Ich habe absolut keine Ahnung, was es sein könnte«, sagte er noch einmal.

»Es ist ein ... ein ... Nun mach schon auf, sonst kann ich mich nicht mehr beherrschen und verrate es noch!«

Carl gab ihr einen zärtlichen Kuß und riß dann das Geschenkpapier auf.

»Ein Anglerhut!« jubelte er. »Ein richtiger sportlicher Anglerhut!«

»Den kannst du tragen, wenn du mit Onkel Viktor Forellen angeln gehst.«

»Er ist einfach großartig!« rief Carl und probierte ihn auf. Er war mindestens sieben Nummern zu groß. Nur seine Nasenspitze verhinderte, daß er ihm über das ganze Gesicht rutschte.

»Hilfe!« schrie er. »Jemand hat das Licht ausgeschaltet!«

Nina nahm ihm den Hut vom Kopf. »Er scheint ein bißchen groß zu sein ...«, meinte sie entschuldigend.

»Kein Problem! Ich kann ihn umtauschen. Mach dir bloß darüber keine Gedanken.«

Dann machte er sich daran, das zweite Päckchen auszupacken. »Ein Hemd«, sagte er erfreut. »Ein nagelneues Sporthemd. Ich werde es sofort anziehen. Vielen, vielen Dank, mein Liebling!«

Er gab Nina schnell einen Kuß, zog dann sein Jackett und den Rollkragenpullover aus und schlüpfte in das wunderschöne neue Sporthemd. Es war so groß, daß er es gut und gern als Zelt hätte benutzen können, hätten ihm ein Hammer und Heringe zur Verfügung gestanden.

»Es scheint ein bißchen zu groß zu sein«, meinte er und klang doch ein wenig enttäuscht. »Aber vielleicht geht es in der Wäsche um vier Nummern ein ...«

»Ich kann es gern umtauschen«, murmelte Nina. Sie wirkte verstimmt.

»Mach dir doch darüber keine Sorgen«, wollte Carl sie beruhigen.

Dann machte er sich über das dritte Päckchen her. Nachdem er das Papier entfernt hatte, konnte er seine Begeisterung kaum zügeln.

»Ein Pyjama! Ein echt seidener Schlafanzug! Donnerwetter! Der muß ja ein kleines Vermögen gekostet haben, Mädchen!«

Und er beeilte sich, ihn anzuprobieren. Die Hosen waren viel zu weit und zu lang, sie hingen ihm über die Schuhe. In der Jacke versank er fast. Die Ärmel hatten seine Hände verschluckt und flatterten seltsam leer gegen seine Fußknöchel.

»Er ist zu groß«, stellte er fest und konnte seine Enttäuschung nun nicht mehr verbergen. »Alles ist zu groß – der Hut, das Hemd und der Schlafanzug. Warum hast du nur alle meine Geburtstagsgeschenke zu groß gekauft, Nina? Du weißt doch, daß ich bei Hemden und Schlafanzügen Größe vierzig habe. Aber sieh her, beides ist Größe achtundvierzig!«

Nina brach in bittere Tränen aus und warf sich herzerweichend schluchzend in seine Arme.

»Nun, nun«, tröstete er. »Nimm es doch nicht so schwer. Weine nicht, Liebling! Ich war nur so enttäuscht. Ich kann einfach nicht verstehen, warum du ...«

Irgendwie gelang es ihm, seine Hand durch den überlangen Ärmel zu schieben. Er griff ihr zärtlich unter das Kinn und wartete auf eine Erklärung.

»Ich war bei City Menswear einkaufen ... Da ist Charlie Jones Verkäufer, der Quarterback, weißt du. Er ist der große gutaussehende Typ, mit dem ich ausgegangen bin, bevor ich dich kennengelernt habe. Und daher ... und daher ...«

Nina schluchzte wieder so heftig, daß sie nicht weiterreden konnte.

»Und daher – was?« ermunterte sie Carl mit Engelsgeduld.

»Nun, ich wollte einfach nicht, daß dieser eingebildete Affe herausbekommt, daß ich einen Zwerg wie dich geheiratet habe!«

Die Helden des Wüstenforts

Die Luft glühte. Die Wüste schnappte heiß keuchend nach Luft wie ein Ölofen mit defekter Düse. An der versandeten Kante des Karawanenweges lagen halb begrabene Kadaver von Ziegen, Schafen und Kamelen. Am gleißenden, zitternden Horizont der Wüste warteten räudige Schakale ungeduldig darauf, daß die Sonne ihr Hochofenflimmern abstellte und die kühlende mondlose Nacht sich über die heißen Sanddecken senkte.

Seit 87 Tagen und Nächten wurde das kleine Wüstenfort El Salah mitten in der Sahara von den Sirdis belagert. Die Mannschaft des Forts bestand aus tapferen Einheiten der Fremdenlegion unter Leitung von Oberst Lacretelle sowie einer Truppe Beduinen des französischen Wüsten-Kamel-Corps. Die Sirdis waren ein kleiner wilder, aufrührerischer Stamm, der in den Sandbergen östlich von der Oase Djebel Kiffa sein Unwesen trieb, von wo aus er einen blutigen Überfall nach dem anderen verübte.

Oberst Lacretelle hatte jegliche Hoffnung auf Hilfe aufgegeben, denn es war unmöglich, eine Depesche zur Garnison in Sidi Bel Shari durchzuschleusen. Der Proviant war längst aufgebraucht, und Wasser hatten sie seit Wochen nicht mehr. Die Mannschaft hing keuchend in den Schießscharten und sah Fata Morganas mit Brunnen, die so eng wie Wüstenheringe in der Dose beieinanderlagen, und kleine Araberkinder, die mit Wasser planschten, daß es wie in Kaskaden über die ganze Wüste rauschte. Und während sie dalagen, in betörende Traumgesichte verstrickt, wurden sie von harten, gnadenlosen Sirdi-Kriegern einer nach dem anderen niedergemäht.

Die Beduinen des Kamel-Corps warfen sich unentwegt in den staubigen Sand auf die Knie und bettelten Allah um Wasser, wobei der Sand wie bei einem kräftigen Wüstensturm mit Windstärke 12 aufgewirbelt wurde und die Lage noch unerträglicher machte.

»Allah akbar! Gib uns Wasser! La illaha illullah«, schrien sie, bis sie so trocken im Halse waren wie eine leere Whiskyflasche in einem heißen Backofen. Es war das reine Elend.

»Laßt uns die weiße Flagge hissen und um freies Geleit bitten, damit wir eine Patrouille an den Fluß schicken und unsere leeren Wassersäcke füllen können«, bettelte Sergeant Murville.

Der Kapitän des Wüsten-Kamel-Corps, Scheich Mehmed, sah ihm fest in die Augen und sagte mit kalter Stimme: »Sag das noch einmal, Effendi.«

»Ich sagte – laßt uns um freies Geleit bitten, daß wir eine Patrouille an den Fluß schicken und unsere Wassersäcke füllen können«, wiederholte Sergeant Murville.

»Welchen Fluß, Effendi?«

Ein schwaches spöttisches Lächeln zeigte sich auf Scheich Mehmeds fülligen blauen Wüstenlippen.

»Zeig ihn mir, Effendi.«

Sergeant Murville zeigte mit seiner braunen Faust über den Wüstensand: »Dort, der breite Fluß, der nahe an unserem Fort vorbeifließt. Ich sehe ihn ganz deutlich. Er ist so nah, daß ich mit diesem Stein hier seine glatte Oberfläche kräuseln könnte.«

Sergeant Murville flitschte einen flachen Stein über die Wüste, daß der Sand in einer gewaltigen Staubwolke aufwirbelte. Einen Augenblick später stürzte er sich von der Ringmauer des Forts hinab und krabbelte mehrere hundert Meter auf den eingebildeten Fluß zu, bis man ihm ein paar Leute nachschickte.

»Meine Leute halten diese Hölle keine Nacht mehr aus«, murmelte Oberst Lacretelle bedrückt und strich sich mit dem Handrücken einen halben Liter Schweiß von der fieberheißen Stirn.

Aber als in der folgenden Nacht der rotgoldene Mond der Sahara, el Gamer, im Zenit stand, geschah etwas Unerwartetes. Auf einem verschwitzten schwarzen Hengst kam ein Reiter auf das Fort zugerast, wobei ihm die Kugeln ums Kafieth, die weiße Kopfbinde, jagten und das Hinterteil von Gumbazzas beschossen wurde. Unter Aufbietung der letzten Kräfte gelang es der Wache, das Tor zu öffnen, und der Reiter torkelte herein. Erschöpft sank er vor Oberst Lacretelle in den braunen Wüstensand.

»Salaam aleikum«, begrüßte ihn der Oberst.

»Aleikum salaam, Effendi«, grüßte der Araber keuchend zurück, wobei er einen Finger in seinen Hals steckte, um ihn vom Wüstensand zu reinigen. Wie durch ein Wunder war die Wüstenbriefpost diesmal durchgekommen. Er brachte die neuesten französischen Pin-up-Magazine und

Briefe von zu Hause, in denen Frauen, Mütter und Geliebte wohlmeinende Ratschläge gaben, daß sich die Männer in den kalten Wüstennächten um Gottes willen nicht erkälteten, aufpaßten, keinen Sand in die Augen zu kriegen, und die Finger von den frechen Arabermädchen zu lassen.

Oberst Lacretelle faßte Mut. Die allerletzten verdorbenen Tropfen Wasser des Forts wurden dem entkräfteten Postreiter in den Hals geträufelt, und er kam ein wenig zu sich. Der Oberst kritzelte einige Worte auf eine Postkarte, holte eine Briefmarke aus der Schublade, frankierte die Karte und gab sie dem Postreiter in die Hand.

»Versuch, mit der Depesche zum Kommandanten in Sidi Bel Shari durchzukommen«, sagte Oberst Lacretelle eindringlich, »und ich werde dich für die Tapferkeitsmedaille ersten Grades mit Dattellaub und Kamelhaarkette vorschlagen.«

Der Wüstenpostreiter steckte den Brief in seine Gumbazza und schwang sich auf seinen schwarzen Hengst. Einen Augenblick später ritt er vom Fort El Salah weg, und Oberst Lacretelle folgte ihm gespannt mit den Augen, bis er wie ein Punkt, wie ein Sandkorn am Horizont verschwand.

Drei Tage später wurde Melek Hamdi mehr tot als lebendig dem Kommandanten im Fort Sidi Bel Shari vorgeführt, der die Depesche überflog.

»Schnell«, befahl er dann seinem Unterbefehlshaber, »schick sofort Hilfe nach Fort El Salah, laß so viele gefüllte Wassersäcke, wie wir entbehren können, dorthin schaffen.«

»Wir selbst können im Augenblick kaum Wassersäcke entbehren, Monsieur Colonel«, wich der Unterbefehlshaber aus, »wir haben nur die nötigsten Rationen.«

»Wir sind nicht ganz so schlecht dran wie die Leute im

Fort El Salah«, schnitt ihm der Kommandant in aller Schärfe das Wort ab, »sieh doch mal die Depesche, die Oberst Lacretelle mir geschickt hat. Sogar die Spucke haben sie aufgebraucht. Die Briefmarke war mit einer Sicherheitsnadel befestigt.«

Ausritt des Hofjägermeisters

Gutsbesitzer Gibbernacken vom Gut Gibberhof war gerade neunzig geworden. Ein biederer alter Ehrenmann, der Hofjägermeister gewesen war und sich noch immer gut hielt, obwohl es nicht mehr ganz so lief wie in jungen Jahren. An einem schneidend kalten Wintertag war er, nur angetan mit Nachthemd und Pantoffeln, zu seinen Pferden in den Stall gestapft und hatte sich dabei eine schlimme Erkältung geholt. Als er am nächsten Morgen aufstehen wollte, hatte er derart wackelige Knie, daß der Gutsverwalter keine Bedenken hatte, den Hausarzt des Gutes zu rufen, den alten Dr. Ischiasen. Der Gutsbesitzer warf ihm einen wütenden Blick zu, als er auftauchte.

»Verschwinden Sie!« knurrte er. »In diesem Land hat man immer noch das Recht auf ein ungestörtes Privatleben.«

Doch Dr. Ischiasen, ein alter Freund des Hauses, ließ sich nicht so ohne weiteres abweisen. »Sie haben einen Generalschnupfen«, sagte er. »Der Herr Gutsbesitzer muß einige Tage das Bett hüten.«

»Den Teufel werde ich tun! Ein alter Dragoner, der seinem Land unter vier Königen und einer Königin gedient hat, bleibt wegen so einer kleinen Erkältung doch nicht einfach in der Koje! Laß uns ein kleines Spiel machen und dazu einen steifen Grog trinken.«

Er winkte Alfred zu sich heran, den Haushofmeister des Gutes.

»Her mit den Karten und der Zigarrenkiste!« befahl er. »Wenn man mit dem Teufel kämpft, braucht man Feuer im Mund!«

Kaum hatte er das gesagt, knickte er zusammen und landete wie ein nasser Lappen auf dem Fußboden. Alfred schleppte ihn zum Himmelbett im Schlafgemach und wuchtete ihn hinein. Acht Tage lang hörte man von ihm buchstäblich keinen Laut. Er lag ruhig da mit 4711 Fieber und dem einen Bein im Grab. Die Familienangehörigen waren vollauf damit beschäftigt, alles für die Beerdigung vorzubereiten, so daß nur das Zimmermädchen es hörte, als eines Tages ein gewaltiges Gebrüll aus dem Himmelbett ertönte. Sie beeilte sich, den Vorhang zurückzuschlagen.

»Warum in aller Welt liege ich hier herum und gaffe Löcher in die Luft?« brüllte der alte Hofjägermeister, wobei er dem Zimmermädchen einen vorwurfsvollen Blick sandte.

»Der Herr Gutsbesitzer hatte eine schwere Lungenentzündung. Dr. Ischiasen hat gesagt, daß der Herr Gutsbesitzer noch mindestens eine Woche im Himmelbett bleiben muß.«

»Hä?« fauchte der Alte und ließ den Haushofmeister rufen. »Her mit meinen gefütterten langen Unterhosen und meinen schwarzen Reitstiefeln, du Schlappschwanz! Und sorge dafür, daß Prinz gesattelt wird und der Stallknecht ihn zur Haupttreppe führt.«

Die Frau Gutsbesitzerin, die gerade ein paar seidene Putzlappen bestickt hatte, kam herbeigestürzt.

»Du willst doch nicht etwa ausreiten, Hannibal?« rief sie aufgebracht.

»Der Herr Gutsbesitzer hat sich ja seit vielen Jahren kaum noch auf einem Pferd festhalten können«, gab der Gutsverwalter zu bedenken.

»Aber jetzt kann ich! Ich habe lange genug gelegen und Kräfte gesammelt. Von jetzt an werde ich jeden Morgen ausreiten, unabhängig vom Wetter. Ich habe die Absicht, noch mindestens zwanzig Jahre zu leben.«

Man zog dem alten Knaben seinen Reitanzug und die schwarzen Reitstiefel an, und er stapfte tatsächlich hinaus zur Haupttreppe.

»Wo ist der Gaul?« brummte er und blinzelte gegen das grelle Licht. Seine Augen waren auch nicht mehr die besten.

»Prinz steht gesattelt am Fuß der Treppe«, sagte der Haushofmeister. »Ich werde dem Herrn Gutsbesitzer in den Sattel helfen.«

»Nichts wirst du tun, du Halunke! Hau ab!«

Der Gutsbesitzer humpelte hinunter und ergriff die Zügel.

Die alten, spröden Knochen schienen zu knirschen, als er den Fuß in den Steigbügel steckte. Erst nach dem sechsten Versuch war er im Sattel. Er richtete sich auf und blickte triumphierend auf seine Frau, den Gutsverwalter und den Stallknecht hinunter.

»Was habe ich gesagt, ihr Waschweiber? Sitze ich jetzt hier oder etwa nicht?«

»Du sitzt da, mein lieber Hannibal«, räumte die Gutsbesitzerin mit einem verzweifelten Blick auf ihren Mann ein. »Du sitzt da, aber ... du sitzt falsch herum ... du sitzt umgekehrt ... du sitzt ja mit dem Rücken zum Kopf des Pferdes!«

Einige Sekunden saß der Gutsbesitzer ruhig da, ohne etwas zu sagen. Dann blickte er seiner Frau gerade in die Augen, beugte sich ein wenig vornüber und knurrte: »Woher zum Teufel willst du, liebe Constance, wissen, in welche Richtung ich reiten will?«

Der Mann aus der Fremdenlegion

Piet van Goes, ein junger Holländer, war ein gutaussehender junger Mann mit blitzenden blauen Augen, samtener braungebrannter Haut und langen, dichten, gewellten blonden Haaren. Er arbeitete als Geologe bei der Arabian-American Oil Company, die Probebohrungen im Dharan-Distrikt von El Hasa in Saudiarabien machte.

Piet hatte sich unsterblich und hoffnungslos in Kadija, die reizende arabische Bauchtänzerin verliebt, ein Beduinenmädchen von der Oase Bou Zaban. Dunkelhäutig und dunkelhaarig, von überwältigender Schönheit, war sie unwiderstehlich, wenn sie ihre sanftgeschwungenen runden Hüften rhythmisch im *Tekkeh* auf der Tanzbühne von

Ibn Achmeds Café in Dharan wiegte. Und genauso schön war sie, als Piet sie in der Oase Bou Zaban traf. Sie hatte das traditionelle schwarze und sackartige Frauengewand der Beduinen gegen ein Kostüm aus schwerer braunroter Bagdadseide vertauscht. Schwere silberne Armbänder schmückten ihre Unterarme. Unter ihrem Rocksaum erhaschte man einen Blick auf die langen braunen Seidentroddeln ihrer handgenähten Stiefel aus dem Leder weißer Karawanenkamele. In ihrem ebenholz-schwarzen Haar, das dank Büffelmilchbutter erglänzte und entsprechende Duftwellen aussandte, steckten Kämme mit schweren Kupfer-, Silber- und Goldmünzen. Eine Schönheit, die einem den Atem nahm.

Piet hatte sie ein Dutzend Mal in der Oase getroffen. Jedesmal beschwor er sie, ihm in sein Heim in den Niederlanden zu folgen. Doch alles vergeblich. Offenbar war da ein großer, beschränkter und immer Kaugummi kauender Amerikaner mit übergroßen, ausgelatschten Texasstiefeln in Kadijas Leben getreten. Er war Bohrmeister bei der Probebohrung nahe Um-el-Sef. Als sie Piet zum zwölftenmal traf, teilte sie ihm mit, sie könnten sich nicht mehr sehen. »Da ist ein anderer«, sagte sie.

Das war ein schwerer Schlag für den jungen Geologen, so schwer, daß er nach Norden eilte und sich bei der berüchtigten Fremdenlegion meldete; er wollte die schöne Bauchtänzerin aus seinem Gedächtnis verbannen.

Das war nun eine qualvolle Erfahrung. In den ersten Monaten erhielt er in Sidi bel Abbès seine Grundausbildung. Er wurde getreten, geschlagen und geschunden von vier Uhr morgens bis um zehn Uhr nachts und dann zu anstrengendem Wachdienst kommandiert. Er hatte keine Minute Ruhe. Oft kam es vor, daß er mit einem zweihundert Pfund schweren Sandsack auf dem Rücken, um den Kasernenhof herumlaufen mußte, und das unter der gnadenlosen nordafrikanischen Wüstensonne bei einer Hitze von fünfundvierzig Grad im Schatten. Häufig wurde ihm befohlen, sich in den Sand zu werfen und den Staub vom Stiefel eines sadistischen Sergeanten abzulecken.

Während der Ruhestunde der Kompanie wurde er auch oft gezwungen, mitten im Kasernenhof nach dem Kommando »Stillgestanden!« lauthals den *Marche de lu Légion Etrangère* zu singen, so laut, daß es in allen Heimatländern der stolzen Legionäre zu hören wäre.

Doch wie sie ihn auch immer quälten – Kadija konnte er nicht vergessen. Sie war das Licht seiner Jugend gewesen, der Traum seines Lebens, seine anheimelnde kleine orientalische Öllampe. Er sah immer noch ihre dunklen Augen vor sich, die so tief waren wie der Brunnen der Oase Bou Zaban, und ihren Mund, der so einladend war wie ein sonnengereifter Granatapfel aus dem Garten des Sultans. Dauernd hatte er ihre melodische, leicht rauchige und doch helle Stimme im Ohr, die so süß war wie der Saft reifer Datteln. Dauernd sah er im Geiste das anmutige Wiegen ihrer Hüften, die sanft gerundet waren und doch fest wie die Kruppe wilder arabischer Jungpferde. Nein, eine so schöne, eine so zauberhafte Frau wie Kadija gab es nirgends mehr. Doch sie hatte ihn herzlos zurückgestoßen. Zwölfmal.

Er verlor sich in Träumereien und überhörte einen Befehl. Plötzlich schob sich das brutale Gesicht eines Unteroffiziers vor seine Nase und riß ihn in die Realität zurück.

»Vierzehn Tage Läuse und Wasser im Glutofen, und danach schicken wir dich in den Gefängnisschuppen in der Salzwüste von Schott el-Djerid«, schnauzte er. »Wir bringen dich schon dazu, daß du vergißt, verlaß dich drauf, Legionär!«

Piet kam also in die Grube. Sie war nicht viel größer als eine marokkanische Orangenkiste. Da lag er und rang nach Luft, zerdrückte Läuse ... und dachte an Kadija. Er konnte sie nicht vergessen.

Er saß seine Zeit im Glutofen ab und wurde dann ins Gefängnis in Schott el-Djerid gebracht. Das war die Hölle.

Nach acht Tagen Strafexerzieren unmenschlichster Art brach er mitten in der Salzwüste zusammen, das Gesicht im Sand vergraben, die Arme und Beine schlaff und weit auseinandergespreizt wie ein zu früh geborenes Kamelbaby. Und da beschloß er zu desertieren. Bei der nächstbesten Gelegenheit.

Die ergab sich schon am nächsten Tag. Doch als er die Oase El Hamma erreichte, nahmen ihn ein paar diensteifrige Beduinen gefangen, und am selben Nachmittag lag er bereits im Glutofen des Gefängnisschuppens. Nach drei Wochen kam er heraus. Getreten und geschlagen, mußte er dann, laut Befehl, fünfhundert Sandsäcke fünfmal um den Hof schleppen, mit einem Kamelhaarlappen um den Kopf, so daß er nichts sehen konnte, und dabei waren ihm Fünfzig-Kilo-Bleigewichte an jedes Bein gebunden, und es war ihm streng untersagt, bei dieser Übung zu atmen, aber natürlich mußte er atmen, während er zur heißesten Tageszeit um den Hof lief.

Nach dieser Strafaktion war Piet van Goes nicht mehr viel wert. Aber er konnte die schöne Kadija dennoch nicht vergessen.

In den nächsten fünf Jahren mußte er noch unzählige Bestrafungen schrecklichster Art erdulden. Immer wieder versuchte er auszubrechen und wurde jedesmal von Beduinen eingefangen, die sich die ausgesetzte Belohnung verdienen wollten. Doch trotz aller Qualen und Entbehrungen vergaß er Kadija nicht. Es war ihm unmöglich, sie zu vergessen.

Ihre dunklen Augen, tief wie der Brunnen in der Oase Bou Zaban; ihren Mund, einladend wie reife Granatäpfel aus den herrlichen Gärten des Sultans; ihre Stimme, weich und süß wie reiner Dattelsaft; die geschmeidige Wellenbewegung ihrer Hüften, so sanft und rund wie die Kruppe eines Araberfüllens. Er hatte alles vor Augen wie eine berauschende Fata Morgana, die ihn schwindlig machte, bevor sie sich auflöste.

Endlich gelang es ihm mit Hilfe eines Bettuches, das er aus der Wäschekammer gestohlen hatte, als Araber verkleidet zu entfliehen. Er erreichte tatsächlich Dharan, ohne aufgehalten zu werden. Sofort ging er in Ibn Achmeds Café, mußte aber erfahren, daß Kadija dort schon seit langem nicht mehr als Bauchtänzerin auftrat. Sie wohnte jetzt im *Souk*, in der Wasserpfeifenmacherstraße, gegenüber der Moschee El Khour.

Piet fand das niedrige, mit Lehm beworfene Haus, und sein Herz hämmerte. Er klopfte an die weiße Tür, deren Farbe abblätterte, und sie tat sich auf ... Und da stand sie: Kadija! Die Beduinenfrau, derentwegen Piet van Goes so unmenschlich gelitten hatte.

Sie erinnerte sich nicht an ihn.

»Ich bin's doch«, sagte er. »Piet ... Piet van Goes aus 's-Hertogenbosch in Holland, dem kleinen Land im Norden. Ich bin in die Fremdenlegion gegangen, um dich zu vergessen, aber ich konnte nicht ... Ich konnte dich einfach nicht vergessen, Kadija.«

Während er sprach, betrachtete er sie. Ihr ungepflegtes Haar stand in fettigen Strähnen in allen Richtungen ab. Sie war dick und so formlos wie ein Sack Wüstenkartoffeln; eine Zigarette hing ihr von den noch vollen, aber eingerissenen bläulichen Lippen herab. An ihren schäbigen Rock klammerten sich ein paar verdreckte, rotznäsige Kinder.

»Aber jetzt ...«, stammelte Piet und wich zurück, »jetzt melde ich mich wieder bei der Fremdenlegion. Ich versuch es noch einmal.«

Der Schornstein

Fabrikbesitzer Schimmelhoch hatte Angebote für den Bau eines neuen Schornsteins eingeholt. Als er sich jedoch die Preisvorstellungen der Unternehmer ansah, griff er sich an den Kopf und wollte schon das ganze Projekt aufgeben. Er hatte nie gedacht, daß ein neuer Fabrikschornstein so furchtbar viel Geld kosten würde, auch wenn er nur dreißig Meter hoch sein sollte.

»Hör mal zu«, sagte er zu Karlsen, seinem Werkmeister. »Können wir nicht selbst solch einen einfachen Schornstein bauen? Wie wäre es mit Alfred? Kann er nicht so ein Ding hochklatschen?«

Alfred war eine Art Faktotum der Ziegelei. Er konnte

fast alles, auch mit Maurerhammer und -kelle umgehen ... Aber gleich einen ganzen Fabrikschlot errichten? Das durfte wohl mit Fug und Recht bezweifelt werden.

»Pah!« antwortete Karlsen. Er hatte seine eigene Meinung über Alfreds Fähigkeiten. Aber Fabrikbesitzer Schimmelhoch war von Natur aus ausgesprochen stur, und wenn er sich erst einmal etwas in den Kopf gesetzt hatte, dann ... Man kennt ja diese Typen!

Also ließ man Alfred holen.

Und Alfred kam. Mit aufgeregt blinzelnden Augen und die Mütze achtungsvoll in der Hand näherte er sich dem Schreibtisch des Fabrikbesitzers, nicht ohne vorher draußen auf der Matte seine Holzschuhe abgestellt zu haben.

»Sagen Sie mal, Alfred«, begann der Alte leutselig und paffte an seinem zerfransten Zigarrenstummel, »können Sie einen Schornstein bauen?«

Mit dem Handrücken entfernte Alfred aus einem Mundwinkel den Saft seines Priems, worauf er sich mit seinem schmutzigen Daumen nachdenklich am Hinterkopf kratzte.

»Was für'n Schornstein soll's denn sein, Herr Direktor?«

»Ein dreißig Meter hoher Fabrikschornstein, ungefähr in der Art wie drüben beim Gaswerk.«

»Tja, das ...«

»Sie kriegen Ihren normalen Lohn, und wenn Sie fertig sind, noch etwas dazu, ohne daß das Finanzamt etwas davon erfährt. Sagen wir, fünfhundert extra?«

»Soll er rund sein? Ich meine, der Schornstein?«

Fabrikbesitzer Schimmelhoch nickte. »Natürlich rund«, sagte er. »So rund, wie ein Schornstein nun mal ist.«

»Dann brauche ich dreizöllige Bogensteine«, meinte Alfred. »Und jede Menge Mörtel.«

»Sie kriegen, was Sie brauchen!«

Darauf begann Alfred mit der Arbeit. Anfangs wollte es nicht so recht vorangehen. Mehrmals täglich ging er zum

Gaswerk hinüber, um sich den dortigen Schornstein genau anzusehen. Jedesmal wurde ausgemessen, sowohl nach Augenmaß als auch mit dem Zollstock und allem Drum und Dran. Karlsen, der Werkmeister der Ziegelei, hatte in der ersten Zeit für Alfreds Schornstein nur höhnische Bemerkungen übrig.

»Ich wette, daß der ganze Kram wie ein Kartenhaus zusammenfällt, wenn er eines Tages das Gerüst wieder abbaut«, sagte er zu Fabrikbesitzer Schimmelhoch, der täglich auf das Gelände kam, um sich vom Wachsen des Schornsteins zu überzeugen.

»Reden Sie keinen Unsinn, Karlsen. Nichts wird zusammenfallen!«

Nach einigen Monaten klopfte Alfred an die Tür zum Büro des Alten. Bevor er eintrat, ließ er die Holzschuhe auf der Matte stehen.

»Ich bin es nur, Herr Direktor«, sagte er und näherte sich seinem hohen Vorgesetzten. »Ich bin jetzt fertig. Mit dem Schornstein, meine ich.«

Fabrikbesitzer Schimmelhoch begab sich mit nach draußen, um das Wunderwerk genauer in Augenschein zu nehmen.

»Er ist zwei Meter höher als der drüben beim Gaswerk«, sagte Alfred stolz und schob sich einen frischen Kautabak zwischen die Zähne.

»Das ist bestimmt der schönste Schornstein, den ich je gesehen habe«, begeisterte sich der Fabrikbesitzer.

»Er sieht nicht schlecht aus«, gab auch Karlsen etwas widerstrebend zu. »Wenn bloß nicht alles zusammenbricht, wenn er das Gerüst abbaut!«

Alfred kletterte nach oben und begann, das Gerüst abzubauen. Der Alte begab sich an einen dreißig Meter entfernten Ort.

»Falls er umkippt«, murmelte er nachdenklich, »fällt er

hoffentlich nicht auf die anderen Gebäude und zerstört die teuren Ringöfen.«

»Vielleicht sollten die Arbeiter lieber das Gebäude verlassen?« schlug der Werkmeister vor.

Der Alte nickte, und Karlsen ließ die Arbeiter nach draußen gehen. Aus gebührendem Abstand verfolgten alle gespannt, wie Alfred wie ein Pferd rackerte, um das Gerüst möglichst schnell abzubauen.

»Der ganze Kram kann jeden Augenblick zusammenbrechen«, meinte der Werkmeister. »Ich wußte, daß es nur Pfuscherei werden konnte!«

Aber der Schornstein hielt. Gegen Feierabend hatte Alfred das Gerüst vollständig abgebaut. Jeder konnte sehen, wie der Schornstein stehenblieb: hoch und schick und rund.

»Wissen Sie was, Alfred?« sagte der Alte und klopfte Alfred freundschaftlich auf die Schulter. »Sie kommen jetzt mit in mein Büro und kriegen ein Glas Portwein und eine Zigarre! Sie haben gute Arbeit geleistet, wenn man bedenkt ... Dieser Schornstein hält wohl hundert Jahre?«

»Mindestens«, nickte Alfred, geehrt über so viel Lob. »Es ist durch und durch solides Zeug, Herr Direktor.«

Alfred hatte recht. Es war in der Tat solides Zeug.

Aus Sicherheitsgründen hatte er den Schornstein auch im Innern massiv gemauert.

Ein ganz entzückendes und anständiges Mädchen

Hannelore war ein reizendes junges Mädchen. Sie sah aus wie eine Krinolinenpuppe, wie auf einem Bild aus dem züchtigen Familienalbum unserer Urgroßeltern. Sie war so ehrbar, so keusch und so sittsam, ein so entzückendes jungfräuliches siebzehnjähriges Geschöpf, daß sie eigentlich gar nicht in unsere heutige materialistische Welt hineinpaßte, in unser knallhartes, keineswegs tugendhaftes Atomzeitalter, wo die jungen Mädchen das Wort »ehrbar« kaum buchstabieren können und vom Begriff der Schamhaftigkeit nur eine recht oberflächliche Vorstellung haben.

Nun ja, wir wollen die jungen Mädchen von heute nicht zu hart beurteilen. Hannelore aber war wirklich ein ganz entzückendes und anständiges Mädchen, und wenn Sie das wissen, werden Sie sicher verstehen, daß es Jahre ihres Lebens kosten wird, den Schock zu verwinden, als sie an einem heißen Sommertag – aber vielleicht sollten wir lieber von Anfang an berichten. Das ist immer ratsam, wenn man eine Geschichte erzählen will.

Es begann damit, daß die reizende kleine Hannelore in ihrem hübschen geblümten Sommerkleid und mit ihrem neuen getüpfelten Sommerhut die Landstraße entlangradelte und fröhlich ihre Lieblingsmelodie summte. Sie hatte eine Flasche Kirschwein und frischgebackenen Apfelkuchen mit und wollte ihre alte Großmutter besuchen, die in einem kleinen strohgedeckten Haus draußen auf dem Lande wohnte. Hannelore hatte den Kirschwein im Dorf gekauft und den Apfelkuchen selbst gebacken, sie wollte ihrer Großmutter damit eine Freude machen. Alte Leute freuen sich ja, wenn sie mal eine Flasche Wein picheln können, auch wenn es nur Kirschwein ist.

Wie Hannelore so die Landstraße entlangradelte, begann sie zu schwitzen, und das war kein Wunder. Die Sonne glühte von einem fast wolkenlosen Himmel herab, es waren dreißig Grad im Schatten. Und das ist unerträglich, wenn sich kein Lüftchen regt, die Sonne hoch am Himmel steht und ihre sengenden Strahlen herabsendet.

»Oh, was für eine Hitze!« stöhnte Hannelore und lockerte das breite Seidenband ihres Sommerhutes, aber das half nicht viel. Die Pedale ließen sich immer schwerer treten, und Hannelore zerfloß fast vor Hitze, als sie plötzlich einen kleinen glitzernden See erblickte. Er lag hübsch und einladend inmitten grüner Büsche, ein paar hundert Meter von der Landstraße entfernt.

Ach, wie würde mir ein kühles, erfrischendes Bad guttun! dachte Hannelore sehnsüchtig.

Sie verlangsamte die Fahrt und sprang vom Rad. Nirgends war eine Menschenseele zu sehen. Sie stellte den Fahrradkorb mit dem Kirschwein und dem selbstgebackenen Apfelkuchen in den Schatten unter einen Busch.

Ach was! dachte sie und verschwand hinter einem Busch. Ich ziehe mich schnell aus, springe ins Wasser und tauche einmal unter. Dabei kann doch nichts passieren, auch wenn ich kein Badezeug dabeihabe. Hier ist schließlich kein Mensch ... Und Hannelore zog sich bis auf die tugendhafte Mädchenhaut aus und sprang in den See, wobei sie die ganze Zeit achtgab, daß niemand kam. Glücklicherweise zeigte sich niemand, und sie schwamm und tauchte und genoß die kühlen Wellen des kleinen Sees, den die hiesigen Einwohner den »Liebessee« nannten, weil die jungen verliebten Leute gern hier an lauen Sommerabenden spazierengingen. Hannelore plätscherte vergnügt im kühlen Wasser und fand das Bad einfach himmlisch.

Sie schwamm eine Weile umher, dann lief sie schnell aus dem Wasser, verbarg sich im Schutz der Büsche und ließ ihre jugendlichen Reize von der Sonne trocknen.

Plötzlich erblickte sie einen Mann, einen Soldaten, einen Offizier. Er kam direkt auf ihr Versteck zu. Blitzschnell und tief errötend sprang sie auf, schlüpfte in ihre Kleider und band das breite Seidenband an ihrem Sommerhut fest um den Hals. Zum Glück hielt der Offizier an, bevor er ihr Versteck erreichte.

»Gott sei Dank!« seufzte sie erleichtert. »Er hat mich überhaupt nicht gesehen. Oh, wie peinlich wäre es gewesen, wenn er mich beobachtet hätte, wie ich da in der Sonne lag und mich trocknen ließ – ganz nackt.«

Sie nahm ihren Fahrradkorb mit dem Kirschwein und dem frischgebackenen Apfelkuchen, hängte ihn an den Lenker und schob das Fahrrad auf die Landstraße. Und eine halbe Minute später geschah es dann, daß sie den

Schock ihres Lebens bekam, den sie jahrelang nicht würde verwinden können.

Der Offizier spreizte die Beine, setzte die Hände auf die Hüften und brüllte einen Befehl: »Camouflage-Abteilung! Achtung! Rechts um – vorwärts – marsch!«

Eine Sekunde später begannen sämtliche Büsche vom See wegzumarschieren.

Leichtmatrose Hansen und die schöne Juanita

Leichtmatrose Anders Hansen saß in einer kleinen, verräucherten Bar am Hafen und trank ein Glas Bier. Er stemmte die Ellbogen auf den mit einem Wachstuch bedeckten Tisch neben der Musiktruhe und starrte die Wand an, wobei er die halbleere Flasche in den schwieligen Händen drehte. Dann passierte etwas, womit er nicht gerechnet hatte. Eine junge Dame mit olivbrauner Haut kam herüber und setzte sich an seinen Tisch. In ziemlich gebrochenem Dänisch erklärte sie ihm, sie sei Spanierin. In Barcelona hatte sie sich in einen dänischen Maat verliebt, der sie in seine Heimat geschmuggelt und in einem kleinen, abgelegenen Hotel untergebracht hatte. Sie waren dort sehr glücklich gewesen, bis plötzlich die Frau des Maats auftauchte, einen Wutanfall bekam und sie auf die Straße setzte. Und da stand sie nun, gestrandet und einsam in einem fremden Land, ohne Papiere, ohne Freunde, ohne Geld. Sie wußte einfach nicht mehr aus noch ein und wünschte sich nur noch, nach Barcelona zurückzukehren, in ihr Heimatland, zu Vater und Mutter ...

»*Es desastroso, señor capitán*«, jammerte sie. »Was soll ich bloß tun? *Pobre de mí, ay de mí!*«

Anders Hansen stieß sich die schmuddelige Seemannsmütze in den Nacken und kratzte sich hinterm Ohr.

»Tja«, sagte er. »Sieht nicht gerade rosig für dich aus, Schwester.«

Die junge olivbraune Schönheit klammerte sich an seinen Arm.

»Du mir helfen, *señor capitán*«, bettelte sie. »Versteck mich auf deinem Schiff, und bring mich zurück nach Barcelona. *Ahora mismo, señor.* Du mir helfen ... muß!«

»Nun«, sagte er gedehnt, während er darüber nachdachte, »ich glaube, das ginge schon, bloß fahren wir jetzt nicht nach Barcelona, Schwester.«

»Das macht nichts, *señor capitán*. Wenn du mir bloß helfen. Ich frier' und verhunger' in diesem schrecklichen, kalten Land zu Tode, wenn noch länger bleib'.«

»Also gut, meine Liebe«, sagte Anders Hansen und leerte sein Bierglas. »Ich verstecke dich in einer Kabine im Laderaum. Und ich schau' tagsüber ein paarmal nach dir und bringe was zu essen und zu trinken mit. Aber jedesmal, wenn ich da runterkomme, will ich umarmt werden und einen dieser schönen, heißen spanischen Küsse haben!«

»O nein! *Qué barbaridad!* Nix Kuß, nix bißchen umarmen. *Tapoco halago.* Ich anständiges, braves Mädchen.«

»Na gut. Von mir aus kannst du nach Barcelona schwimmen, Mädchen. Fahr zur Hölle.«

Die junge Spanierin warf sich vor Anders Hansen auf die Knie.

»O nein, nein, nein, *amigo capitán*«, flehte sie. »Du mich mitnehmen. Ich tue alles. Nimm mich mit! Du bekommen Umarmung und Küsse. *Muchos mimo, amigo, muchos!*«

Also nahm Anders Hansen das Mädchen mit und versteckte sie in einer winzigen Kabine im Laderaum, wo nie jemand hinkam. Und allmorgendlich sowie mittags und abends brachte er ihr etwas zu essen. Zum Dank erhielt er die vereinbarte Umarmung und den heißen spanischen Kuß. Das gefiel ihm sehr gut, denn sie war ein Mädchen mit typisch südländischem Temperament. Anders Hansen freilich war noch sehr jung und, um die Wahrheit zu sagen, hatte noch kaum Erfahrungen in der schwierigen Kunst der Liebe gesammelt.

»Bist'n nettes Mädel, Juanita«, sagte er und versuchte, so nach und nach seine tiefsten Gefühle zum Ausdruck zu bringen. Und dieser schlichte romantische Satz brachte ihm eine zusätzliche Umarmung von Juanita ein, die für Komplimente durchaus nicht unempfänglich war.

Manchmal, wenn das Schiff bei hohem Seegang schlingerte, fühlte sie sich ein bißchen seekrank, aber ansonsten hatte sie es in der kleinen Kabine recht gemütlich. Anders steigerte ihr Wohlbehagen noch, als er ihr ein paar zusätzliche dicke Wolldecken brachte.

Eines Tages erschien er sogar mit einer großen Schachtel Pralinen. Dafür bekam er eine extra heißblütige Umarmung.

»Wann kommen wir in Barcelona an, *mi dulce amigo?*« wollte Juanita wissen, als sie vierzehn Tage unterwegs gewesen waren. Inzwischen war es ihr in der fensterlosen

Kabine tief unten im Laderaum ein wenig langweilig geworden.

Anders vermied es, ihr in die dunklen Augen zu sehen.

»Äh ... wann? Tja, ich weiß nicht. Hängt ganz vom Kapitän dieses Kahns ab! – Geht's dir denn hier nicht gut? Bring' ich dir nicht jedesmal gutes Essen? Kriegst du nicht Zigaretten von mir, Wein, Schokolade und all das Zeug? Tue ich nicht alles, damit du's bequem hast? Komm schon, Süße ... gib mir meinen Gutenachtkuß, und du wirst sehen, daß alles gut wird.«

Juanita ließ sich von Anders küssen. Und es wurde sogar ein wenig mehr daraus, so daß sie in den nächsten paar Stunden nicht mehr an Barcelona denken mußte. Anders hatte inzwischen eine Menge dazugelernt.

Der nächste Tag jedoch setzte dem allen ein Ende. Der Bootsmann verriet sie, der zufällig seinen Kopf in die Kabinentür steckte, als Anders seine Gutenmorgenumarmung mit Kuß abholte. Man brachte beide auf die Kommandobrücke, wo der Kapitän sie empfing.

»Leichtmatrose Anders Hansen hat diese Frau im Laderaum versteckt gehalten«, berichtete der Bootsmann ungerührt und stieß den Matrosen vor seinen Kapitän.

Dieser nahm den blinden Passagier mit Kennermiene in Augenschein. »Gar nicht übel«, murmelte er beifällig. Dann runzelte er die Stirn und wandte sich Anders zu: »Was, zum Teufel, hat das zu bedeuten?« brüllte er los.

Anders Hansen wußte sich nicht anders zu helfen, als die ganze Wahrheit zu sagen.

»Sie wollte nach Barcelona«, erklärte er, »und da habe ich mich breitschlagen lassen und sie an Bord geschmuggelt.«

Der Kapitän sah jetzt etwas weniger streng drein. Das war wenigstens eine Erklärung, auch wenn sie nicht ganz plausibel klang. Der Kapitän tigerte ein paarmal auf und ab. Schließlich blieb er vor Juanita stehen.

»Verstehen Sie Dänisch?«

Juanita nickte.

»Klein wenig.«

»Tja«, fuhr der Kapitän fort. »Leider muß ich diesen jungen Mann hier abmustern, wenn ich auch zugeben muß, daß er nicht auf den Kopf gefallen ist. Genauer gesagt, Miss – ich muß Ihnen mitteilen, daß Sie seit vierzehn Tagen auf der Fährlinie zwischen Rødby und Puttgarden verkehren!«

O Zion! O Adam!
Unter uns ist ein Mörder!

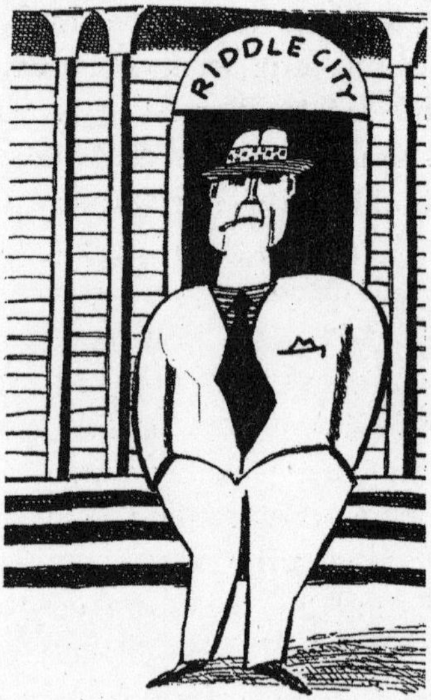

Auf ihrem Weg nach Tucson ächzte und schnaufte die Dampflokomotive der Santa Cruz Railway schwerfällig durch die Berge von Casa Grande. Ein paar zerfetzte Wattewölkchen segelten über den Himmel, von dem die Sonne gnadenlos herunterbrannte. Zu dieser Jahreszeit ist es zwar stets heiß, aber die fünf Passagiere in dem kleinen Abteil, das hinter der Schlange vollbeladener Güterwaggons herrumpelte, empfanden die Glut als doppelt so qualvoll wie sonst. Im Coupé war es heiß wie in einem Backofen. Niemand wagte es, mit seiner Hand das polierte Holz dort zu berühren, wo es von der Sonne direkt beschienen wurde. Nur wenn der Zug in einen der vielen kühlen Tunnels einfuhr, die die Berge durchzogen, fanden die fünf ein wenig Linderung.

Bevor wir zu den dramatischen Ereignissen kommen, die sich hinter den verstaubten, lappigen schwarzen Segeltuchvorhängen abspielten, wollen wir uns einer Beschreibung der fünf Reisenden zuwenden.

Halb verborgen hinter dem *Arizona State Journal* saß William Dollinger Styles: achtundfünfzig Jahre alt, knapp überdurchschnittlich groß, schlank, glattrasiert und mit perfekt gebundener hellgrauer Seidenkrawatte. Er war Präsident der Pinos Altos Copper and Silver Mine Company, eines beachtlichen Unternehmens mit einer Jahresproduktion von mehr als vierzig Millionen Dollar.

Ihm gegenüber döste Lem Staples vor sich hin und schützte seine Augen mit einem riesigen rotkarierten Taschentuch vor den Sonnenstrahlen. Er war siebenundvierzig, hatte ein hartes, narbenzerfurchtes Gesicht, eine gebrochene Nase, und an seiner linken Hand fehlte der kleine Finger: das Ergebnis einer Schußverletzung. Er war Sheriff von Oakly City, einer berüchtigten Ortschaft inmitten der Prärie, in der drei- bis viertausend mehr oder weniger dem Trunk ergebene verlorene Seelen lebten und nichts Besseres zu tun hatten, als unter der großen knorrigen Zeder vor Larrys Bar und Spielsaloon herumzuhängen.

Neben ihm zog Gantry McGarry heftig an einer dicken schwarzen Brasil und stieß den Rauch stöhnend und synchron mit der Dampflok von sich: vierzig, dickbäuchig, rotwangig, ein unbeschwerter Freund der ganzen Welt und all ihrer Kinder – der guten wie der schlechten. Er war eigentlich Whiskey-Vertreter, zur Zeit aber Verhökerer eines wertlosen Haarwuchsmittels und zweifelhafter Geschichten ... Ein kleiner Gauner eben, der es sich gutgehen ließ. Er befand sich auf dem Weg nach Greateville, um für ein paar frohe Tage und Nächte ein kleines Vermögen auszugeben.

Gegenüber dem Sheriff in der Ecke saß Joe Leffert, achtundzwanzig. Durch einen Riß im Vorhang starrte er in die Landschaft hinaus. Es war Joes erste Bahnfahrt seit langer Zeit. Er war gerade aus dem Gefängnis in Yuma geflohen, wo er seine Strafe dafür abbüßte, daß er mit einem schweren Schraubenschlüssel den Schädel eines Tankwarts eingeschlagen hatte.

In die Ecke schräg gegenüber Joe drückte sich schüchtern Logan Terwilliger, sechsunddreißig Jahre alt, blaß und kränklich wirkend, mit dicken Brillengläsern, Koteletten, steifem Kragen und gen Himmel gerichtetem Blick. Er war Mormonenprediger, das hatten die bohrenden Fragen des Whiskey-Vertreters ergeben, davor Lehrer für angewandte Theologie und Homiletik am Foster Center, einem Theologie-College.

Mit einem unerwartet heftigen Ruck hielt der Zug in Riddle City. Das riesige karierte Taschentuch des Sheriffs flatterte zu Boden, von McGarrys Zigarre löste sich Asche und rollte ihm über die prallsitzende Weste, der Mormonenprediger geriet ins Taumeln und rutschte auf der glatten Holzbank in Joes Arme. Mit einem Fluch schob Joe ihn zurück und zog dann den Vorhang zur Seite, um hinauszublicken.

»Wo sind wir?« fragte er rauh.

»In Riddle City«, erwiderte der Mormonenprediger schnell.

»Mistkaff!« sagte Joe ebenso flink.

Danach verlor niemand mehr ein Wort. Ein geckenhaft gekleideter junger Mann steckte den Kopf zum Abteil herein und wollte wissen, ob der Platz zwischen Styles und Joe noch frei sei. Joe nickte, und der junge Fatzke trat ein.

Er warf sein Gepäck ins Netz hinauf und setzte sich. Fünf Augenpaare musterten ihn. Keiner dachte daran, ihn nach seinem Namen zu fragen oder danach, woher er kam und wohin er wollte.

Keiner sollte es je erfahren.

Der Zug verließ Riddle City und schnaufte durch ein spärlich bewaldetes Gebiet Richtung Osten, über Brücken, durch Tunnels und Canyons. Der Sheriff breitete wieder sein kariertes Taschentuch übers Gesicht, faltete die Hände über dem Bauch, der von einem breiten Ledergürtel umschlossen war, und begann so laut zu schnarchen, daß es in ganz Arizona zu hören war. William Dollinger Styles wandte sich den Wirtschaftsseiten zu und widmete den Börsennotierungen besondere Aufmerksamkeit. Der Whiskey-Vertreter biß das Ende einer neuen Zigarre ab. Der Mormonenprediger fuhr sich mit dem Finger zwischen Hals und Kragen, ganz offenbar setzte ihm die drückende Hitze arg zu. Joe holte eine Schachtel Zigaretten hervor.

Der Zug tauchte in einen Tunnel ein, im Abteil wurde es kühl und dunkel. Zwei oder drei Minuten später wurde es wieder hell. Gantry McGarry fiel die Zigarre aus dem Mund. Vor ihm auf dem Boden lag der junge Fatzke mit einem Messer im Rücken, tot wie eine Kakerlake im gegrillten Hamburger.

»Allmächtiger!« hauchte der Mormonenprediger.

»Meine Güte!« ächzte der Kupfer-und-Silberminen-Präsident.

Joe drückte seine Zigarette im großen Metallaschenbecher aus, stand auf und trat vor den Sheriff. Er schüttelte ihn.

»Aufwachen, guter Mann!« sagte er. »Hier ist gerade ein Mord geschehen!«

Lem Staples blinzelte ins helle Sonnenlicht, polierte sein

Sheriff-Abzeichen mit dem Ärmel, erhob sich, zog den mächtigen Gürtel mit den beiden sechsschüssigen Revolvern zurecht und warf einen prüfenden Blick auf die Leiche.

»Hmmm!« sagte er. »Das sieht gar nicht gut aus.« Dann bückte er sich und hievte den Leblosen mit Joes Hilfe auf die Bank. Er zog das Messer heraus und schlug dem Fatzken ins Gesicht.

»Glauben Sie, daß es an der Hitze liegt?« fragte er rein rhetorisch. Er war sich sehr wohl bewußt, daß es nicht an der Hitze lag.

»Hier«, meinte McGarry und holte eine Flasche Whiskey aus seiner Reisetasche. »Versuchen Sie es doch mal damit.«

Automatisch griff Lem Staples nach der Flasche, setzte sie an und nahm einen tiefen Schluck.

Die Leiche rutschte dem Mormonenprediger auf den Schoß.

»Oh, ihr unbefleckten Engel!« stöhnte der auf und schlug das Kreuz.

Lem Staples wischte sich über die Lippen und nahm noch einen Schluck.

Der Präsident der Minengesellschaft erhob sich und trat vor den Sheriff.

»Begreifen Sie denn nicht, Mann?! Sie müssen endlich etwas unternehmen!« rief er eine Spur hysterisch. »Sie können doch nicht einfach herumstehen und sich mit Whiskey zuschütten. Hier ist ein Mord geschehen! Einer von uns hat diesen armen jungen Mann ermordet.«

Lem Staples zog seinen Gürtel zurecht, kratzte sich am Hinterkopf, legte das Gesicht in Falten und dachte angestrengt nach.

»Diese verdammte Hitze«, murrte er. »Wenn es nicht so infernalisch heiß hier drinnen wäre, würde mir sehr schnell eine Lösung einfallen. Aber es ist einfach unmöglich, in diesem Backofen klar zu denken. So wie ich es sehe, können wir bis zur Ankunft in Tucson gar nichts unternehmen.«

Wieder rumpelte der Zug in einen Tunnel. Im Abteil wurde es dunkel. Diesmal war der Tunnel nicht allzu lang, und so wurden die fünf Männer wenige Sekunden später wieder von der Sonne beschienen.

Gantry McGarry hing über seiner Mustertasche. In seinem Rücken steckte ein Messer. Er war so tot wie ein Pökelhering.

»Nun, ich will ...«, sagte Lem Staples und zog sich schon wieder den Gürtel hoch.

»Heilige Mutter Gottes!« ächzte der Prediger. Er zupfte an seinem Kragen. Schweiß stand auf seiner Stirn.

»Armer Teufel«, murmelte Joe und zog eine neue Zigarette aus der Brusttasche.

Der Präsident der Minengesellschaft war kreidebleich vor Angst.

»Unter uns ist ein Mörder«, flüsterte er heiser. »Einer von uns vieren hat es getan. Allerdings gehe ich davon aus, daß ich über jeden Verdacht erhaben bin. Sheriff, Sie müssen endlich etwas tun!«

Lem Staples schob die Leiche in eine Ecke.

»Wie ich schon sagte ..., bevor wir in Tucson angekommen sind, kann ich gar nichts unternehmen«, erklärte er. »Wir befinden uns am Ende des Zuges, und es gibt keine Notbremse. Jeder Versuch, aus dem Zug zu springen, wäre der sichere Tod – nicht nur wegen des Aufpralls, sondern weil ich jeden abknallen werde, der versucht abzuspringen. Der Mörder wird auf keinen Fall lebend davonkommen.«

»Also sollten wir uns entspannen und versuchen, das Beste daraus zu machen«, sagte Joe und griff nach McGarrys Mustertasche. »Wie ist dieser Whiskey eigentlich, Sheriff? Meinen Sie, daß es sich lohnt, einen Schluck davon zu trinken?«

Unvermittelt wurde es dunkel im Coupé. Der Zug war in einen weiteren Tunnel hineingefahren. Es war nicht zu leugnen, daß es in diesem Teil von Arizona eine Menge davon gab. Der, durch den sie gerade fuhren, nannte sich Greenwood Tunnel und durchschnitt nördlich vom Outlook Rock einige Felshänge. Der Zug brauchte sechs Minuten, ihn zu durchqueren.

Schließlich kamen sie wieder ans Tageslicht.

Lem Staples überprüfte schnell seine Mitreisenden.

»Alles in Ordnung, Joe?« wollte er wissen.

Joe nickte und nahm einen Schluck von McGarrys Haarwuchsmittel.

»Ich bin okay, Lem! Aber von diesem lausigen Whiskey kann ich das leider nicht behaupten!«

»Und wie geht es Ehrwürden, dem Bischof?«

»Gut«, hauchte der Mormonenprediger.

»Und wie ist es mit Ihnen, Mister Styles? Alles in Ordnung?«

Der Präsident der Minengesellschaft antwortete nicht. Er starrte blicklos vor sich hin.

»Geht es Ihnen gut, Mister Styles?«

Lem Staples trat über die Leiche des jungen Fatzke aus Riddle City hinweg und schüttelte Mr. Styles. Ein Messer steckte in dessen Rücken. Er war erledigt, und zwar endgültig. Die Pinos Altos Copper and Silver Mines würden Ausschau nach einem neuen Präsidenten halten müssen.

Lem Staples begann sich langsam doch ein paar Sorgen zu machen.

»Das wird wirklich unangenehm«, meinte er. »Aber bevor wir in Tucson sind, können wir gar nichts unternehmen.«

»O Aron, Bruder des Moses!« murmelte der Mormonenprediger und drückte sich eng an die Wand. »Unter uns ist ein Mörder!«

»Es ist durchaus etwas Wahres an dem, was Sie sagen«, stimmte Joe zu und entnahm McGarrys Mustertasche eine neue Flasche.

»In dem Gefängnis zu Hause in Rudd Center, in dem ich war, bevor man mich nach Yuma verlegte, gab es einen Typen namens Chester Morris, der mit dem gleichen Zug genau diese Strecke befahren hat. Und als der Zug zwischen Blackfork und Fort Hall in den Tunnel fuhr, ergriff Chester die Gelegenheit, einem Bankdirektor, der sturzbesoffen in der Ecke schnarchte, die Hosen zu klauen ...«

Joe brach ab. Im Abteil war es erneut dunkel geworden. Wieder befand sich der Zug in einem Tunnel – dem längsten von allen. Fast schien es, als wolle er nie ein Ende nehmen.

Als das Licht schließlich doch wieder ins Abteil fiel, hockten Lem Staples, Joe und der Mormonenprediger im Gepäcknetz über ihren Sitzen. Vorsichtig sahen sie sich an. Der Prediger bemühte sich um ein zittriges Lächeln, Joe brüllte vor Lachen, und Lem Staples fluchte.

Dann kletterten sie aus dem Gepäcknetz und setzten sich wieder.

»Wenn wir in Tucson sind, schlage ich drei Kreuze«, erklärte Joe. »Diese verdammten Tunnels fangen an, mir auf die Nerven zu gehen. Wie ist es mit Ihnen, Euer Heiligkeit?«

»O heilige Braut des Lammes!« stöhnte der Prediger leise. Mehr brachte er nicht über die Lippen. Er war offensichtlich dem Zusammenbruch nahe. Er hatte sich den Kragen abgerissen und zerdrückte ihn nun zwischen seinen blassen, knochigen Fingern.

Ein plötzliches Rauschen, und wieder tauchte der Zug in einen Tunnel ein – einen kleinen zwar, aber doch einen

Tunnel. Eine halbe Minute später kehrte die Sonne ins Coupé zurück. Joe, Lem Staples und der Mormonenprediger hingen wieder im Gepäcknetz. Joe hatte eine von McGarrys Flaschen für den Fall mitgenommen, daß der Tunnel zu den scheinbar endlosen zählte.

Jetzt tat er einen tiefen Zug aus der Flasche und sprang dann auf den Boden. Der Prediger schwang die Beine hinunter und ließ sich auf die Bank gleiten.

»Sie können jetzt herunterkommen, Sheriff«, verkündete Joe. »Die Gefahr ist vorüber!«

Lem Staples rührte sich nicht. Er lag im Gepäcknetz und zuckte mit keinem Muskel. In seinem Rücken steckte ein Messer. Es war eine vierzig Zentimeter lange Doppelklinge mit massivem Ledergriff.

Joe zog das Messer heraus, begutachtete es und deponierte es wieder im Gepäcknetz.

»Ganz schön unangenehm, so etwas zwischen die Rippen gestoßen zu bekommen«, murmelte er. Dann sah er den Prediger an. »Wirklich unangenehm, was, Bischof?«

»O Zion! O Adam! Himmlischer Vater!« schluchzte der Prediger. Dann starrte er hilflos vor sich hin ins Leere. Den Kragen hatte er inzwischen sauber in zwei Teile zerrissen.

Joe hob eine neue Flasche Haarwuchsmittel an die Lippen und trank, bis sie halb leer war. Dann öffnete er den Mund.

»Gottverdammt, Mann!« brach es aus ihm heraus. »Einer von uns ist ein Mörder!«

»Ich nicht«, flüsterte der Prediger und drückte sich wieder eng an die Wand. »Beim allmächtigen Beherrscher des Universums, ich bin es nicht!«

Der Zug verließ den Canyon und fuhr in den Tunnel der Cimaron Ranges nördlich des Snake River. Und wie zuvor wurde es stockfinster im Abteil.

Als die Sonne erneut durch die verschmutzten Fenster

schien, beugte sich der Mormonenprediger Logan Terwilliger über die Leiche von Joe Leffert, der mit einem Messer im Rücken auf dem Fußboden lag.

»Nun«, murmelte er mit einem matten Lächeln, während er Joes Brieftasche an sich nahm. »Also muß ich es wohl doch sein!«

Der Zug rollte in den letzten Tunnel vor Tucson. Im Coupé war es dunkel. Der Mormonenprediger hatte sich hingekniet, um die Brieftasche des Minen-Präsidenten zu ergreifen, als der Zug plötzlich in eine enge Kurve ging. Das Messer mit dem massiven Griff, das bislang im Gepäcknetz gelegen hatte, rutschte durch die Maschen und bohrte sich in den Rücken des Predigers.

Als der Zug wieder in den Sonnenschein hineinfuhr, lag er auf dem Abteilboden und tat seinen letzten Atemzug.

»Gelobt seien die himmlischen Mächte! Diesmal war ich es mit Sicherheit nicht«, hauchte er und war tot.

Lord Appletons gute Idee

Die Mitternachtsstunde nahte. Die Wolken rissen auf und zogen rasch am Vollmond vorbei, so daß Kingsbury Castle entweder hell angestrahlt oder in düstere Halbschatten getaucht wurde. Ein lebhafter Nordwind fuhr über das mit graugrüner Patina überzogene Kupferdach des Schlosses und wirbelte die quietschende Wetterfahne herum.

Kingsbury Castle, ein dunkles, finsteres, turmbewehrtes Gemäuer in Wales, das noch aus den Zeiten der Llewellyns stammte, gehörte heute dem ein wenig exzentrischen Lord Appleton, früher ein hoher Offizier bei den Welsh Guards. Obwohl nicht mehr ganz jung – seinen sechzigsten Geburtstag hatte er schon hinter sich –, war Lord Appleton topfit und ritt während der Jagdsaison täglich mit seiner Meute aus.

Seine Frau, Lady Appleton, war zwanzig Jahre jünger als er, und dank dieses Altersunterschieds haben wir eine interessante kleine Geschichte zu erzählen.

Die Turmuhr schlug gerade Mitternacht, als Lord Appletons Bentley vor dem Haupteingang des Schlosses vorfuhr. Der livrierte Chauffeur half dem Lord aus dem Wagen und begleitete ihn die breite marmorne Freitreppe hinauf.

»Gute Nacht, James«, verabschiedete sich der Lord und betrat das Schloß.

Er ging direkt in die Bibliothek, um sich ein Buch zu holen. Lord Appleton las nämlich gern im Bett. Doch als er die Tür öffnete und nach dem Lichtschalter griff, ließ ihn der Anblick, der sich ihm bot, vor Schreck erstarren. Auf dem großen Ledersofa vor dem Kamin saß Lady Appleton auf dem Schoß von Jennings, dem jungen Gutsverwalter, die beiden umarmten sich leidenschaftlich und waren so ausschließlich mit sich selbst beschäftigt, daß nichts von dem, was um sie herum geschah, in ihr Bewußtsein drang.

»Bei Zeus!« stieß Lord Appleton leise hervor und zog sich schnell zurück.

Das Paar auf dem Sofa hatte ihn überhaupt nicht bemerkt. Er war wegen wichtiger Bankgeschäfte in London gewesen und wurde eigentlich erst am nächsten Tag zurückerwartet.

In dieser Nacht schlief Lord Appleton keine Sekunde. Immer wenn er die Augen schloß, sah er das engumschlungene Paar auf dem Ledersofa vor sich – Lady Appleton und den Verwalter.

Am nächsten Morgen stand er sehr früh auf, zog sich

hastig an und frühstückte eilig, während vor dem Haus schon James mit dem Bentley auf ihn wartete.

James fuhr ihn nach London – direkt zu seinem Anwalt, dem Lord Appleton ungeschminkt die Situation darlegte.

Sein Anwalt hörte aufmerksam zu und ging dabei rastlos auf und ab.

»Meiner Meinung nach«, sagte er und rieb sich nachdenklich das Kinn – was viele Anwälte tun, um ihren Klienten eindrucksvoll zu demonstrieren, wie schwer sie für ihr Honorar arbeiten –, »meiner Meinung nach können Sie nur eins tun: Sie müssen die Scheidung einreichen.«

Lord Appleton verwarf den Vorschlag mit einer einzigen Handbewegung.

»Kommt nicht in Frage – ausgeschlossen. Meiner Frau gehört das ganze Geld.«

»Dann schmeißen Sie den verdammten Verwalter raus.«

Wieder lehnte Lord Appleton den nicht unvernünftigen Ratschlag ab.

»Jennings ist der beste Verwalter, den ich je hatte. Ich verstehe nichts von Landwirtschaft, und alle Verwalter vor Jennings haben mich betrogen. Wäre meine Frau nicht so vermögend, wäre ich längst ruiniert. Aber Jennings ist ein wahrer Ausbund an Ehrlichkeit. Und er ist so tüchtig – in allem.«

»Offensichtlich«, murmelte der Anwalt vor sich hin. Dann sagte er laut: »Wie wäre es, wenn Sie Lady Appleton eine Zeitlang auf Reisen schickten? An die Riviera. Oder nach Florida. Vielleicht würde ihr das helfen, den jungen Mann zu vergessen.«

»An die Riviera? Nach Florida? Wie stellen Sie sich das vor, Mann? Es würde nie funktionieren. Nie würde ich wagen, so etwas zu tun. Sie haben ja keine Ahnung, wie lebenshungrig Lady Appleton ist.«

»Tja, dann weiß ich leider auch nicht, was ich Ihnen raten könnte, Lord Appleton.«

Also kehrte Lord Appleton kein bißchen weiser nach Kingsbury Castle zurück. Er war verdrießlich, und seine Laune wurde nicht besser, als er die Tür zur Bibliothek öffnete und wieder das liebende Paar in leidenschaftlicher Umarmung auf dem Ledersofa entdeckte.

Zu Ehren von Lord Appleton muß anerkennend bemerkt werden, daß er die Situation wie ein Mann hinnahm. Wie ein echter Edelmann. Wie gesagt – seiner Frau gehörte das ganze Geld. Leise zog er sich zurück, obwohl er bemerkt hatte, daß Jennings überall auf dem kostbaren Perserteppich mit seinen schmutzigen Reitstiefeln Spuren hinterlassen hatte.

Als Lord Appleton ein paar Monate später wegen einiger Bankgeschäfte wieder in London war, traf er ganz zufällig auf der Bond Street seinen Anwalt.

Und der Anwalt staunte nicht schlecht, als er Lord Appleton in so großartiger Stimmung vorfand.

»Es sieht so aus, als hätten Sie das Problem mit Lady Appleton und Ihrem Verwalter zufriedenstellend gelöst«, stellte er fest.

»O ja, und das schon vor langer Zeit. Ich habe alles ganz diskret abgewickelt, nachdem ich gründlich darüber nachgedacht und die Wurzel des ganzen Übels entdeckt hatte.«

Lord Appleton hatte ganz einfach das große Ledersofa verkauft ...

Der Mann mit der goldenen Trompete

Sein ganzes Leben hatte der berühmte Trompeter Jimmy Starr, der Mann mit der goldenen Trompete, von einer Reise nach Afrika geträumt, davon geträumt, mit eigenen Augen den weißen Berg Afrikas, den Kilimandscharo, zu sehen, Büffel und Nashörner zu jagen, mit einer Safari über die unendliche Savanne mit ihren Herden von grasenden Zebras, Gazellen und Giraffen zu ziehen und abends den wilden Stammestänzen der schwarzglänzenden Eingeborenen mit ihren aufreizenden Rhythmen zuzusehen. Und vielleicht, wenn er in Stimmung war, auch eine Nummer mit seiner goldenen Trompete zum besten zu geben.

Jetzt hatte er seinen Traum in die Tat umgesetzt. Er hatte alle Engagements abgesagt und war von Nairobi aus mit dem weißen Jäger Patrick O'Malley als Safarileiter zu einer dreißigtägigen Löwenjagd tief ins Innere von Kenia aufgebrochen. Sie hatten sich über die sonnenverbrannte Steppe und durch den heißen, feuchten Regenwald geschleppt und bisher nur ab und zu einen Wasserbüffel oder eine Antilope erlegt, um ihre Fleischtöpfe füllen zu können. Alles lief so, wie der Safarileiter es geplant hatte.

Eines Tages jedoch geschah etwas äußerst Beunruhigendes. An der Spitze der schwarzen Träger bahnte sich O'Malley einen Weg durch das hohe, harte, graugelbe Gras der Uhaiyana-Steppe, als er plötzlich stehenblieb und sich suchend umblickte.

»Dieser Idiot Jimmy Starr«, murmelte er vor sich hin. »Ist er jetzt schon wieder verschwunden?«

Er wandte sich an N'dagara, den Gewehrträger von Jimmy Starr, der an der schweren, doppelläufigen Winchesterbüchse genug zu schleppen hatte.

»Wo ist der weiße Bhwana?« fragte er.

»*M'ne zunga usongwa kodak, Bhwana!*« antwortete der Gewehrträger und gab durch eine Reihe von Gesten zu verstehen, daß Jimmy Starr die Safari verlassen hatte, um zu fotografieren.

»Und wie immer natürlich ohne sein Gewehr!« fauchte O'Malley. »Irgendwann geht es noch einmal schief für diesen verrückten kleinen Hornbläser. Wenn er sich hier auf der Uhaiyana-Savanne verirrt, ist es aus und vorbei mit ihm.«

O'Malley reckte den Hals, um über das mannshohe Gras blicken zu können, aber Jimmy Starr war nirgends zu sehen. Er war verschwunden. Und je mehr er sich bemühen würde, zur Safari zurückzufinden, um so weiter würde er sich wahrscheinlich von ihr entfernen.

Als die größte Mittagshitze vorüber war, hatte sich Jimmy Starr tatsächlich so weit entfernt, daß er die Suche nach seinen Gefährten aufgab und erschöpft auf einen morschen Baumstumpf weit draußen in der Savanne niedersank. Klein, schmächtig und unansehnlich saß er da in seinem weißen Tropenanzug mit dem viel zu großen Tropenhelm. In einem verwitterten, knorrigen Affenbrotbaum hinter ihm hatten sich schon die Aasgeier niedergelassen, geduldig die weitere Entwicklung abwartend.

Bald würde die Sonne hinter den fernen Abungumabergen verschwinden. Das Heulen eines Schakals und das trockene Yak-Yak einer Hyäne durchbrachen die Stille der Savanne. Ein paar Aasgeier flogen um Jimmy Starrs Tropenhelm und ließen sich dann in einer Entfernung von weniger als einer Schußweite nieder, um ihn mit ihren kalten, gierigen Augen anzustarren. Er war eine sichere Beute für sie. Sie mußten nur noch ein wenig Geduld haben. Jimmy war gelähmt vor Angst. Die Schakale schlichen näher, die Hyänen schlichen näher, die Geparden schlichen näher. Er hatte keine Chance. Wenn O'Malley ihn nicht fand, bevor die tropische Nacht mit ihrer pechschwarzen Dunkelheit sich über die Savanne senkte, war es mit ihm vorbei.

Dann hatte er eine Idee! Die Trompete! Seine goldene Trompete, die er während der Safari keine Sekunde aus den Augen gelassen hatte, sondern an einem Riemen über der Schulter trug. Er konnte ein Signal blasen, und wenn O'Malley es hörte, würde er die Richtung wissen, in der er ihn suchen mußte.

Jimmy Starr setzte die goldene Trompete an die Lippen und begann zu blasen. Dann wartete er ein paar Minuten. Es kam keine Hilfe. Nur grasende Zebras, Wasserbüffel und Antilopen spitzten die Ohren. Jimmy spielte weiter. Ohne daß es ihm bewußt war, spielte er plötzlich seine

Paradenummer: *Oh, mein Papa!* Die wehmütigen, einschmeichelnden, reinen und klaren Töne erklangen weit über die Savanne, worauf etwas sehr Merkwürdiges passierte. Die lauschenden Tiere kamen immer näher; Zebras, Gazellen, Schakale, Schimpansen, Löwen, Nashörner und Leoparden versammelten sich in einem andächtigen Kreis um den trompetenspielenden Weltstar.

»Oh, mein Papa, tra-la, la-la, la-la, la-la, oh, mein Papa ...«

Tatsächlich! Es klang wunderschön! Ein paar Elefanten trabten herbei und stellten sich ebenfalls in den Kreis lauschender Tiere. Jimmy spielte nun: *My Irish Molly O*, worauf selbst in den kalten, gierigen Augen der Aasgeier ein wehmütiges, andächtiges Glitzern erschien. Jimmy merkte, daß er mit seinem Spiel die Herzen der Tiere gewonnen hatte und daß sie ihm nichts Böses antun würden. Er begann die Toselli-Serenade, die Tiere bewegten den Kopf im Takt. Ein großer, magerer alter Löwe kam plötzlich aus dem Gras gesprungen. Mit einem einzigen Schlag seiner schweren Pranken erledigte er Jimmy Starr und verschlang hungrig den kleinen Mann. Gleich darauf spuckte er den Tropenhelm wieder aus, leckte sich satt und zufrieden das Maul, fletschte die Zähne und blickte sich im Kreis der versammelten Tiere um.

»Du riesengroßes blödes Löwen-Rindvieh«, rief wütend einer der Leoparden in der Tiersprache. »Hier hören wir tagaus, tagein nichts anderes als die phantasielosen Trompetenstöße der Elefanten, das Yak-Yak der Hyänen und das tödliche Krächzen der Aasgeier; dann kommt endlich ein Kerl, der spielen kann, und du hast nichts Besseres zu tun, als dich auf ihn zu werfen und ihn in aller Ruhe zu verspeisen. Hast du denn überhaupt kein Gefühl für Musik?«

Der alte, jetzt nicht mehr so magere Löwe hielt sich eine Pranke hinter das Ohr, beugte sich etwas vor und sagte mit krächzender Altlöwenstimme: »Wie, bitte?«

Der Gourmet

Pierre Chamoir war ein Gourmet, ein Feinschmekker erster Klasse. Er schätzte die Raffinements der Gastronomie unendlich hoch, und wie es sich für den echten Gourmet ziemt, stellte er auch hohe Anforderungen an das Äußere. Er erwartete, daß der Tisch peinlich korrekt gedeckt war, und vor allem, daß die Teilnehmer der Mahlzeit den tiefsten Respekt für die bevorstehende heilige Handlung zeigten, indem sie beispielsweise die kulinarischen Leckerbissen in absolutem Stillschweigen genossen. Während der gesamten gastronomischen Prozedur war die Etikette streng zu befolgen. So war es für ihn nicht mit dem guten Ton vereinbar, daß jemand beim Essen die Füße auf den Tisch legte, und sobald er sich diesem horriblen Bruch der Etikette gegenübersah, kritisierte er ihn in aller Schärfe.

Unsere kleine Geschichte über den Gourmet Pierre Chamoir beginnt damit, daß er mit so einem schändlichen Verbrechen konfrontiert wurde.

»Würden Sie bitte Ihre abscheulichen Zehen vom Tisch nehmen, Patrick!« sagte er spitz und warf dem irischen Maschinenmeister Patrick O'Connell einen empörten Blick zu.

»Tisch?« verteidigte sich O'Connell, »wir haben doch gar keinen Tisch, dies lächerliche Palmenblatt willst du doch wohl nicht einen Tisch nennen.« Er zeigte auf ein großes, glattes Blatt, das Pierre Chamoir soeben im Sand vor sich ausgebreitet hatte.

Die beiden Männer waren nach einem Schiffbruch auf eine einsame Insel im Stillen Ozean an Land gespült worden. Seit Monaten fristeten sie hier ein karges Leben, es gab keine andere Vegetation als eine Gruppe von Kokospalmen und einige Tarobüsche. Ihre Lebensweise war unendlich einfach und monoton. Sie vertrieben sich die Zeit mit Angeln. O'Connell hatte aus einem Stück Stacheldraht einige primitive Angelgeräte hergestellt, und damit fingen sie Papageienfische, fliegende Fische, ab und zu einen kleinen Katzenhai, seltener Lungenfische und häßliche, dickbäuchige Kofferfische.

Bis jetzt hatte das Menü jeden Tag aus Fisch bestanden, aber in allen möglichen Variationen. Pierre Chamoir hatte eine Feuerstelle aufgebaut, und man servierte fliegende Fischfilets à la broché, geröstete Lungenfische sous la cendre, Katzenhaischwanzflosse réchaufé, Papageienfischpirogge panaché und Kofferfisch naturel.

Für den großen Gourmet blieb Fisch stets eine Delikatesse, nach seiner Meinung war Fisch eine der feinsten und erlesensten Speisen, die es gab.

»Puh!« fauchte O'Connell, als Pierre Chamoir das Hors d'œuvre auf dem ausgebreiteten Palmenblatt servierte, »schon wieder verkohlte Katzenhaischwanzflossen. Das hatten wir doch schon gestern.«

»Die sind keineswegs verkohlt, mein lieber Maschinenmeister, das sind Katzenhaischwanzflossen papilote rissolée. Ich möchte Sie darauf aufmerksam machen, daß das eine äußerst raffinierte Speise ist, aber um Gottes willen, wenn Sie keine rissolée goutieren können, dann machen wir sie morgen saignant.«

»Saig ... was?«

»Saignant. Das bedeutet ganz leicht gebraten, im Gegensatz zu rissolée, durchgebraten.«

»Nenn es, wie du willst. Es ist und bleibt Fisch, und ich habe Fisch noch nie ausstehen können. Mein Hals wird so schrecklich trocken von all diesen verdammten verkohlten Katzenhaischwanzflossen.«

Die beiden Männer aßen stillschweigend weiter. Als Pierre Chamoir seine Haifischflossen verzehrt, die Gräten abgelutscht und sie fein säuberlich auf das Blatt neben sich gelegt hatte, das als Teller diente, erhob er sich, um den nächsten Gang zu servieren, eine plat du jour, die natürlich wieder aus Fisch bestand, genauer gesagt, aus dampfgekochtem Lungenfisch, Pierre Chamoirs Spezialität.

O'Connell kannte nichts Schlimmeres als ewig den stinkenden, gekochten Lungenfisch.

»Vielen Dank!« sagte er und schob mit allen Anzeichen tiefsten Ekels das Palmenblatt zur Seite, »für mich nicht. Dieser elende Fisch trocknet meinen Hals aus.«

Er erhob sich und schlenderte zum Strand, während Pierre Chamoir weiterspeiste. Kaum war O'Connell ans Ufer gelangt, da erblickte er eine große Holzkiste, die offenbar an Land gespült war. Schnell zog er sie auf den

Sand und öffnete sie. Sie war bis zum Rand mit Weinflaschen gefüllt. Hastig ergriff er ein paar Flaschen und stürzte zu Pierre Chamoir, der noch an derselben Stelle saß und dinierte.

»Pierre! Pierre!« rief er, außerstande, seine Begeisterung zu zügeln, »eine ganze Kiste Rotwein ist an Land gespült worden!«

Mit seinem Messer gelang es ihm, den Korken zu entfernen, und dann setzte er die Flasche an den Mund und goß gierig den Wein bis auf den letzten Tropfen in sich hinein. Dann pulte er den Korken aus der zweiten Flasche und reichte sie keuchend Pierre Chamoir.

»Hier, alter Freund, trink! Prachtvoller Wein!«

Pierre Chamoir legte eine Gräte zur Seite, kaute sorgfältig seinen Mund leer und blickte O'Connell mitleidig an.

»Haben Sie denn überhaupt keine Manieren, Mann!« sagte er mit einem resignierten Kopfschütteln, »Rotwein zu Fisch!«

Kein krimineller Typ

Der Alpenexpreß eilte durch die dunkle, sternenklare Nacht nach Süden, gelegentlich begleitet von einem hellen Klingeling an den Bahnübergängen, das den vor sich hin dösenden Fahrgästen sagte, daß sie wieder an einer kleinen Station vorüberhuschten.

In einem Abteil zweiter Klasse saßen sich ein Herr in den besten Jahren und eine junge Dame gegenüber, jeder in einer Ecke. Die anderen Plätze waren leer. Der Herr wirkte unruhig und nervös. Jetzt blickte er wohl zum hundertundsiebzehnten Mal auf seine goldene Armbanduhr. Die junge Dame unterdrückte hinter einer Frauenzeitschrift ein Gähnen, schlüpfte aus ihren Schuhen, streckte ihre Beine auf den beiden leeren Plätzen neben sich aus und griff nach einer Decke.

»Hoffentlich haben Sie nichts dagegen, wenn ich es mir ein wenig bequemer mache«, sagte sie. »Ich würde gern versuchen, ein bißchen zu schlafen.«

Der Mann in den besten Jahren zuckte nervös zusammen, als er angesprochen wurde. Dann riß er sich schnell wieder zusammen und bemühte sich, kühl und gelassen zu erscheinen.

»Schlafen Sie nur!« sagte er. »Ich werde selbst versuchen, ein wenig einzunicken.«

»Könnten Sie bitte das Licht ausschalten, wenn Sie es nicht mehr brauchen?« fuhr die junge Dame fort.

Er stand auf, schloß die schwarzen Vorhänge, die die Abteilfenster zum Gang hin abschirmten, und knipste das Deckenlicht aus.

»Haben Sie denn gar keine Angst?« erkundigte er sich plötzlich. »Ich meine ... nun ja, Sie sind jung und attraktiv. Was ist, wenn ich Sie überfalle oder auch nur zudringlich werde? Schließlich kennen Sie mich nicht. Ich könnte ein Zugräuber sein ... oder ein Sittenstrolch.«

»Sie sind kein krimineller Typ. Abgesehen davon weiß ich, wo sich die Notbremse befindet, und das Nebenabteil ist besetzt. Ich glaube nicht, daß ich auch nur den geringsten Anlaß zur Sorge habe. Aber vielen Dank für die Warnung. Gute Nacht.«

Einen Moment später schlief die junge Dame tief und friedlich. Der Herr in den besten Jahren lauschte eine Weile ihren ruhigen, gleichmäßigen Atemzügen. Jedesmal, wenn der Expreß an einem beleuchteten Bahnhof vorbeihuschte, fiel ein Lichtstrahl auf ihr junges, wunderschönes Gesicht, und er wäre am liebsten aufgestanden, hätte sie auf die vollen roten Lippen geküßt und seine Finger unter ihrer weißen Seidenbluse auf Erkundung geschickt. Aber er beherrschte sich. Gut, er befand sich zwar auf dem Weg in ein besseres Leben, aber es war zu früh, mit diesen Freuden schon jetzt zu beginnen. Das hatte noch ein wenig Zeit. Kein krimineller Typ, hatte sie gesagt. Er holte eine Zigarette heraus und zündete sie an. Er sah vielleicht nicht so aus, aber vor weniger als zwölf Stunden hatte er die Kasse der Bank geleert, in der er als Kassierer beschäftigt war. Fast eine halbe Million war ihm in die Finger gefallen, und jetzt war das Geld wohlverwahrt in seinem Koffer oben im Gepäcknetz.

Er zog an seiner Zigarette und sah erneut auf die Uhr. In weniger als einer Stunde war er Gott sei Dank sicher jenseits der Grenze. Die Zollkontrolle bereitete ihm keine Kopfschmerzen, da weniger als ein Prozent der Gepäckstücke ganz willkürlich überprüft wurden. Er vertraute auf sein Glück. Und dann ... nun, dann war es endgültig und für immer vorbei mit dem stumpfsinnigen Job bei der Bank, den er siebzehn Jahre lang lediglich zur Zufriedenheit seiner Vorgesetzten ausgeübt hatte, vorbei mit den idiotischen Pflichten in dem gleichermaßen idiotischen Fertighaus, mit dem Rasen, der ständig gemäht werden mußte, dem Abwasch, den unsäglichen Fernsehprogrammen, der ewig schlecht gelaunten, schlampigen Ehefrau, den Steuern, Hypotheken, vorbei mit allem!

Jetzt winkte ihm das Glück! Luxushotels! Bars! Drinks! Atemberaubende Mädchen! In weniger als einer Stunde war er in Sicherheit, mit einer halben Million in großen Scheinen.

In Sicherheit? Kein krimineller Typ? Plötzlich erkannte er, wie unmöglich das alles doch war. Das Mädchen hatte recht. Er war kein krimineller Typ. Er würde keine Sekunde Ruhe haben. Das ganze schöne Geld würde ihm kein Glück bringen. Das ganze schöne Geld? Was war denn schon eine halbe Million in diesen inflationären Zeiten? Es wäre doch in Null Komma nichts ausgegeben. Und dann? Sollte er den eingeschlagenen Weg weitergehen? Neue Verbrechen, neue Betrügereien, neue Unterschlagungen? Hatte er denn überhaupt Talent für so etwas? War ihm nicht gerade vor einer knappen halben Stunde bestätigt worden, daß er nicht zum Kriminellen geboren war? Ein netter, zuverlässiger Bankangestellter – das war er. Und es war nur klug und weise, es dabei auch zu belassen.

Er drückte die Zigarette aus und sah auf seine Armbanduhr. Ihm kam eine Idee. Er würde alles rückgängig machen. Das war immer noch möglich. Er würde zu Frau und Kindern zurückkehren, zu Abwasch, Rasenmähen, Steuern, Hypotheken und so weiter. Er knipste die Leselampe an und blätterte fieberhaft im Fahrplan. In zweiunddreißig Minuten würden sie an der letzten Station vor der Grenze halten. Und um 5.02 Uhr fuhr von dort ein Zug in die entgegengesetzte Richtung. Das bedeutete, daß er gegen 8.40 Uhr in der Bank sein konnte, eine gute Viertelstunde bevor seine Kollegen erschienen. Er hätte ausreichend Zeit, die halbe Million wieder in den Tresor zu legen. Dann würde niemand erfahren, daß er diesen unbedachten kleinen Ausflug mit dem Alpenexpreß unternommen hatte.

Der Zug verlangsamte die Fahrt. Resolut holte der Herr in den besten Jahren den Koffer aus dem Gepäcknetz und eilte auf den Gang hinaus. Um 5.05 Uhr saß er im Expreß Richtung Norden. Um 8.37 Uhr betrat er als erster die Bank. Er holte den Tresorschlüssel, um die halbe Million wieder an Ort und Stelle zu legen. Er öffnete den Koffer – und bekam den Schock seines Lebens. Er war mit Frauenkleidung gefüllt.

Im Halbdunkel des Abteils hatte er den falschen Koffer ergriffen.

Die große Gefahr des Alkohols ...

Man muß sich einmal klarmachen, wie schnell man in einem Wohlfahrtsstaat mit dem Gesetz in Konflikt kommen kann, denn alles ist verboten und nichts erlaubt. Ehe man sich's recht versieht, steht man auch schon vor den Schranken des Gerichts.

Wie zum Beispiel jener Angeklagte, dem man Körperverletzung und Hausfriedensbruch zur Last legte. Vom Zeugenstand aus schleuderte ihm seine Frau ihre harten Anklagen entgegen:

»An einem Abend gegen Ende November kam er betrunken nach Hause, riß die Gans aus dem Herd und warf sie mir an den Kopf, weil ich vergessen hatte, sie mit

Pflaumen zu füllen. Heiligabend schnappte er sich den festlich geschmückten Baum mit den brennenden Kerzen und schleuderte ihn hinter mir drein, als ich mit Riesensprüngen die Treppe ins Freie hinunterrannte, nur deshalb, weil ich mit ihm nicht um den Weihnachtsbaum tanzen konnte, während ich die glacierten Kartoffeln und die Bratensauce zubereitete. Weil ich am Silvesterabend nicht in Stimmung kam, schob er mir ein halbes Dutzend Knallfrösche und einen Kanonenschlag unter die Schürze, ›damit ich endlich in Schwung komme‹, wie er mit lauter Stimme rief. Er hatte sich über meine angebliche Teilnahmslosigkeit geärgert.«

Der Richter wandte sich an den Angeklagten:

»Was haben Sie zu Ihrer Verteidigung vorzubringen?«

»Tja, Herr Vorsitzender, was soll man denn mit den vielen Feiertagen anfangen, wenn man sich nicht mal ein bißchen amüsieren darf?«

☆

Dann wurde noch ein Fall von Notzucht verhandelt. Das Opfer, ein junges Mädchen, war als Zeugin aufgeboten worden. Ihr Anwalt begann mit einigen Fragen.

»Fräulein Jensen! Erklären Sie dem Gericht bitte ganz genau, was an jenem Abend vorgefallen ist. Vor allem aber möchten wir von Ihnen gerne wissen, ob Sie den Täter identifizieren können. Ist es wirklich der Angeklagte?«

Fräulein Jensen wandte sich ein wenig zur Seite und nahm den Mann auf der Anklagebank fest ins Auge. »Ja«, sagte sie dann und nickte bestätigend, »der war es!«

»Sehr gut. Und schildern Sie jetzt bitte dem Gericht, wie und wann das Verbrechen erfolgt ist!«

»Es geschah im Treppenhaus der Mietskaserne, in der ich wohne. Es war kurz nach Mitternacht.«

»Könnten Sie uns auch das genaue Datum angeben?«

»Ja, es passierte zuerst an einem Sonnabend, dann am Sonntag, Montag, Dienstag und Mittwoch. Am Donnerstag war dann aber alles vorbei. Da hat meine Mutter auf der Lauer gelegen und die Vergewaltigung sofort unterbunden.«

☆

Vor demselben Gericht wurde dann der traurige Fall eines Mannes verhandelt, dem bei einer Wirtshausrauferei ein Ohr abgerissen worden war. Auf die Frage des Richters, ob er versucht habe, das Ohr wieder annähen zu lassen, erwiderte der Geschädigte:

»Nein, das ging nicht. Der Polizist bestand darauf, daß es dem Protokoll beizufügen sei.«

☆

Eine jener jungen Damen, die einem ganz bestimmten Beruf nachgehen, stand vor Gericht, weil sie ihren Lebensunterhalt durch das älteste Gewerbe der Welt bestritten hatte. Nun muß allerdings gesagt werden, daß es sich um eine ganz ungewöhnlich attraktive junge Dame handelte, so daß es sich von selbst versteht, wie schwer es den Herren im Gerichtsaal wurde, die Blicke von ihr abzuwenden. Es war unmöglich zu entscheiden, ob der Verteidiger die Schöffen verdächtigte, nur dazusitzen und zu wünschen, sie hätten die Angeklagte persönlich, gewissermaßen auf freier Wildbahn, kennengelernt; jedenfalls aber schloß er sein Plädoyer mit den Worten:

»Soll diese junge, herzensgute Frau, die sich keiner Gesetzesübertretung bewußt ist, wirklich in eine unwirtliche graue Zelle eingesperrt werden, oder darf sie zurück in ihre entzückende Zweizimmerwohnung, in der sie ihre Gäste stets zuvorkommend empfangen hat und von der jeder bessere Herr ihre Adresse kennt, nämlich Puffistraße 24, 5. Stock links, zweimal klingeln, sofern man sie nicht einfach unter der Nummer 31 58 23 49 anruft, um einen Besuchstermin auszumachen?«

☆

Dann war da noch der junge Rowdy, der vor Gericht erscheinen mußte, weil er in eine Vorstadtvilla eingebrochen war und eine alte Frau niedergeschlagen hatte, nachdem er in ihr Schlafzimmer eingedrungen war.

»Wieviel Geld haben Sie denn durch Ihre brutale Untat kassiert?« fragte der Staatsanwalt.

»Vier Mark fünfzig«, murmelte der Jüngling betreten.

»Wollen Sie uns einreden, daß Sie wegen eines so geringen Betrages eine unglückliche alte Frau niedergeschlagen haben?«

Der junge Rocker schob mit einer gekonnten Handbewegung seine langen Haare in den Nacken.

»Nein, das Geld war wirklich nicht der Rede wert«, räumte der Angeklagte seufzend ein, »aber was soll man machen? Vier Mark fünfzig hier und vier Mark fünfzig da ... es läppert sich schließlich doch zusammen ...«

☆

Eine junge Direktionssekretärin wandte sich an einen Rechtsanwalt: Ihr Chef habe sie verführt, und nun möchte sie eine Schadenersatzforderung geltend machen.

Der Anwalt bat um einige Einzelheiten, und die junge Dame berichtete, daß sie am späten Nachmittag Überstunden gemacht habe. Der Direktor habe sie dann in sein

Arbeitszimmer gezogen und auf dem großen Ledersofa nach allen Regeln der Kunst verführt.

»Haben Sie dafür Zeugen, Fräulein Antonsen?« wollte der Anwalt wissen.

Nein, mit Zeugen könne sie nicht dienen.

Der Anwalt bezweifelte, ob mit einer so dürftigen Anklagebegründung etwas auszurichten sei. Die Sache stehe auf äußerst wackligen Füßen, ihre Aussichten, einen Prozeß erfolgreich durchzustehen, wären minimal – es sei denn, Fräulein Antonsen könne beweisen, daß sie bei dieser Gelegenheit ihre Unschuld verloren habe, schwanger geworden sei oder sich eine häßliche Krankheit zugezogen habe.

Fräulein Antonsen begriff, daß ihre Sache sehr schlecht stand, und sie war deshalb ziemlich niedergeschlagen, als sie das Anwaltsbüro verließ. Schon am nächsten Vormittag aber kehrte sie zurück, diesmal heiter, aufgeräumt und triumphierend.

»Jetzt ist jeder Zweifel ausgeräumt«, rief sie vergnügt, »denn gestern abend hat mich mein Chef erneut verführt. Und diesmal habe ich Zeugen!«

»Das ändert den Fall von Grund auf«, bestätigte ihr der Anwalt.

»Sagen Sie aber: Wer ist der Zeuge?«

»Der Prokurist in unserer Firma! Den ganzen Abend hindurch haben mich die beiden Herren abwechselnd verführt!«

☆

Wenn wir gerade von Zeugen sprechen, so kann ich noch von einem Fall aus Texas berichten.

Ein Farmer hatte nach einem Streit seinen Nachbarn wegen eines Trampelpfads für seine Tiere erschossen. Er telegrafierte sofort an einen Anwalt in Fort Worth, der dafür bekannt war, solche Art von Prozessen stets zu gewinnen. Umgehend kam dessen Antwort: »Ankomme morgen früh. Bringe drei verläßliche Zeugen mit, die schwören werden, daß sie nicht gesehen haben, wie Sie Ihren Nachbarn erschossen.«

☆

Ja, man muß gut vorbereitet sein, wenn es sich um gerichtliche Auseinandersetzungen handelt. Da wurde ein Zeuge vom Richter befragt, wie viele Meter er vom Tatort entfernt gewesen sei, als das Verbrechen begangen wurde.

Ohne sich einen Augenblick bedenken zu müssen, rief er:

»Zweiundfünfzig Meter und vierunddreißig Zentimeter!«

»Wie können Sie die Entfernung so präzise angeben?«

»Ganz einfach! Ich habe mir von Anfang an denken können, daß irgendein Idiot mir diese Frage stellen würde – deshalb habe ich die Entfernung sofort sorgfältig nachgemessen!«

☆

Werfen wir noch einen weiteren Blick in einen Gerichtssaal.

»Schuldig oder nicht schuldig?« donnerte der Staatsanwalt den armen Teufel auf der Anklagebank an.

Der Beklagte warf einen verzweifelten Blick durch den Saal, dann zuckte er ratlos mit den Schultern.

»Woher soll ich das jetzt schon wissen? Ich habe das Urteil und seine Begründung noch gar nicht gehört!«

☆

Es ist nun einmal so, daß der eine freigesprochen und ein anderer verurteilt wird. Wer nicht mit einer Geldstrafe davonkommt, muß brummen, und wer in Amerika lebt und Pech hat, endet auf dem elektrischen Stuhl.

So blickte eines Morgens der Gefängnisdirektor in die Zelle eines Todeskandidaten und verkündete, sein Gnadengesuch sei abgelehnt worden; in einigen Stunden gehe es ab auf den elektrischen Stuhl. Ob er noch einen letzten Wunsch habe?

»Doch«, sagte der Kandidat. »Ich möchte eine große Portion Pilze in Sahnesauce. Früher habe ich nie den Mut gehabt, mir welche zu bestellen – aus lauter Angst, vergiftet zu werden.«

☆

Bei dieser Gelegenheit fällt mir eine weitere Geschichte aus Amerika ein, und zwar aus der Zeit, als der elektrische Stuhl noch nicht erfunden war.

»Du wirst heute gehängt«, sagte der Gefängnisdirektor. »Hast du noch einen letzten Wunsch?«

»Im Augenblick fällt mir keiner ein«, erwiderte der Verurteilte. Dann führte man ihn auf das Schafott und stellte ihn unter den Galgen. Der Henker legte dem Todeskandidaten die Schlinge um den Hals und zog den Hebel, die Falltür öffnete sich, und ab ging's ein paar Meter in die Tiefe.

Nun hatte aber der Verurteilte einen ungewöhnlich dikken Hals und überstand die unangenehme Prozedur, ohne Schaden zu nehmen. Er wurde wieder hochgezogen, und dann probierte man es noch einmal, aber der Hals war unverändert dick und überstand deshalb auch den zweiten Sturz, und der Mann erlitt keinen gesundheitlichen Schaden. Auch beim dritten Mal änderte sich nichts am Wohlbefinden des Delinquenten, aber er wurde nun doch ärgerlich.

»Was bilden Sie sich eigentlich ein?« knurrte er den Henker an. »Glauben Sie, ich sei ein Yo-Yo?«

☆

Und schließlich noch eine letzte Geschichte aus dem Knast. Hierzulande geht es da bekanntlich wesentlich gemütlicher zu als in Amerika.

Am Tage seines 25. Jubiläums als Gefängnisdirektor betrat er den Speisesaal, in dem die Gefangenen bei der Mittagsmahlzeit saßen.

»Wie ihr wohl schon gehört habt«, rief der Direktor durch den Saal, »feiere ich heute meinen fünfundzwanzigsten Jahrestag als Chef dieser Anstalt. Ich meine, das sollte für uns alle ein Anlaß sein, dieses Jubiläum ein wenig festlich zu begehen. Wer möchte dazu einen Vorschlag machen?«

»Ich!« rief der bekannte Bankräuber Locken-Karl mit Donnerstimme. »Wie wäre es mit einem Tag der offenen Tür?«

Weißt du, was diese Frauen verdienten?

Diese Geschichte spielt im Herzen der Moore und dreht sich um die Farmer, die dort leben – draußen, auf dem schlechten, versandeten Boden mit dem ständig wehenden Westwind, wo die abgerissenen Farmer mit ihren vom Wetter gezeichneten Gesichtern und ihren unergründlichen Köpfen wohnen. Einer von ihnen war Thomas Höy oder Thomas der Moor-Farmer, wie ihn die Leute nannten.

Thomas der Moor-Farmer hatte einen neuen Nachbarn – drüben bei der Sanddünen-Farm. Er hieß Stefan und hatte eine Frau, eine harte, flachbrüstige, junge Schreckschraube namens Marta, über die nicht viel Gutes berichtet werden kann. Sie war unerbittlich, wenn es um die Rechte der Frauen ging. Gleiche Rechte für alle und all dieser moderne Unsinn. Wie nannten sie solche Frauen? *Meisterinnen der Frauenrechte!* Guter Gott! Thomas der Moor-Farmer bekam eine Gänsehaut, wenn er nur daran dachte. Es wäre ihm natürlich egal gewesen, was für eine Meisterin seine neue Nachbarin Marta bei den Frauenrechten war, wenn sie nicht diese unheimliche Fähigkeit gehabt hätte, die anderen Frauen der Farmer in ihre Bewegung hineinzuziehen – den Kampf für die Rechte des weiblichen Geschlechts.

Eigentlich wäre Thomas dem Moor-Farmer das alles immer noch herzlich egal gewesen, wenn nicht seine eigene Frau Stine betroffen gewesen wäre und begonnen hätte, zu Martas Treffen zu gehen. Es tat Stine nicht gut, all diesen Unsinn darüber zu hören, daß Frauen auch eine Art menschliche Wesen waren und deshalb Mitsprache bei Entscheidungen haben sollten. Ihre Stimme hatte nun ständig einen rebellischen Unterton, ja sie hatte sogar ein paar Mal offen darüber geklagt, daß sie die Kartoffelfelder bestellen mußte, so daß ihr Rücken von sechs Uhr früh bis acht Uhr abends gebeugt war, obwohl Thomas großzügig genug war, ihr eine halbe Stunde Pause zur Abendessenszeit zu gönnen, während der sie Zeit zum Kochen, Abwaschen, Saubermachen und andere Kleinigkeiten hatte. Oft gab er vor, es nicht zu bemerken, daß sie sich ein paar Minuten mehr herausnahm und ein wenig auf dem Küchenstuhl döste. Das war ihm egal, solange sie dann eben länger auf dem Kartoffelfeld blieb, um die Zeit wieder einzuholen. Thomas war immer gut zu Stine gewesen ... von dem Tag an, da er sie als Bräutigam über die Türschwelle getragen hatte. Na ja, vielleicht ist es ein bißchen übertrieben zu sagen, daß er sie trug, denn er war ziemlich betrunken von der Hochzeitsfeier gewesen, aber irgendwie waren sie über diese Türschwelle gelangt, und das ist doch das, was wirklich zählt.

Eines Sonntags lud Thomas seinen neuen Nachbarn Stefan und einen anderen Nachbarn, den Kartoffel-Karl, ein, mit ihm in die Stadt zu gehen. Sie wollten ein paar Drinks zusammen nehmen und ein bißchen Spaß haben, was ihre Kräfte erneuern sollte, die sie täglich bei der harten Arbeit auf der versandeten, windverblasenen Erde brauchten. Auch war es üblich, einen neuen Nachbarn mit ein paar Schnäpsen willkommen zu heißen. Das Unternehmen scheiterte jedoch, weil Stine, Marta und Esther, die Frau vom Kartoffel-Karl, beschlossen hatten, daß alle drei Männer ein großes Frauenrechtstreffen, das im Gemeindezentrum abgehalten wurde, besuchen sollten. Die Frauen hielten es für wichtig, daß die Männer hörten, was sie erwartete, wenn die Frauenbewegung und die, die sie unterstützten, einmal die Macht hatten, die sie schon bald zu haben glaubten. An diesem Nachmittag saßen die drei Männer also auf den harten Bänken in dem düsteren Gemeindezentrum. Ihre Allerwertesten schmerzten mehr und mehr, je länger es dauerte. Und die Männer wurden immer verzweifelter, als sie so zuschauen mußten, wie ihr Sonntag durch die aufrührerischen Reden der Frauen vergeudet wurde, in denen es nur darum ging, wie sie die Art, mit der sie in der Familie, zu Hause und in der Gesellschaft behandelt wurden, ändern wollten.

»Weißt du, was diese Frauen verdienten?« flüsterte Kartoffel-Karl Thomas ins Ohr. »Eine ordentliche Tracht Prügel!«

»Ja«, flüsterte Thomas zurück. »Und dann sollte man sie auf die Kartoffelfelder schicken, um zwölf bis vierzehn Stunden ohne Pause Kartoffeln zu ernten – mit dem Westwind, der um ihre Hintern und gebeugten Rücken saust!«

»Und vielleicht sollte man sie noch einmal verprügeln, wenn sie nach Hause kämen«, fügte Stefan hinzu. Die beiden anderen nickten zustimmend.

Das Treffen zog sich weiter hin. Die leidenden Farmer wetzten auf ihren harten Holzbänken hin und her und wurden immer wütender, wie nur erwachsene, abgerissene, wettergezeichnete, durstige Moorfarmer wütend werden.

»Wie müssen hier raus«, flüsterte Kartoffel-Karl. »Dieses Treffen wird noch mindestens zwei Stunden dauern, so wie diese Schlampen reden. Wenn ich nicht bald hier herauskomme, laufe ich Amok und erwürge sie alle. Wir müssen hier raus ... egal wie!«

»Du hast recht«, stimmte Stefan zu. Er wandte sich an Thomas. »Fällt dir nichts ein, damit wir uns alle drei entschuldigen können?«

»Ja«, sagte Kartoffel-Karl und stieß Thomas ermunternd an. »Du warst doch sonst immer so gut bei so etwas. Zeig uns, ob du das immer noch kannst!«

Thomas der Moor-Farmer dachte so scharf nach, daß er sein Gesicht vor lauter Anstrengung verzog. Endlich fiel ihm die rettende Idee ein: Er gab vor, wegen der abgestandenen, muffigen Luft in Ohnmacht zu fallen und sank langsam zu Boden.

Woraufhin die anderen beiden ruhig aufstanden und ihn hinaustrugen.

Der Mona-Lisa-Mord

Jetzt brauchen Sie gute Nerven, denn es folgt eine Geschichte aus dem berüchtigten Soho, der Unterwelt der Großstadt London, dem Stadtteil, wo die Gangster ihr Unwesen treiben. Und wir stürzen uns mitten hinein.

»Hallo, Alfie, alter Knabe, wie geht's denn?« erklang eine verdächtig freundliche Stimme hinter Gangster Alfies Rükken, als er gerade sein dunkles Hotelzimmer in Southwalk Lane betrat und die Hand nach dem Lichtschalter ausstreckte.

»Danke, gut«, murmelte Alfie verwirrt und spürte, wie ihm plötzlich der Schweiß auf die Stirn trat. Er wußte genau, was für ein kleines, hartes Ding ihm da in den Rükken gepreßt wurde, und er wußte genau, wie leicht das Ding losging.

Automatisch streckte Alfie seine Arme hoch, während schnelle Hände seinen Körper abtasteten, um nach versteckten Waffen zu suchen. Dann wurde das Licht angezündet. Hinter ihm stand der Gangster Luigi, vor ihm Robin Baby Face Cameron, sein Chef, in ganz Soho bekannt und gefürchtet als der ungekrönte König der Unterwelt.

»Na, du dachtest wohl, du könntest mit all den Silberlingen abhauen, du dreckiger kleiner Wurm, was?« fauchte Robin Baby Face Cameron und knallte dem wie gelähmt dastehenden Alfie eine Reihe schneller und präziser Schläge ins Gesicht. »Aber so läuft das nicht ab. Aus der Traum, du kleine Mistlaus! Mit Robin Baby Face Cameron ist nicht zu spaßen. Luigi hat dich den ganzen Tag im Auge behalten. Kannst du erraten, was jetzt mit dir passiert?«

»Ja, Boß«, stöhnte Alfie, und der Schrecken stand in seinen feigen Verbrecherzügen geschrieben, »ich soll eine Autofahrt machen.«

Robin Baby Face Cameron schüttelte den Kopf. »Nein, mein Lieber, so leicht kommst du nicht davon. Wir haben eine Überraschung für dich. Wir werden dir ein wenig gute Musik vorspielen. Fesseln, Luigi!«

Alfie wurde so an einen Stuhl gebunden, daß er sich keinen englischen Zoll mehr bewegen konnte.

»Ihr könnt mich doch nicht einfach hier abknallen«, keuchte er, »das könnt ihr doch nicht machen. Das ist im ganzen Hotel zu hören. Wenn ihr mich erschießt, ist es euer Tod. Sagt doch, daß ihr mich nicht erledigen werdet. Ich schwöre, ich werde nie wieder so eine Nummer drehen.«

Die beiden Gangster schwiegen. Sie stellten einen Plattenspieler vor Alfie auf den Tisch. Dann befestigten sie sinnigerweise daran einen Revolver derart, daß er abgehen würde in dem Augenblick, wenn die Platte zu Ende gespielt war. Dann würde sich die Kugel in Alfies Herz bohren.

»Man sollte das beim Patentamt anmelden«, sagte Robin Baby Face Cameron mit kaltem Grinsen. Dann wandte er sich an Alfie und sagte mit einschmeichelnder Stimme: »Na, was möchtest du denn hören, mein Junge? Soll es etwas Klassisches sein, vielleicht Chopin? Den ersten Satz seines Klavierkonzertes in f-Moll? Oder wie wär's mit einem Präludium von Johann Sebastian? Wir ziehen alle Register der heißen Orgel, nicht? Stell dir vor, du schwebst direkt in die Hölle unter den Klängen einer Kantate mit Trompeten und Engelschor und allem Drum und Dran.«

Robin Baby Face Cameron zog eine Platte aus dem mitgebrachten Album. »Oder wie wär's hiermit? *Mona Lisa* mit den Rock-Starlighters. Das trifft sicher besser deinen Geschmack. Wir nehmen die.«

Der Gangsterboß legte *Mona Lisa* auf und stellte den Plattenspieler an. Sie stopften Alfie einen Knebel in den Mund und gingen dann rückwärts zur Tür. »Und jetzt hör gut zu, denn du hörst das Lied ja nur einmal.« Luigi grinste und schloß die Tür hinter sich. Alfie hörte, wie der Schlüssel von außen umgedreht wurde. Dann war er allein. Die heiseren Stimmen der Rock-Starlighters drangen an sein Ohr: »Mona Lisa, Mona Lisa hat man dich genannt, yah, yah, wegen deines unergründlichen Lächelns, yah, yah ...«

Alfies Blick wich keine Sekunde von der Platte. Die Nadel hatte sich schon den halben Weg auf der Platte vorwärts bewegt. Der kalte Schweiß des Grauens stand ihm auf der Stirn, er war einer Ohnmacht nahe.

»Du verbirgst, Honey, die falschen Schläge deines Herzens, yah, yah, du bist nur ein gemalter lächelnder Betrug, yah, yah ...«

Alfie wurde fast wahnsinnig vor Angst und Verzweiflung, noch eine Strophe, und dann war es um ihn geschehen. Er konnte keinen Finger rühren, keine Augenbraue bewegen. Er war wie gelähmt, als die Rock-Starlighters die letzte Zeile begannen: »Mona Lisa, Mona Lisa hat man dich genannt, yah, yah, und dein Lächeln wird die Männer ins Verderben locken ... Mona Lisa ... na Lisa ... na Lisa ... na Lisa ... na Lisa ... na Lisa ...«

Alfie hätte vor Freude laut schreien können, wenn er nicht gerade einen Knebel im Mund gehabt hätte, denn die Platte hatte eine Schramme und die Nadel blieb in der Rille hängen.

Farmer Joshs Maultier

Es war drüben in Nebraska, in einem kleinen Dorf mitten im Spring Valley, einem ziemlich staubigen, nicht allzu fruchtbaren Tal zwischen Phelps Kearney und Lamb's Cliffs. Vielleicht wissen Sie zufällig, wo das ist, aber wenn Sie's nicht wissen, ändert das auch nicht viel an dieser Geschichte.

Der Farmer Josh saß, mit dem Rücken an seinen alten Ford gelehnt, im kühlen Schatten einer Ulme und machte ein Nickerchen. Solange die Sonne so hoch stand, konnte er auf den Feldern nicht arbeiten. Daher war es besser, wenn er sich in den Schatten verzog, den lieben Gott ein, zwei oder vielleicht auch drei Stunden einen guten Mann sein ließ und sich richtig ausruhte, um Kraft zu sammeln.

Er hatte noch nicht allzu lange geschlafen, als er unsanft geweckt wurde: Jemand stieß mit einem Stock nach ihm, um zu sehen, ob er noch lebe.

»Wie geht's?« sagte eine bekannte Stimme. Es war Silas, der die Nachbarfarm bewirtschaftete.

Josh schob seinen Strohhut auf den Hinterkopf und kniff die Augen zusammen, weil die Sonne gar so grell schien.

»Geht so«, brummte er.

»Erinnerst du dich noch an das hübsche blaukarierte Baumwollhemd, das Lizzybelle dir in eurem ersten Ehejahr zum Geburtstag geschenkt hat?«

»Natürlich«, antwortete Josh. »Was ist damit?«

»Leihst du es mir?«

Josh hatte nichts dagegen, wenn es Lizzybelle recht war und sie das Hemd noch finden konnte, denn sie hatte es schon vor längerer Zeit weggeräumt.

»Wozu brauchst du es?« fragte Josh.

»Ich muß zu einer Beerdigung«, antwortete Silas.

Josh rieb sich mit seiner großen, rauhen Hand das Gesicht, als ob er damit die Müdigkeit wegwischen könnte.

»Wer hat denn den Löffel abgegeben?« wollte er wissen.

»Meine Schwiegermutter Sarah, der alte Drachen. Gott, der Teufel oder wer immer sie sonst haben will, hat sie gestern zu sich geholt. Sie ging mit einem Armvoll Feuerholz an meinem Maultier vorüber, als es plötzlich mit den Hinterbeinen ausschlug und sie mit voller Wucht in die Kehrseite traf. Sie schlug einen hohen Purzelbaum und hat sich das Genick gebrochen. Tja, so ist es der alten Nörglerin ergangen. Und jetzt müssen wir sie unter die Erde bringen.«

Silas begleitete Josh nach Hause, und Lizzybelle grub das blaukarierte Hemd bereitwillig aus den tiefsten Tiefen ihrer Kommode aus. Silas bedankte sich und ging nach Hause.

Mary-Ann, seine Frau, erwartete ihn schon auf der Schwelle. Sie trug ihren Sonntagsstaat, ein schwarzes, hochgeschlossenes Kleid aus selbstgewebtem Stoff. Silas beeilte sich, das blaukarierte Hemd anzuziehen und in die Hose zu stecken.

»Gehen wir«, sagte er.

Er half Mary-Ann in den alten, staubigen Ford mit den kaputten Stoßdämpfern, und sie knatterten zu der kleinen Holzkirche in Black Fork. Während der ganzen Fahrt schniefte und schluchzte Mary-Ann hinter ihrem schwarzen Schleier und schimpfte in den Pausen mit Silas, weil er seine neue schwarze Hose nicht angezogen hatte. Der allerdings fand seine Jeans ganz in Ordnung, da außer ihnen, dem Pfarrer und natürlich der Dahingeschiedenen ohnehin niemand zur Beerdigung kommen werde. Schließlich habe ihre Mutter – Gott hab sie selig – den Ruf gehabt, die boshafteste alte Zange zwischen Phelps Kearney und Lamb's Cliff zu sein.

Aber er irrte sich. Als sie die kleine Kirche betraten, waren schon mehrere Farmer aus der Umgebung da. Unter anderem Josh – von dem wir ja schon gehört haben –, der alte Ephraim und Zeke, der gewöhnlich einen großen Bogen um die Kirche machte. Ein paar Leute hatten Mary-Anns Mutter trotz ihres mürrischen Wesens und trotz ihrer scharfen Zunge also doch gemocht. Sogar Seth war da. Wer hätte das gedacht!

»Heiliges Kanonenrohr!« rief Silas. »Was für Menschenmassen!« Er verstand überhaupt nichts mehr. Josh, Seth und Ephraim ließen sich sonst nie in der Nähe der Kirche blicken, und normalerweise gingen Farmer nur zu Beerdigungen, wenn es sich nicht verhindern ließ. Zu ihrer eigenen, zum Beispiel.

Als alle Platz genommen hatten, stieg der Pfarrer auf die Kanzel. Er sagte ein paar nette Worte über Sarah – diese gemeine alte Hexe – und nahm dann die Gelegenheit wahr, mit wohlgesetzten Worten über die unverbesserliche Sündhaftigkeit der Farmer zu sprechen. Danach wurde Sarahs Sarg zur Grabstelle getragen, und sie wurde beerdigt. Damit war die Angelegenheit beendet.

Mary-Ann gab Silas einen leichten Rippenstoß.

»Du mußt dich bei allen bedanken, die gekommen sind«, sagte sie.

Also zog Silas sich die Jeans hoch, räusperte sich laut und sagte, er wolle den vielen braven Leuten danken, die zur Beerdigung gekommen seien. Jeder, der Lust habe, sei herzlich zu einer Tasse Kaffee und einem Schluck Whiskey in sein Haus eingeladen. Alle hatten Lust, hüpften in ihre alten Fords und knatterten los. Als sie vor Silas' kleinem baufälligen Farmhaus hielten, zog Zeke Silas schnell auf die Seite, nachdem er einen raschen Blick auf den Pfarrer geworfen hatte, um sich zu überzeugen, daß er Mary-Ann tatsächlich ins Haus folgte.

»Hör mal, Silas«, sagte er, »ist das, was Josh und der alte Ephraim mir erzählt haben, wirklich wahr? Dein Maultier hat deiner Schwiegermutter einen solchen Tritt in den Hintern gegeben, daß sie einen hohen Purzelbaum schlug, stürzte und sich den Hals brach?«

»Ja«, antwortete Silas, der sich sehr anstrengte, entsprechend bekümmert dreinzuschauen. »Ja, so ist es geschehen. Die Alte hatte keine Chance. Ich weiß nicht, was dieses Maultier hat. Es wird immer ganz wild und schlägt aus, wenn eine Frau in seine Nähe kommt.«

»Tja, das haben wir auch schon gehört«, sagte Zeke. »Und, tja, um es kurz zu machen, Silas – ich, Ephraim und Josh –, wir alle haben bösartige Schwiegermütter und haben uns daher gedacht ... Könnten wir vielleicht jetzt gleich hinter die Scheune gehen, um dort das Maultier zu ersteigern?«

La bella Italia

Italien ist wundervoll! Der Gardasee, Venedig, der Markusplatz mit all den Tauben, die Katakomben, der Petersplatz, der Papst, der Schiefe Turm von Pisa, Capri, die Blaue Grotte ... herrliche Sachen sind das. Ich bin nie dort gewesen, aber ich habe eine Menge verschiedener bunter Touristenprospekte gesehen. Und den Rest habe ich gehört, von Leuten, die dort waren. Ich weiß auch nicht, warum ich da niemals Urlaub machen konnte.

Dabei hätten wir eigentlich im letzten Frühling hinreisen sollen. Wir wollten im eigenen Wagen drei Wochen lang durch Italien fahren, aber als Mariane ausrechnete, was uns das kosten würde, fehlten uns 20 000 Kronen.

Statt dessen machten wir einen Campingurlaub in Dänemark. Mit Zelt. In strömendem Regen. War auch ganz nett, diese Reise, aber nicht ganz dasselbe wie ein Plätzchen in einem Straßencafé unter einer Sonnenmarkise, am Campari nippend, in *La bella Italia*.

Als der Regen auf unser Zeltdach trommelte, lagen wir erschauernd in unseren Schlafsäcken und träumten von einem wunderbaren langen Urlaub im sonnigen Italien, wo wir Spaghetti aßen und gebratenen Tintenfisch, was mit großen Schlucken von Chianti herunterzuspülen war. Wir malten uns das so lebendig aus, daß uns das Regengeprassel vorkam wie die Melodie eines neapolitanischen Mandolinenspielers, der »O sole mio« singt und sich selbst dazu begleitet. Und welch wonniges Vergnügen, im Mondschein durch die Kanäle von Venedig zu gondeln. Das muß man sich vorstellen ... ein Abend so warm wie der andere. Nicht dieser ganze eiskalte, andauernde Regen, nicht dieser steife Westwind, der fortwährend unser Zelt schüttelt und es wegzublasen droht. In Italien scheint die Sonne den ganzen Tag aus wolkenlosem Himmel, und man kann sich unter Palmen am Strand fläzen. Das heißt, wenn es da Palmen gibt. Wie gesagt, wir sind nie da gewesen. Aber ich erinnere mich deutlich, daß ich etwas von Olivenhainen gelesen habe. Na schön, dann kann man sich unter Oliven fläzen. Großartig! Grandios!

Wir beschlossen also, im kommenden Sommer drei Wochen durch Italien zu fahren. Als wir von unserem nicht allzu unvergeßlichen Campingurlaub zurückkamen, fingen wir gleich am nächsten Tag an zu sparen.

»Wir machen einen ganz strengen Haushaltsplan«, sagte ich. »Wir streichen alles, was nicht unbedingt notwendig ist. Wenn der Sommer dann kommt, haben wir die zwanzigtausend Kronen, die uns die Reise kosten wird.«

»Ganz deiner Meinung«, sagte Mariane aufgeregt und reichte mir Bleistift und Papier. »Jetzt schreib mal alles auf, worauf du in den nächsten zwölf Monaten verzichten kannst, und ich mache das auch.«

Ich leckte die Bleistiftspitze an und fing an zu schreiben. Das heißt ... ich saß da und kämpfte eine Viertelstunde lang mit meinen Gedanken. Das Blatt blieb leer.

Nicht eine einzige Sache fiel mir ein, auf die ich verzichten konnte. Mariane kam ihrerseits zum gleichen Schluß.

Da saßen wir nun und starrten auf unsere Blätter und dann ins Leere. Schließlich machte Mariane einen passablen Vorschlag.

»Ich hab's«, sagte sie. »Du schreibst auf, worauf ich verzichten kann, und ich schreibe auf, worauf du verzichten kannst. Ich glaube, so kommen wir eher hin.«

Ja, so konnten wir hinkommen. Ich kürzte ihr Haushaltsgeld um 200 Kronen, strich ihr gnadenlos die Besuche beim Friseur, beschnitt die Ausgaben für ihren Gymnastikclub, sparte ein paar Kronen ein, indem ich ihre Bridgenachmittage strich, wo sie sowieso immer verlor, und rettete noch 100 Kronen aus ihrem monatlichen Kosmetiketat. Alles in allem betrug ihr Beitrag zu unserer Italienreise 5200 Kronen, ohne daß sie deswegen große Opfer zu bringen hatte.

»Aber woher kriegen wir den Rest?« fragte ich zaghaft.

»Wenn du das Rauchen aufgibst, ebenso das tägliche Bier zum Mittagessen, und dich vom Rennplatz fernhältst. Keine Glücksspiele mehr mit diesen Kleppern. Vergiß das neue Angelgerät, über das du die ganze Zeit im Zelt gesprochen hast. Und jedesmal die kleine Einkehr in der Stadt, um ein oder zwei Glas Wein zu trinken, das ist von jetzt ab nicht mehr drin. Was wir mit deinen und meinen Einschränkungen sparen, das sind zusammen zehntausendzweihundert Kronen ... mehr oder weniger. Jetzt brauchen wir nur noch zehntausend Kronen. Wie können wir die bekommen?«

»Wir kaufen keine Lotterielose mehr, wir gehen nicht mehr ins Kino oder Theater, tanken nur noch halb soviel Benzin fürs Auto und versuchen ernsthaft, an Gas, Strom und Telefon zu sparen.«

»Wenn wir alle Abendpartys in dieser Saison aufgeben, das wäre ein großer Zuwachs – Gäste zu haben ist ziemlich teuer. Wir begnügen uns einfach damit, zu Freunden zu gehen, wenn sie uns zum Abendessen einladen.«

Ich schrieb alle Einsparungen auf.

»Keine teuren Restaurants mehr und keine großen Geburtstagsfeiern. Keine Weihnachtsgeschenke mehr für uns. Alles in allem, schätze ich, haben wir einundzwanzigtausendachthundertzwanzig Kronen gespart. Wir können nach Italien fahren und haben sogar noch etwas übrig.«

Mariane war ganz aufgeregt. »Du weißt gar nicht, wie glücklich mich das macht.« Sie gab mir einen dicken Kuß.

Eine Woche verging.

Der Sparplan funktionierte reibungslos. Mariane gab die Bridgenachmittage auf, sie sparte an Kosmetika und am Friseur und brauchte weniger Haushaltsgeld. Dennoch hatten wir jeden Tag anständig zu essen.

Um ehrlich zu sein: Es gelang mir sehr gut, auch ohne das neue Angelgerät auszukommen. Ich trank mittags mein Bier, wenn Mariane nicht in Sichtweite war. Ich rauchte meine Abendzigarette bei einem kleinen Spaziergang zum Briefkasten. Einmal brachte ich es sogar fertig, zur Rennbahn zu gehen, ohne daß man mir dahinterkam. Aber – was soll's? Das waren doch so kleine Übertretungen und keiner Erwähnung wert. Andererseits muß ich allerdings sagen, daß ich ziemlich heftig reagierte, als Mariane ein paar Tage später mit einem neuen Nachmittagskleid heimkam.

»Sieh dir das an«, sagte sie. »Wie gefällt's dir? Ein Sonderangebot. So was Günstiges! Ist es nicht fabelhaft? Muß nur noch eine Winzigkeit gekürzt werden.«

Ich schoß aus dem Stuhl hoch.

»Ein neues Kleid!« donnerte ich. »Waren wir uns nicht einig, zwanzigtausend Kronen für die Italienreise zu sparen? Würdest du mir mal erklären, warum du dann ein neues Kleid kaufst?«

»Beruhige dich«, sagte sie keck und holte die Liste unseres Sparplans. »Wir waren uns einig, daß wir an die einundzwanzigtausendachthundertzwanzig Kronen sparen könnten. Stimmt's? Die Reise nach Italien kostet aber nur zwanzigtausend Kronen. Richtig? Also ist da noch ein Überschuß von achtzehnhundertzwanzig Kronen. Eine Subtraktionsaufgabe, weiter nichts.«

»Und was hast du für diese unerhörte Kreation bezahlt?«

»Sechzehnhundert Kronen, Liebling! Wir haben immer noch zweihundertzwanzig Kronen übrig.«

Ich schlenderte selbstbewußt zur Tür.

»Jetzt nicht mehr!« knurrte ich. Ich ging zum Tabakladen, um mir eine halbe Kiste Zigarren zu kaufen. Punktum!

Der Ohio-Expreß

Der Ohio-Expreß und der Pacific-Expreß kreuzten sich in Firehole Creek. In Firehole Creek gibt es ein Stellwerk. Auf einem großen Baumstumpf vor der Tür der rot angestrichenen Hütte sitzt ein Kerl in einem großkarierten Baumwollhemd, raucht eine kleine Pfeife und starrt stumpf vor sich hin. Er ist der Mann, der das Stellwerk bedient. Sein Name ist Pete Carson.

Bevor wir mit unserer dramatischen Erzählung beginnen, müssen wir Sie mit der Umgebung des Stellwerks bekannt machen. Ungefähr zwanzig bis dreißig Meter nördlich von Petes rotgestrichenem Stellwerk steht ein baufälliger Schuppen. Dort hat Pete sein Werkzeug untergebracht. Vergessen Sie es nicht, es ist wichtig: In dem Schuppen bewahrt Pete sein Werkzeug auf.

Wenn Pete auf dem Baumstumpf sitzt, seine kurze Pfeife raucht und geradeaus schaut, fällt sein Blick auf eine Blockhütte, die etwa fünfzig bis sechzig Meter entfernt ist. Dort haust ein alter Goldgräber, ein Exzentriker, der Tag für Tag in seiner finsteren Behausung hockt und vor sich hin murmelt; er kann die gute alte Zeit seiner Jugend in Sacramento Valley nicht vergessen, als er in Spielhöllen mit Goldstaub und Nuggets um sich warf, als seien es Bonbons. Mit anderen Worten: Steve Hooligan war ein alter Knabe, der von Erinnerungen lebte. Und so sah er auch aus – stoppeliges Kinn und einen Krug Whiskey neben sich.

Fehlen nur noch die Eiben, die zwischen den beiden Hütten eine Vierergruppe bildeten, jedoch näher zu der Stelle hin, wo sich die Gleise kreuzten. Die Eiben waren nicht besonders groß, aber hoch genug, um die Aussicht auf die sich kreuzenden Gleise zu verstellen. Da Sie den Schauplatz der Handlung jetzt kennen, kann unsere Geschichte ihren Anfang nehmen.

Aber warten Sie. Wir haben vergessen, die beiden alten, verrosteten Ölfässer zu erwähnen, die genau in der Mitte zwischen den beiden Hütten standen; daneben lagen ein paar achtlos weggeworfene alte Eisenbahnschwellen.

Nun noch ein paar Worte über den Fahrplan. Tagtäglich Punkt halb zwölf raste der Ohio-Expreß auf der Nord-Süd-Route am Stellwerk von Firehole Creek vorbei. Und ebenfalls tagtäglich folgte ihm genau fünf Minuten später auf der Ost-West-Strecke der Pacific-Expreß.

Das funktionierte immer.

Korrektur: Es funktionierte immer – bis auf ein einziges Mal. Da hatte der Ohio-Expreß fünf Minuten Verspätung, und von jenem schicksalhaften Ereignis wollen wir hier berichten.

Es begann damit, daß in Petes Stellwerk das Telefon

klingelte. Pete klopfte seine Pfeife an dem Türrahmen aus, betrat die Hütte und griff nach dem Telefonhörer.

»Hier spricht Pete«, sagte er.

»Pete!« schrie eine Stimme außer sich vor Erregung. »Die Hölle ist los! Wann kommt der Pacific-Expreß durch Firehole Creek?«

»Punkt elf Uhr fünfunddreißig.«

»Heiliger Moses! Das hab' ich mir gedacht. Du mußt irgend etwas tun, Pete! Hörst du, Pete? Der Ohio-Expreß hat genau fünf Minuten Verspätung, und es ist mir nicht gelungen, ihn anzuhalten, als er am Stellwerk von Moose Valley vorbeiraste.«

Pete legte auf und blieb wie festgewurzelt stehen. Eine kostbare Minute war vergeudet. Dann schaute er auf die Uhr und riß sich zusammen.

»Elf Uhr dreißig«, murmelte er.

Ihm blieben fünf Minuten. Keine Sekunde mehr.

Er raste aus der Hütte, um das Signal von FREIE FAHRT auf HALT umzuschalten. Eiskalt lief es ihm den Rücken hinunter, seine Haare standen zu Berge, und seine Knie schlotterten. Das Signal funktionierte nicht. Es mußte während des Gewitters am Abend vorher beschädigt worden sein. Verzweifelt lief er am Gleis entlang hin und her und rannte dann zum Werkzeugschuppen. Er stoppte so abrupt vor der offenen Tür des Schuppens, daß hinter ihm eine Staubwolke in die Höhe stob. Dann stürzte er in den Schuppen und rumorte im Dunkeln herum, bis er eine Axt und eine Säge gefunden hatte. Er packte sie und flog gewissermaßen zu der bescheidenen Blockhütte des alten Goldgräbers. Steve war am frühen Morgen auf Fuchsjagd gewesen und saß jetzt dösend draußen im Schatten. Pete zerrte ihn von seinem alten Stuhl in die Höhe und schleppte ihn zu den vier Eiben.

Erinnern Sie sich an die Bäume? Wenn nicht, macht es

auch nichts. Wir haben keine Sekunde Zeit, noch einmal zu erklären, wo sie gestanden haben ... In haargenau dreieinhalb Minuten würden die beiden Züge auf das Signal FREIE FAHRT zudonnern, das eigentlich auf HALT stehen sollte.

»Nimm die Säge, Steve«, schrie Pete, »und säg wie noch nie in deinem ganzen Leben!«

Steve packte die Säge und hatte im Handumdrehen zwei von den Eiben gefällt, während Pete mit der Axt die dritte abgehauen hatte und jetzt der vierten zu Leibe rückte. Als sie fertig waren, zogen sie die Bäume auf die Seite.

»Komm mit, Steve! Beeil dich!« brüllte Pete keuchend und völlig außer Atem. »Wir haben nur noch fünfzig Sekunden!«

Von dem alten Goldgräber gefolgt, der erstaunlicherweise mit ihm Schritt halten konnte, packte Pete eine der Eisenbahnschwellen, die in der Nähe der Ölfässer lagen.

Rasch stellte er ein Faß auf und legte die alte Schwelle darüber. Dann wies er den Alten an, sich daraufzusetzen. Er selbst holte seine stinkende Pfeife aus der Tasche, stopfte sie, steckte sie sich an und ließ sich neben dem alten Goldgräber nieder. Sein Pfeifchen rauchend, tippte er Steve in bester Laune auf die Schulter.

»Tja, du alter Pferdeschwanzdieb«, sagte er grinsend, »jetzt wirst du endlich einmal was erleben, das dich aufheitert. In weniger als dreißig Sekunden zeige ich dir das größte Eisenbahnunglück aller Zeiten.«

Was versteht man unter einer Oper?

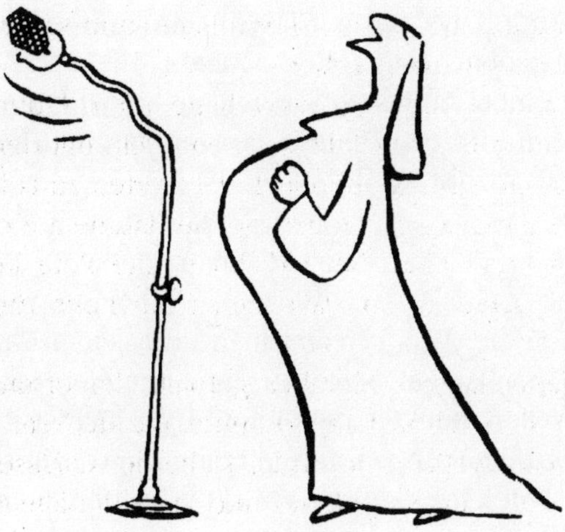

Schauspielkunst – was ist das eigentlich? Schauspielkunst bedeutet, das Publikum dahin zu bringen, daß es aufhört zu husten.

Und Berühmtheit? Was soll man darunter verstehen? Das ist etwas, woran Schauspieler und alle Show-Business-Leute sehr hart arbeiten, um sie zu erreichen. Und wenn sie es dann endlich geschafft haben, setzen sie sich eine große, dunkle Sonnenbrille auf, damit man sie nicht erkennt.

Lassen Sie mich ein praktisches Beispiel anführen.

Ein bekannter Schauspieler sucht seinen Hausarzt auf.

»Helfen Sie mir, Herr Doktor!« sagte er. »Ich leide unter einem furchtbaren Minderwertigkeitskomplex, weil ich bei weitem nicht als der große Schauspieler bewundert werde, der ich in Wahrheit bin.«

☆

Eine alternde Diva saß vor ihrem Garderobenspiegel und sagte mit einem resignierten Seufzer: »Hätte ich dem lieben Gott einen Rat geben können, als er die Frauen schuf, so hätte ich ihm empfohlen, die Gesichtsfalten unter den Fußsohlen anzubringen.«

☆

Mal eine Frage: Was versteht man unter einer Oper?

Eine Oper ist ein Schauspiel, in der ein Mann einen Dolch in den Rücken bekommt, aber nicht tot umfällt, sondern an die Rampe tritt und beide Hände auf sein Herz drückt, obgleich er dort gar nicht getroffen wurde. Und dann beginnt er auch noch zu singen!

Übrigens haben es die meisten Opern schwer, dem Geschmack von Kritikern und Publikum gleichermaßen entgegenzukommen.

»Es war die langweiligste Opernaufführung, die ich je erlebt habe«, monierte ein bekannter Musikkritiker gegenüber einem Kollegen. »Nach dem ersten Akt rührte sich keine Hand zum Beifall. Nach dem zweiten Akt pfiff das Publikum, woran ich mich nicht beteiligen konnte, denn ich hatte eine Freikarte. Nach dem dritten Akt aber ging ich an die Kasse, kaufte mir eine Eintrittskarte, kehrte an meinen Platz zurück, und von nun an habe ich mit den verbliebenen Zuschauern unaufhörlich ›Pfui!‹ gerufen.«

☆

Aber auch Schauspieler haben es nicht immer leicht.

»Ach ja«, beklagte sich ein gestreßter Mime bei einem Bekannten, »besonders amüsant ist die ständige Abendarbeit wirklich nicht. Am letzten Sonntag kam ich vor zwei Uhr nachts nicht ins Bett, am Montag hatten wir zwei Vorstellungen, da war es fast drei, ehe ich in die Federn sackte, und gestern abend ist es immerhin auch halb zwei geworden. Wenn man's genau nimmt, komme ich immer erst mit einem Tag Verspätung in die Falle!«

☆

Manche Schauspieler werden auch milieugeschädigt. Zum Beispiel jene Salondame, die ihrem Zahnarzt erklären wollte, wo es ihr weh tue. Sie erklärte es ihm so: »Erste Reihe rechts oben auf dem Balkon!«

Auch Chormädchen haben ihre Schwierigkeiten; an Eifersucht und Brotneid ist kein Mangel.

»Es ist wirklich traurig«, klagte das hübsche Chormädchen über ihre noch hübschere Kollegin. »Ihr Körper ist ihr stark zu Kopf gestiegen. Aber«, fügte sie entschuldigend hinzu, »da oben ist bei ihr ja auch reichlich Platz!«

☆

Und dann war da noch ein junger Dandy aus dem Jet-Set mit seinem hübschen, schnittigen Sportwagen, der sich ein ebenso hübsches wie erfahrenes Chormädchen angelacht hatte.

Schon beim ersten gemeinsamen Ausflug streikte der Motor seines Wagens mitten in einem tiefen, dunklen Wald. Er klappte die Kühlerhaube auf und blickte ratlos in den Motorraum.

»Mit dem Vergaser ist irgend etwas nicht in Ordnung«,

sagte er. »Was machen wir jetzt? Ich fürchte, wir kommen nicht mehr weiter.«

Das hübsche Chormädchen nahm die Nachricht gelassen und mit großem Gleichmut auf.

»Solchen Situationen bin ich schon mehrfach ausgesetzt gewesen«, sagte sie. »Deshalb weiß ich, wie man mit solchem Mißgeschick fertig wird: Wir nehmen die beiden Decken, die auf den Notsitzen liegen, und ziehen uns hinter das dichte Gebüsch dort hinten zurück. Ich bin ganz sicher: Wenn wir nach einer halben Stunde wiederkommen, ist der Vergaser ganz von selbst intakt gekommen.«

☆

Ja, das Showgeschäft hat seine eigenen Gesetze. Nicht alle kommen zu ihren Erfolgen wie bei einem Kinderspiel. Wie schnell erlebt man ein Fiasko! Das tat auch eine einst besonders populäre Popsängerin, an der die Jahre nicht spurlos vorübergegangen waren. Ihre beste Zeit hatte sie längst hinter sich. Um ihr dürftiges Stimm-Material einigermaßen in Form zu halten, nahm sie ein Engagement als Kirchensängerin an. Das hatte üble Folgen, denn nachdem sie zweimal in der Kirche gesungen hatte, trat die gesamte Kirchengemeinde einer anderen Glaubensgemeinschaft bei.

☆

Ja, man muß wirklich hoffen und wünschen, daß unsere populären Pop-, Beat- und Rocksängerinnen, wenn sie die Höhe des Ruhms, die Spitze ihrer Karriere erreicht haben – daß sie es sich dann leisten, ein wenig Gesangsunterricht zu nehmen.

☆

Nicht alles, was da gesungen wird, ist sonderlich neu und originell.

Zwei Pop-Komponisten lauschten der Musik eines weit entfernten ausländischen Senders. Plötzlich drehte der eine den Knopf ein wenig nach rechts, um die Lautstärke zu verstärken und die Melodie deutlicher hören zu können.

»Merkst du was?« rief der andere, »die Musik, die gerade gespielt wird ... ist die nicht von dir?«

Der andere lauschte aufmerksam und sagte dann: »Nein – noch nicht!«

☆

Ein anderer junger Komponist ging eines Tages zu einem Musikverleger.

»Ich möchte mich erkundigen, ob Sie Verwendung hätten für einen funkelnagelneuen Hochzeitsmarsch?« fragte er.

Der Verleger hob abwehrend beide Hände hoch. »Nein, um Himmels willen! So etwas ist völlig unverkäuflich. Aber falls Sie einen flotten Scheidungsgalopp vorrätig haben – daran bin ich immer interessiert.«

☆

Da wir gerade von Musik sprechen: Da gab's einen Pianisten, der die Angewohnheit hatte, seine Freundin immer auf die Stirn zu küssen.

»Da capo!« rief sie einmal. »Aber von jetzt an bitte eine oder zwei Oktaven tiefer!«

☆

Um aber auch von etwas anderem zu sprechen:

Ein Top-Model fuhr mit ihrem hübschen kleinen

Sportflitzer gegen einen riesigen Möbelwagen – »wegen zu geringer Sichtweite«, wie sie bei der Verkehrspolizei zu Protokoll gab. Bei der näheren Überprüfung des Unfalls stellte sich dann heraus, daß ihre Sichtweite wegen ihrer unglaublich langen Augenwimpern begrenzt war.

☆

Ehe wir nun hinübergehen nach Hollywood, wollen wir noch kurz ein Kino aufsuchen. In der nachtschwarzen Dunkelheit hörte man plötzlich die erboste Stimme einer jungen Dame.

»Hände weg, Columbus!« rief sie ihrem Begleiter zu. »Für heute abend hast du genug entdeckt!«

☆

In Hollywood, wo es noch immer gewaltig rundgeht und nichts unmöglich ist, fragte ein umjubelter Filmstern einen anderen: »Wie viele Kinder hast du jetzt eigentlich, Betty?«

Betty überlegte scharf und rechnete nach.

»Warte mal ... Ich habe vier mit Gary, meinem ersten Mann, drei mit Errol, meinem zweiten, und zwei mit meinem dritten, Jerry. Und jetzt bin ich schwanger von Robert, meinem vierten. Du mußt aber bedenken, daß ich außerdem auch noch ein paar eigene habe!«

☆

Lange Jahre galt die inzwischen verstorbene Marlene Dietrich als die schönste Großmutter der Welt. Als sie 70 wurde, ließ einer der Gäste die Frage fallen, warum es keine Kerzen auf der riesigen Geburtstagstorte gebe.

»Du darfst nicht zuviel von mir erwarten, mein Lieber«, antwortete Marlene. »Dies soll eine Geburtstagsgesellschaft sein – aber kein Fackelzug!«

☆

Dann war da noch ein anderer großer Hollywoodstar, die zu ihrem Regisseur sagte:

»Sam, darf ich dir meinen neuen Ehemann vorstellen?«

»Mit Vergnügen«, antwortete Sam. »Ich freue mich immer, deine neuen Ehemänner kennenzulernen!«

☆

Damit wären wir beim Thema »neue Ehemänner«. Es gab einmal einen weiblichen Star, der von seinem neuen Ehemann auf den Armen über die Türschwelle in ihr Luxusheim in Beverly Hills getragen wurde.

»Liebster!« flüsterte sie ihm ins Ohr. »Das Haus kommt mir so merkwürdig bekannt vor. Bist du sicher, daß wir beide nicht schon einmal miteinander verheiratet waren?«

☆

Und zum Schluß noch ein echtes Hollywood-Drama über Schein und Wirklichkeit von Hollywood und seiner Welt.

Die alternde Hollywood-Akteurin lag auf dem Sterbebett. Ihr Mann saß an ihrer Seite und hielt ihre Hand.

»Hektor«, sagte die Diva sanft, »Hektor, du bist immer so unglaublich gut zu mir gewesen, während ich doch stets ein böses Mädchen war. Heute kann ich es dir anvertrauen, Hektor: Ich bin nicht einmal, ich bin dir unzählige Male untreu gewesen!«

Ihr Mann tröstete sie mit einem aufmunterndem Lächeln.

»Meine Liebste«, sagte er gerührt. »Nimm deine ehelichen Verfehlungen nicht so schwer. Wir haben doch alle unsere schwachen Seiten, als Menschen sind wir nun einmal fehlbar. Denk doch einmal darüber nach, wer dir heute morgen vor dem Frühstück in deinen Orangensaft einen tüchtigen Schuß Arsen getan haben könnte!«

Sieh mal, Darling! Ich habe ein Kochbuch gekauft!

Klaus hatte sich in eine Popsängerin verliebt, wissen Sie, so eine mit wackelnden Hüften, verrauchter Stimme wie ein erkälteter Hund und mit aufgepusteten Haaren wie ein zerrupftes Vogelnest. Sie hieß Suzy. Eigentlich hieß sie Susanne Schulze – oder Susilein, wie sie zu Hause genannt wurde. Seitdem sie sich aber in der Unterhaltungsbranche versuchte, legte sie sich den Künstlernamen Suzy Solé zu. Das klang apart.

Klaus hatte gerade sein Ingenieurstudium abgeschlossen und hegte nur einen Wunsch: zu heiraten, einen geregelten Hausstand zu gründen und in geordneten Verhältnissen zu leben. Er hatte die Wohngemeinschaft längst satt. Er hatte die Nase voll von der primitiven Haushaltsführung, die er bisher in einer ständig übervölkerten Küche und der Schublade eines alten Kleiderschranks für Butter, Brot und Colas erledigt hatte.

Jetzt wollte er eine Frau haben und gutes Essen auf dem Tisch – wie seine Mutter es gekocht hatte.

Eines Abends, als Suzy sich von ihrer Gruppe verabschiedet hatte, machte er ihr einen Antrag. Sie sang mit vier jungen Leuten zusammen, die in Jugendklubs und Kneipen spielten. Ein richtiges Engagement hatte Suzy bisher noch nicht erhalten. Tagsüber stand sie als Verkäuferin in einer Parfümerie.

»Du, Suzy, laß uns heiraten, ja?«

»Heiraten? Und meine Karriere?« fragte Suzy.

»Du kannst gern in deiner Parfümerie bleiben, selbst wenn wir ...«

»Ich spreche von meiner Karriere, nicht von der stinklangweiligen Parfümerie!«

»Du sollst den Haushalt führen, es uns gemütlich machen, die Blumen gießen, das Essen kochen, kurz, wie Gott in Frankreich sollst du es haben. Was meinst du? Woll'n wir?«

»All right.«

Klaus zog also los und sah sich Häuser an. Er fand ein kleines niedliches Häuschen mit Abstellplatz fürs Auto, mit Kamin und Traumküche und allem Drum und Dran.

Seine ersten Zweifel an Suzys häuslichen Talenten kamen ihm, als er die Tür zu dem Raum öffnete, der ihm am liebsten war und den er stolz vorzeigte. Suzy sah sich mit großen, erstaunten Augen in dem Raum um und rief naiv aus:

»O Gott, was ist denn das für ein komisches Zimmer?«

»Das ist eine Küche«, murmelte Klaus niedergeschlagen.

»Ach so ...«

Sie heirateten, und Klaus' Argwohn gegenüber Suzys begrenztem häuslichen Können wurde nahezu Gewißheit, als er sie an einem der ersten Tage morgens den Bäcker anrufen hörte:

»Würden Sie so freundlich sein und ein Weißbrot rüberschicken, zu Frau Suzy Linde, Nr. siebzehn? Denken Sie bitte daran, daß es für Sandwiches sein soll, daß also ein paar Zentimeter Zwischenraum zwischen den Scheiben sind, ja?«

Klaus war verzweifelt. Er hatte sich doch nach seiner Heirat so auf gutes Essen gefreut, richtiges Essen, wie seine Mutter es gekocht hatte, mit brauner Soße und gerösteten Zwiebeln und dampfenden Kartoffeln. Und was bekam er – nie etwas anderes als Cornflakes, steinharte oder schlabberweiche Eier und Schwarzbrot mit Mettwurst.

Glücklicherweise hatte er eine gute Idee. Er kaufte ein großes, teures Kochbuch mit vielen interessanten Rezepten und großen Farbfotos, bei deren Anblick ihm das Wasser im Mund zusammenlief. Hm, lecker! Dieser Schweinebraten! Diese Koteletts!

»Sieh mal«, wandte er sich begeistert an Suzy, die gerade von einer Probe mit der Gruppe heimkam. »Ich habe ein Kochbuch gekauft. Ab morgen machst du richtiges Essen. Durchgebratene, mit Wein beträufelte Koteletts! Glacierte französische Beafsteaks mit kandiertem Knoblauch! Rehrücken und Fasan in Sahnesoße – hm! Und guck mal hier, sieht das nicht lecker aus? Große, saftige Pfeffersteaks mit gerösteten Zwiebeln und Cognacsauce. Das will ich morgen haben. Das ist von jetzt an mein Leibgericht.«

»Bist du verrückt? So was kann ich doch nicht machen!«

»Doch, du kannst! Du kannst das lernen. Richte dich bloß nach dem Rezept. Wenn ich morgen nach Hause komme, dann stehen herrliche Pfeffersteaks auf dem Tisch.

Abgemacht? Vergiß aber den Pfeffer nicht. Der ist das wichtigste!«

Suzy maulte zwar etwas, aber schließlich versprach sie, ihr Bestes zu tun.

Am nächsten Tag kam Klaus voller Erwartung vom Büro nach Hause. Schon als er die Gartentür öffnete, roch er geröstete Zwiebeln. Und als er die Aktentasche im Flur abstellte, mußte er sich den Mund abtrocknen, weil ihm das Wasser im Mund zusammenlief. Er freute sich wie ein Kind, als er die Tür zur Küche aufriß.

Von Pfeffersteaks war nichts zu sehen. Drüben in der Eßecke fummelte Suzy mit irgend etwas rum.

»Was?« rief Klaus. »Hast du die Pfeffersteaks noch nicht gebraten?«

Suzy blickte mit verdrossener Miene auf. »Bist du verrückt, Mann? Glaubst du, das geht so schnell? Ich hab' mich den ganzen Tag mit dem Kram hier abgequält. Aber ich hab' die Pfeffermühle immer noch nicht füllen können.«

»Unmöglich, dazu braucht man doch nicht so lange!«

»Nee, braucht man nicht?« fuhr Suzy hysterisch auf, den Tränen nahe, weil Klaus ihr diese unmögliche Aufgabe gestellt hatte. »Was denkst du, wie schnell man eine Tüte Pfefferkörner durch die verrückten kleinen Löcher schütten kann, die in einer Pfeffermühle sind?«

Eine Prinzessin geht doch nicht in die Diskothek!

Prinzessinnen leben nicht immer glücklich und in Freuden, wie manche Menschen glauben. Nehmen wir zum Beispiel die liebenswerte, junge Prinzessin Rosalinde, um die es in dieser Geschichte geht. Sie sehnte sich so sehr danach, die ganze Nacht colaschlürfend in einer ohrenzerfetzenden Diskothek durchzumachen. Sie träumte davon, mit anderen jungen Leuten in den Ferien im Freien zu zelten. Doch der König und die Königin, beides sehr altmodische Leute, wollten nichts davon wissen. Jedesmal, wenn sie diese Dinge zur Sprache brachte, war der König strikt und unüberhörbar dagegen, und die Königin samt ihrer Kammerzofe erstarrten vor Mißbilligung.

»Diskothek! Im Zelt schlafen!« wiederholte die Königin und hatte noch Mühe, solche Worte über die Lippen zu bringen. »Um Himmels willen, Kind! Weißt du überhaupt, was du da sagst? Eine Prinzessin geht doch nicht in die Diskothek! Aber wenn du willst, halten wir kommenden Samstag einen kleinen Hofball ab. Wir können alle jungen Prinzen königlicher Abkunft einladen. Zum Beispiel den Prinzen Ferdinand – das ist ein netter, anständiger junger Mann. Du könntest dich wirklich ein bißchen mehr mit ihm abgeben. Oder mit Kronprinz Ludwig – auch wenn sein künftiges Königreich ein bißchen kleiner als unseres ist.«

»Hofball«, höhnte Prinzessin Rosalinde. »Eure ewigen Hofbälle langweilen mich zu Tode! Laßt mich doch wenigstens per Anhalter zwei Wochen lang nach Monte Carlo fahren ...«

»Per Anhalter!« wimmerte die Königin, und ihre Kammerzofe mußte schleunigst das Riechsalz holen.

»Klar! Oder laßt mich ein paar ganz normale Jungs und Mädchen zu einer duften Tanzparty einladen!«

»Tanzparty!« Wieder stöhnte die Königin und gab sich dann einem stillen Ohnmachtsanfall hin, indem sie sich auf die über dem blanken Parkett ausgebreiteten Perserteppiche plumpsen ließ.

Der König schlug mit dem Zepter auf den Tisch.

»Jetzt reicht's aber!« stellte er kurzerhand fest.

Eigentlich pflegte er nicht viel zu reden und hatte gar nichts zu sagen. Aber wenn er schließlich doch ein Machtwort sprach, wurde es respektiert.

Prinzessin Rosalinde zog es vor, den Mund zu halten – wenigstens fürs erste.

Aber anderntags bettelte sie ihre Eltern beim königlichen Mittagstisch um einen Sportwagen an.

»Wenn ich nie das machen darf, was mir gefällt«, sagte sie, »könntet ihr mir wenigstens einen kleinen knallroten

Alfa Romeo mit Fünfgangschaltung und Super-Höchstbeschleunigung schenken.«

Der ganze Hofstaat erbleichte, aber schließlich hatte der König ein Einsehen und kaufte der Prinzessin einen Alfa Romeo Spider XM-6000. Es war der schnittigste Sportwagen, den er im ganzen Königreich auftreiben konnte.

»Aber denk dran«, mahnte der alte König, »nicht zu schnell damit zu fahren!«

»Und wehe, du hältst irgendwo an, um dich mit dem gemeinen Volk einzulassen«, ergänzte die Königin. »Du weißt ja, wozu so etwas führen kann. Adel verpflichtet! Man muß Abstand wahren ... Denk doch nur an die schreckliche Sache mit Prinzessin –«

Die Königin unterbrach sich mitten im Satz und erbebte beim bloßen Gedanken daran, ebenso wie ihre Kammerzofe, die Kabinettsräte, die Leibdiener und der ganze Hofstaat. Obwohl die Königin noch nicht einmal den Namen der bewußten Prinzessin ausgesprochen hatte, wußte jeder im Palast, wer gemeint war.

Und so geschah es, daß die Prinzessin Gas gab und den königlichen Schloßplatz in einer Staubwolke hinter sich ließ. Eine Stunde später rief sie zu Hause an und teilte mit, daß sie gegen einen dieser blöden Bäume am Straßenrand gerast sei und der neue Wagen Totalschaden hätte. Der für das Verkehrswesen zuständige Kabinettsrat besorgte einen Abschleppwagen, womit der Alfa Romeo mit seinen fünf frisierten Gängen auf den Schrottplatz transportiert wurde.

Leicht angeschlagen kehrte die Prinzessin zum Schloß zurück. Doch trotz ihres Mißgeschicks bestand sie darauf, einen neuen Sportwagen zu bekommen. Wenn nicht, so wolle sie keine Prinzessin mehr sein.

Sie bekam ihren zweiten Alfa Romeo. Rund hundert

Kilometer vom Schloß entfernt prallte sie gegen eine Leitplanke, und wieder mußte der Wagen abgeschleppt werden.

»Schluß mit diesem Firlefanz!« brüllte der König zornig. »Ist dir nicht klar, daß du bei deiner Fahrweise noch umkommen wirst? Ab jetzt gibt's keine Sportwagen mehr. Das ist mein letztes Wort in dieser Angelegenheit – und ich will, daß es in der Reichschronik festgehalten wird!«

Sofort machte sich der königliche Hofgeschichtsschreiber eine Notiz.

»Na gut«, drohte die Prinzessin, die außerordentlich stur sein konnte. »Wenn ich keinen neuen Wagen bekomme, werfe ich mich in den Schloßgraben!«

Und bevor sie jemand davon abhalten konnte, sprang sie hinein.

Der königliche Haushofmeister zog sie mit einem Bootshaken wieder heraus.

»Kriege ich jetzt meinen neuen Sportwagen oder nicht, Vater?« schrie sie, tropfnaß und vor Kälte zitternd.

Und sie bekam ihren neuen Sportwagen.

Zweihundert Kilometer vom Schloß entfernt überschlug sie sich neben einer Haarnadelkurve, die sie knapp verfehlte. Außer ein paar blauen Flecken hatte sie nichts abbekommen, was sie daran gehindert hätte, den üblichen Abschleppdienst anzurufen.

Als sie nach Hause kam, warf sie sich ohne Federlesens gleich in den Schloßgraben und verbat sich jeden Versuch, sie dort herauszufischen.

Der König starrte in den Graben hinunter und murmelte vor sich hin: »Sie muß verrückt geworden sein!« Laut sagte er: »Halt dich am Bootshaken fest, Kind. Deine Mutter ist schon wieder ohnmächtig geworden, und nicht einmal das Riechsalz bringt sie wieder zu sich. Der ganze Hofstaat ist empört über dein Benehmen!«

»Krieg ich jetzt den neuen Alfa Romeo?« drängte sie, den Mund voller Entengrütze.

»Also gut«, gab der König nach. »Aber das ist endgültig der letzte! Und diesmal wird mein Leibwächter mitkommen und aufpassen, daß du nicht zu schnell fährst.«

Die Prinzessin weigerte sich, in Begleitung des Leibwächters zu fahren. Schließlich ließ man sie noch einmal allein ans Steuer.

Dreihundert Kilometer vom Schloß entfernt donnerte sie mit dem Alfa Romeo gegen eine alte, knorrige Eiche am Rand eines Wäldchens. Sie war zwar ein wenig benommen, blieb aber, von ein paar Kratzern abgesehen, unverletzt. Sobald sie sich aufrappeln konnte, machte sie sich auf die Suche nach einer Telefonzelle.

Schließlich tauchte der Abschleppwagen auf, und ein großer, blonder, gutaussehender, junger, breitschultriger Kfz-Mechaniker stieg aus dem Fahrerhäuschen. Grinsend kam er ihr entgegen.

»Liebling«, seufzte sie, als sie in seinen starken Armen lag, »das nächste Mal müssen wir uns woanders treffen. Vater und Mutter schöpfen allmählich Verdacht!«

Mikkel und Morton, Bauern aus der Provinz

Natürlich gibt es auch in Himmerland im Norden Jütlands, wo die Geschichte ihren Anfang nimmt, Tulpen. Aber nicht so viele Tulpen wie unten in Holland. Wirklich nicht. Und so ist es durchaus vorstellbar, daß oben in Himmerland jemand plötzlich und ganz impulsiv auf den Gedanken kommt, nach Holland zu fahren, um sich die in Blüte stehenden Tulpenfelder anzusehen. Aber nun zur Geschichte.

Sie handelt von Mikkel und Morton, zwei Brüdern, die nördlich des Marktfleckens Hobro in Himmerland einen kleinen Bauernhof bewirtschafteten. Sie arbeiteten sehr hart auf ihrem Bauernhof – Tag um Tag, Jahr um Jahr. Aber als Morton eines schönen Sonntags gerade das Lokalblatt las, nahm er unvermittelt seine Pfeife aus dem Mund und sah Mikkel mit seinen wasserblauen Augen an. »Weißt du was, Mikkel?« begann er. »In Holland ist gerade Tulpenblüte. So steht es hier im *Ländlichen Marktschreier*.«

»Was du nicht sagst«, sagte Mikkel.

Für gewöhnlich war damit der Umfang ihrer täglichen Kommunikation erschöpft. Aber ...

»Wäre es nicht schön, dort hinunterzureisen, um sich die Tulpenfelder anzusehen?« fragte Morton verträumt.

Mikkel entnahm der Blechdose in seiner Westentasche ein neues Stück Kautabak. Dann sagte er: »Ja, mag wohl sein.«

Und dann kam der Schock.

»Vielleicht sollten wir uns ein paar Tage freinehmen und hinunterfahren«, sagte Morton.

Mikkel fiel fast der Kautabak aus dem Mund, aber er schloß schnell die Lippen. Noch nie in seinem Leben hatte er sich verblüffen lassen, also bewahrte er auch jetzt Haltung, obwohl dieser Vorschlag mit Abstand das Abenteuerlichste war, was ihm jemals zu Ohren gekommen war. Keiner der beiden Brüder war je über die Grenzen von Himmerland hinausgekommen – bis auf das eine Mal, als sie als ganz junge Spunde eine Pferdeauktion in Holstebro besucht hatten.

»Nun«, meinte er vorsichtig. »Möglich wäre es.«

Sie sprachen nicht mehr über das Thema, bis sie ihre Runden durch die Ställe hinter sich hatten. Dann, als Mikkel die Spülküche verließ und seine Holzpantinen auszog, um sich für die Nacht in sein Zimmer zurückzuziehen, sagte er: »Was meinst du, wann wir losfahren sollten, Morton?«

»Nun«, erwiderte Morton und kratzte sich nachdenklich das Stoppelkinn, »wenn wir die Tulpen blühen sehen wollen, sollten wir auch während der Tulpenblüte hinfahren. Wie wäre es mit Sonnabend, nachdem wir die Schweine gefüttert haben?«

Der Sonnabend kam, und die Brüder zogen ihre adretten blauen Anzüge an, die sie seit jenem Tag nicht mehr aus dem Schrank geholt hatten, als sie auf der Pferdeauktion in Holstebro gewesen waren. Dann machten sie sich ein paar deftige Butterbrote, packten ihre Nachthemden und ihr Rasierzeug zusammen und fuhren in die Stadt. Auf dem Bahnhof in Hobro kauften sie zwei Rückfahrkarten nach Amsterdam. Bald darauf brausten sie im Expreßzug nach Süden. Sie hatten Fensterplätze bekommen. Wie wundervoll, weit und fruchtbar die Landschaft doch war, als sie am Abteilfenster vorbeiflog. Wie es ihre Art war, tauschten sie nicht allzu viele Worte aus, aber als der Zug in Hamburg in den Bahnhof einfuhr und sie die Hälfte ihrer Strecke zurückgelegt hatten, begann Mikkel unruhig auf seinem Sitz herumzurutschen.

»Ich glaube, es ist Zeit, pinkeln zu gehen«, sagte er.

»Ja«, meinte Morton. »Stimmt.«

»Während der Zug hier hält, könnten wir aussteigen, um die Sache hinter uns zu bringen.«

»Ja, das könnten wir«, erwiderte Morton. Und da er nicht besonders vertrauensselig war, nahm er ihren Koffer mit.

Die beiden betraten den Bahnsteig und sahen sich nach einem WC um. Das Glück war auf ihrer Seite. Sie fanden eins, erledigten, was zu erledigen war, und gingen dann zu ihrem Zug zurück. Doch als sie wieder auf dem Bahnsteig standen, war der Expreßzug längst über alle Berge. Das Ganze wurde durch die Tatsache erschwert, daß verwirrend viele Züge in den Bahnhof einfuhren und diesen wieder verließen. Schließlich stiegen sie in einen Zug, und der setzte sich in Bewegung.

Eine oder zwei Stunden fuhren sie schweigend dahin,

dann wurden sie müde und schlummerten ein. Als sie wieder erwachten, aßen sie die zehn Butterbrote, die sie mitgenommen hatten.

Nachdem sie mit dem Essen fertig waren und sich den Mund abgewischt hatten, setzten sie sich behaglich zurück und genossen die Landschaft. Ihre Augen wurden groß und größer. Sie beugten sich vor und drückten sich am Abteilfenster die Nasen platt. Schließlich brach Mikkel das Schweigen.

»Diese Kirche, an der wir gerade vorbeigekommen sind, Morton, das ist die von Skellerup – ein bißchen südlich von Hobro.«

»Ja«, nickte Morton. »Das war sie. In zehn oder fünfzehn Minuten sind wir zu Hause in Himmerland«, fügte er düster hinzu.

»Ja«, bestätigte Mikkel und zog seinen Chronometer aus der Westentasche. »So sieht es aus.«

»Wir sind in Hamburg in den falschen Zug gestiegen«, sagte Morton.

Mikkel warf ihm einen tadelnden Blick zu. Sie hatten die ganze Sache zwar verpatzt, und ihr Ausflug in die große, fremde Welt war gescheitert, aber darum brauchte sein Bruder doch kein solches Theater zu machen.

Sie schwiegen, bis der Zug in Hobro ankam. Auch als sie vom Bahnhof zu ihrem kleinen Bauernhof zurückliefen, sprachen sie kein einziges Wort. Ihr Weg führte sie durchs Dorf. Sie liefen an der Schmiede vorbei, umrundeten den Dorfteich und kamen zum Pfarrhaus.

Normalerweise hatten die Brüder nichts gegen eine kleine Plauderei mit dem Pfarrer einzuwenden, und ihr Gespräch drehte sich üblicherweise ums Wetter, wenn sie sich täglich begegneten. Aber heute war keiner von ihnen zu einem Schwatz aufgelegt. Sie wollten nach Hause, und das direkt. Doch das Schicksal wollte es, daß der Pfarrer ausgerechnet zu dem Zeitpunkt sein Haus verließ, als die Brüder daran vorbeikamen. Als er die beiden so herausgeputzt sah, machte ihn das natürlich so neugierig, daß er sie ansprach.

»Ihr seht aus, als würdet ihr von großer Fahrt zurückkommen«, stellte er fest. »Wo seid ihr denn gewesen?«

»Unten in Hamburg«, erwiderte Morton und vermied es, dem Pfarrer in die Augen zu blicken.

Die beiden Brüder wollten weitergehen, aber so schnell gab der Pfarrer nicht auf.

»Und was habt ihr in Hamburg gemacht, wenn ich fragen darf?«

»Nun«, sagte Mikkel, »wir sind dorthin gefahren, um zu pinkeln.«

Aber selbstverständlich ist es nicht immer ein Paradies ...

Er hieß Thomas, war Kunstmaler und genauso arm und langbärtig, wie es sich für einen jungen Kunstmaler gehört. Sein Atelier hatte er in einer Dachkammer mit Oberlicht in einer Wohngemeinschaft eingerichtet. Das Mobiliar bestand aus einem rabenschwarzen, alten Kachelofen, einem Waschtisch mit Petroleumkocher, ein paar leeren Bierkästen und einem Eisenbett für zwei Personen.

Er wohnte mit einem kleinen, süßen schwarzäugigen Mädchen in strammen Drillichhosen zusammen. Sie hieß Anja und war so glücklich und verliebt wie eben ein junges Mädchen, das mit einem hoffnungsvollen langbärtigen Künstler zusammenlebt.

»Aber selbstverständlich ist es nicht immer ein Paradies, mit so einem Typ wie Thomas zusammenzuleben«, gestand sie manchmal. »Besonders dann, wenn wir kein Geld haben. Zuweilen dauert es so lange, bis wir einen Zehnmarkschein sehen, daß Thomas einen auf die Leinwand malt, damit wir nicht ganz vergessen, wie Geld aussieht. Und wenn wir dann keinen Krümel Brot im Haus haben! Das passiert so oft, daß wir schon gar nicht mehr daran denken. Wenn man Hunger hat, schnappt man sich einen Mund voll Extraluft, und dann geht es wieder eine Weile.

Nee, was mich aber wirklich soweit bringt, von einem braven Büroangestellten mit festem Gehalt oder einem Maurergesellen mit dicken Stiefeln und Motorrad zu träumen, oder so etwas in der Richtung, das sind die Perioden, wenn Thomas eine seiner großen Touren kriegt – weil er fühlt, daß seine künstlerischen Fähigkeiten nicht ausreichen. Dann solltest du mal sehen, wie er sich anstellt! Dann wirft er mit Pinseln und Palette und dem ganzen Schiet um sich, wird wild und ist tagelang nicht ansprechbar ... Oder er schmeißt sich auf einen Bierkasten und bleibt dort stundenlang sitzen, den Kopf in den Händen vergraben und völlig geistesabwesend. Wenn es ihm so geht, dann hab' ich plötzlich Angst, daß er allem ein Ende macht und in den Kanal springt!«

Schauen wir an so einem Tag in Thomas' Atelier hinein! Er macht verzweifelte Versuche, ein abstraktes, kompositionsloses Werk auf die Leinwand zu zaubern. Aber wie sehr er sich auch bemüht, immer wieder mißlingt es. Stets ähnelt es irgend etwas. Gleichgültig, wie er die Farben draufschmiert, ob spontan oder langsam, ob hitzig oder mit Gefühl, die Farben wollen ihm nicht gehorchen, und bevor er es verhindern kann, haben die Farben ein organisches Ganzes geformt und erweisen sich als eine elende impressionistische Schmiererei. Und er haßt, verabscheut den Impressionismus.

Er winkt Anja heran.

»Kannst du erkennen, was das sein soll?«

»Ein dicker Bauernhintern«, stellt sie fest.

Thomas schmeißt die Pinsel in die Ecke.

»Genau, das hätte ich auch gesagt! Dicker Bauernhintern! Wenn du aber erkennen kannst, daß es wie ein Hintern aussieht, dann ist es Pfuscherei. Dann taugt es nichts. Ich kann es nicht. Die Farben wollen nicht. Immer ähnelt es irgend etwas.«

Mit hängenden Schultern schleppt er sich weg und starrt mit leerem Blick resigniert auf den eiskalten Kachelofen. Lange steht er unbeweglich da.

»Gib den Bierkästen einen Tritt oder schmeiß den Kachelofen um, das baut die Aggressionen ab und wird dich erleichtern«, schlägt Anja vor.

Thomas schüttelt den Kopf. »Das nützt nichts«, murmelt er verzweifelt und läßt die Schultern noch mehr hängen. »Wenn das Talent fehlt, hat das auch keinen Sinn. Und ich habe kein Talent. Absolut nicht.«

Anja macht sich Sorgen um ihn. Sie ist beunruhigt. Sie fürchtet, er wird übereilt handeln. Er ist außer sich.

Endlich wendet er sich um und schreitet zur Tür. Anja sieht an seinem Blick, daß er eine große Entscheidung getroffen hat, vielleicht die größte in seinem Leben. Bange Ahnungen erfüllen Anja.

»Thomas!« ruft sie und faßt ihn am Arm. »Thomas! Wo gehst du hin? Antworte mir! Wo gehst du hin?«

»Laß mich los!«

»Du bleibst vom Kanal weg, hörst du! Du springst nicht ins Wasser! Meinetwegen, Thomas, tu es nicht!«

»Faß mich nicht an, Weib, verdammt ...«

Thomas reißt sich los, stößt Anja brutal und rücksichtslos zur Seite. Sie taumelt rückwärts gegen den Waschtisch, daß die Bratpfanne mit den trockenen Makkaroni, die sie abends teilen wollten, auf den Boden fliegt.

Thomas bleibt einen Augenblick mit gebeugtem Kopf an der Tür stehen. Dann sagt er ernst, mit dem Todesmut der Verzweiflung: »Ich bin am Ende, Anja. Ich tauge nichts. Ich habe meine Entscheidung getroffen, sie ist endgültig. Versuch nicht, mich davon abzuhalten. Mit alldem soll jetzt Schluß sein.«

Dann öffnet er die Tür, verläßt die Wohngemeinschaft und läßt den großen roten Vollbart abschneiden.

Ein paar Wochen lang hielt Mrs. Morgan auf dem kleinen Atoll tapfer durch

Wenn es um die Liebe zu Prunk und Eleganz ging, stellte Ethel Morgan die Quintessenz einer amerikanischen Millionärin dar. Sie war einmal – lange bevor sie sich entschloß, ihre jüngere Schwester in Sidney zu besuchen – wesentlich hübscher gewesen, aber nie eitler. Dafür waren ihre unzähligen Schönheitsoperationen der beste Beweis. Ihr Mann war einer der kalifornischen Großindustriellen. Er hatte so viele Goldzähne, daß sich hartnäckig das Gerücht hielt, er schlafe mit dem Kopf im Wandsafe des Schlafzimmers. Mit einem Wort: Die Morgans waren so gut betucht, daß Mrs. Morgan es sich leisten konnte, schon am Morgen das zu tragen, was die Gattin des Präsidenten erst am Nachmittag anzog.

Als Mrs. Morgan mit unzähligen Schrankkoffern voller Tages- und Abendkleidung und Pelzen nach Sidney flog, wäre es sie billiger gekommen, die Luftfracht für einen großen indischen Arbeitselefanten zu bezahlen als für ihr Gepäck – selbst dann noch, wenn der Elefant beim Wiegen einen riesigen Teakbalken im Rüssel getragen hätte.

Zu dem Zeitpunkt, zu dem unsere kleine Geschichte einsetzt, war Mrs. Morgan sehr schlicht gekleidet. Tatsächlich trug sie nur das Allernötigste.

Nämlich einen Lendenschurz aus Palmwedeln.

Aus Palmwedeln? Ja, wirklich. Das klingt zwar seltsam, aber hören Sie nur zu. Für alles gibt es eine Erklärung.

Als Mrs. Morgans Düsenjet ein Korallenriff in der Nähe der Neuen Hebriden überflog, gab es im Cockpit eine mysteriöse Explosion. Das Flugzeug mußte im Meer notlanden, die Passagiere mußten auf Rettungsflöße umsteigen, und alle, mit Ausnahme von Mrs. Morgan, wurden gerettet. Ihr Floß war von einer Strömung abgetrieben und in dem allgemeinen Durcheinander der hereinbrechenden Dunkelheit von den Rettungsschiffen übersehen worden. Am nächsten Tag strandete das Floß auf einem kleinen Atoll – ein halbes Dutzend Krüppelkiefern drängte sich am Strand zusammen, der Rest des Inselchens bestand aus einem unwegsamen Dickicht exotischer Sträucher und Unmengen Sand.

Ein paar Wochen lang hielt Mrs. Morgan auf dem kleinen, entlegenen Atoll tapfer durch. Die Ernährung war kein großes Problem für sie. Sie lebte von Kokosnüssen und Beeren. Das fiel ihr nicht einmal schwer, da sie seit Jahren vergeblich versuchte, ein paar Pfund abzunehmen. Jetzt würde sie es vielleicht schaffen. Das schlimmste war für sie, daß sie ihre reichhaltige Garderobe nicht mehr hatte und sich nicht umziehen konnte. Sie besaß nur noch ihr Reisekostüm. Bis sie es lernte, leichte, luftige Lendenschurze aus Palmwedeln zu machen. Und als eines Tages eine Plastiktüte aus einem Supermarkt in Melbourne an den Strand gespült wurde, konnte sie ihre Garderobe ergänzen, indem sie die Tüte an den Längsseiten auftrennte und sich um die Taille band. Von da an promenierte sie am Vormittag in ihrem Lendenschurz aus Palmwedeln über die Insel, am Nachmittag schlüpfte sie in das Plastikgewand aus dem Supermarkt, und am Abend trug sie ihr Reisekostüm.

Als sie drei Wochen auf dem verlassenen Inselchen zugebracht hatte, ereignete sich etwas, das ihr eintöniges Leben völlig veränderte, es bunt, festlich und aufregend machte.

Es war Spätnachmittag, und sie hatte sich eben in ihr Reisekostüm geworfen, als sie weit draußen auf dem Ozean etwas entdeckte, das auf ihr Inselchen zutrieb. Konnte es ein schiffbrüchiger Matrose sein? Oder gar ein Schiffsoffizier? Oder der Pilot eines anderen notgelandeten Jumbojets? Sie lief an den Strand, strich sich aufgeregt das Kostüm glatt, kämmte sich mit den Fingern das Haar und legte noch ein bißchen Lippenstift auf. Dann beschattete sie die Augen mit der Hand, damit sie besser sehen konnte.

Es war kein Rettungsfloß, sondern eine große Kiste, eine Art Container. Ungeduldig wartete Mrs. Morgan, bis die Kiste nahe genug war und sie es wagen konnte, ins Meer hinauszuwaten, um ihren Fund festzuhalten. Nachdem sie sich ziemlich damit abgemüht hatte, gelang es ihr, die Kiste an den Strand zu ziehen. Ihr Herz schlug ein bißchen schneller, nicht nur vor Anstrengung, sondern vor Erwartung.

Die Kiste war schwer. Sie konnte also nicht leer sein. Was aber enthielt sie? Vielleicht hundert Flaschen Champagner? Oder angeschimmelten Schiffszwieback? Oder Konservendosen? Russischen Kaviar? Etwa eine Ladung Rollschuhe oder Schraubenschlüssel?

Sie brauchte lange, ehe es ihr gelang, den Deckel aufzustemmen und ihn abzunehmen. Ihre Hände zitterten, als sie eine Schicht Holzwolle und dann die Plastikhülle entfernte. Dann quietschte sie vor Entzücken auf. Ihre Augen begannen zu glänzen, als sie sah, was der Container tatsächlich enthielt.

Sie hatte unbeschreibliches Glück gehabt!

Die Ladung bestand aus zwei Dutzend herrlicher Abendkleider des Pariser Modeschöpfers Balmain. Sie gehörten zu seiner nächsten Frühjahrskollektion.

Hier endet die Geschichte von Mrs. Morgan.

Wir wagen es nämlich nicht, den entsetzlichen Schock zu beschreiben, den Mrs. Morgan erlebte, als sie entdeckte, daß die Kleider alle Größe sechsunddreißig waren.

Sie aber trug Größe zweiundvierzig ...

Autofahrer! Wir müssen die Fußgänger wirksamer bekämpfen!

Freddy Fredericksen, der Fußgänger, ging in einer Großstadt die Straße entlang. Den Verkehr beachtete er nicht sonderlich, er interessierte sich mehr für hübsche Mädchen. Daher schaute er sich auch nicht um, als er vom Gehsteig auf die Fahrbahn trat, um die Straße zu überqueren – und zwang dadurch einen Autofahrer, so hart auf die Bremse zu steigen, daß der Asphalt dampfte.

»Paß auf, wohin du gehst, du ausgetrockneter Bauernlümmel!« brüllte der Autofahrer ihn an.

Bauernlümmel! Das schlug dem Faß den Boden aus. Freddy Fredericksen, der Fußgänger, hatte genug. Von gerechter Empörung und einem seit langer Zeit in ihm wühlenden Haß gegen alle Autofahrer erfüllt, beschloß er an Ort und Stelle, alle nur erdenklichen Mittel einzusetzen, um diese Pest der Zivilisation zu bekämpfen und dafür zu sorgen, daß alle Autofahrer von den Straßen verschwanden, jetzt und immerdar.

Bauernlümmel! Er, der im Herzen dieser Metropole geboren und aufgewachsen war! Das Maß war voll. Autofahrer hatten in Zukunft in der Stadt nichts mehr zu suchen, mußten vertrieben werden – restlos ausgetilgt. Bald war ihm auch klar, wie er seinen Feldzug gegen die Feinde am besten beginnen konnte: Er überquerte unachtsam oder verkehrswidrig die Straße und blieb plötzlich stehen. Es verging keine Sekunde, und er hörte Bremsen quietschen – und dann das widerwärtige Geräusch, mit dem Blech auf Blech knallt, wenn die Wagen aufeinanderfuhren; eine richtig schöne Massenkarambolage konnte er auf diese Weise verursachen. Windschutzscheiben zerbrachen und verwandelten sich in Pulverschnee, Stoßstangen verbogen sich, und schließlich wurde der ganze schrottreife Blechhaufen zum Autofriedhof abgeschleppt.

Er hatte noch ein paar andere Methoden auf Lager. Manchmal rief er irgendeinem Fußgänger auf der anderen Straßenseite ein »Hallo!« zu, stürzte dann über die Straße, ohne auf den Verkehr zu achten, und schüttelte dem Fremden, den er gerufen hatte, herzlich die Hand. Auch dieses Manöver zog gewöhnlich eine Kettenreaktion von Auffahrunfällen nach sich.

Eine weitere Möglichkeit war, in eine Zeitung vertieft die Straße zu überqueren, ohne nach links und rechts zu schauen; oder seinen Hund von der Leine zu lassen, der laut bellend über die Straße rannte, weil er drüben einen anderen Hund entdeckt hatte und ihn begrüßen wollte. Diese Taktik verwirrte die Autofahrer erheblich, so daß sie, um den Hund nicht zu überfahren, in Schaufenstern landeten oder gegen Ampelmasten knallten.

Aber es gab so unendlich viele Autofahrer! Es würde schwierig sein, sie alle auszurotten. Und nicht nur das – die Autofahrer nahmen natürlich nicht widerstandslos hin, was Freddy Fredericksen, der Fußgänger, tat. Eines Tages hielten sie auf dem Rathausplatz eine Versammlung ab. Ein Autofahrer stand auf dem Dach seines Fahrzeugs und wiegelte die anderen mit einer flammenden Rede auf.

»Autofahrer!« schrie er. »Wir müssen die Fußgänger der Stadt wirksamer bekämpfen! Jetzt ist die Zeit reif, jetzt müssen wir uns stellen und zeigen, was wir können! Wir waren gegen die Fußgänger viel zu lange viel zu sanft. Wir wollen für unsere Rechte kämpfen – nicht nur auf den Fahrbahnen, nein, auch auf den Gehsteigen. Verkehrsadern müssen den Autofahrern vorbehalten bleiben, flanierende Mädchen und Bauerntölpel haben dort nichts zu suchen. Und denkt daran – ein Betrunkener am Steuer nützt unserer Sache mehr als hundert von uns, die ungestraft ins Röhrchen blasen können. Autofahrer! Genossen von der fahrenden Zunft! Ich rufe euch zum Kampf gegen alle Fußgänger auf! Jagt sie unbarmherzig! Vom Höchsten bis zum Niedrigsten, der mit seiner Plastikeinkaufstüte hinter dem Bus herspurtet!«

Die Autofahrer nahmen den Kampf gegen die Fußgänger sehr ernst. Angriffspatrouillen, bestehend aus kleinen Lieferwagen, Kleinlastern, Großtransportern und Privatautos schwärmten in der Fußgängerzone aus, wenn die Leute aus dem Kino oder Theater kamen. Diejenigen, die das Glück hatten, nicht überfahren zu werden, eilten voller Panik nach Hause und wagten sich nur noch ins Freie, wenn es unbedingt nötig, ja lebenswichtig war – bei Beerdigungen, wenn die Nationalmannschaft spielte oder zu Schlußverkäufen in den großen Warenhäusern. Wenn der Abend hereinbrach, fuhren die Autofahrer mit voll aufgedrehten Scheinwerfern, damit sie von den völlig geblendeten Fußgängern so viele erwischten wie nur möglich. Von Tag zu Tag wurde es gefährlicher, die Gehsteige zu benutzen, vom Überqueren einer Straße ganz zu schweigen. Einige Fußgänger versuchten das Problem in den Griff zu kriegen, indem sie auf Motorräder umstiegen, weil die Motorradfahrer noch nicht Stellung bezogen hatten und niemand sagen konnte, zu wem sie hielten. Daher war es ihnen gestattet, sich mit gefährlicher Geschwindigkeit zwischen den Autos durchzuschlängeln.

Nach einiger Zeit begann Freddy Fredericksen, der Fußgänger, die Nerven zu verlieren. Die ständige Bedrohung durch die Autofahrer machte ihn fertig. »Jetzt reicht es«, sagte er. »Jetzt ist es Zeit für eine entscheidende Kraftprobe.«

Er besorgte sich ein blutrotes Tuch, wie die spanischen Stierkämpfer es benutzen. So ausgerüstet, stellte er sich in die Mitte der breiten Straße, die zum Rathausplatz führte, und schwenkte das Tuch in bester Stierkämpfermanier.

»Kommt nur!« brüllte er wild. »Kommt nur her, ihr hirnlosen Autoidioten!«

Erschrocken traten die Autofahrer auf die Bremse und sahen einander verwirrt an. Vorsichtig lenkten sie ihre Wagen um ihn herum und versammelten sich auf dem Rathausplatz, um zu besprechen, was sie als nächstes tun sollten. Dann schickten sie den Autofahrer aus, der die meisten Fußgänger erlegt hatte. Jetzt sollte er sich auch Freddy Fredericksen holen. Es war derselbe Autofahrer, der den Krieg dadurch ausgelöst hatte, daß er Freddy Fredericksen einen Bauernlümmel nannte.

Der Autofahrer gab seinem Mercedes die Sporen, blendete die Scheinwerfer voll auf, drückte ununterbrochen auf die Hupe und raste auf Freddy Fredericksen, den Fußgänger, zu. Doch in dem Moment, als er Freddy Fredericksen auf seiner gesetzlich nicht erlaubten Kühlerfigur aufgespießt zu haben glaubte, warf der Fußgänger sein rotes Tuch über die Windschutzscheibe. Der Autofahrer konnte nichts mehr sehen und krachte mit Höchstgeschwindigkeit gegen eine Verkehrsampel, die wie ein Streichholz umknickte. Leicht benommen legte er den Sicherheitsgurt ab und stieg aus dem Autowrack. »Macht schnell!« schrie er. »Holt mir einen anderen Wagen, dann werde ich diesem lausigen Bauernlümmel die Hölle heiß machen!«

Man brachte ihm einen neuen Wagen. Das war ein Kampf auf Leben und Tod. Die letzte große Schlacht zwischen den Erzfeinden: den arroganten, alles beherrschenden Autofahrern und den verfolgten, wehrlosen Fußgängern. Es war ein ungleicher Kampf, aber manchmal steht die Gerechtigkeit doch auf seiten der Unterdrückten.

Der Autofahrer gab Gas.

»Komm nur!« stieß er zischend zwischen den Zähnen hervor. »Ich werde dich unter meinem Hinterrad wie einen Floh zerquetschen.«

Freddy Fredericksen lächelte tapfer, wenn auch ein wenig gezwungen. Er schaffte es, dreimal die Fahrbahn zu überqueren, ohne überfahren zu werden. Dann drehte der Autofahrer um und fuhr eine breite Seitenstraße hinunter, um den Wagen richtig auf Touren zu bringen. Ohne nach links oder nach rechts zu schauen, schlenderte Freddy Fredericksen, der Fußgänger, über die Fahrbahn und pfiff dabei fröhlich vor sich hin, um den Gegner noch mehr zu reizen. Und dann kam der Mercedes, das Gaspedal bis zum Anschlag durchgetreten, auf ihn zu. Freddy Fredericksen hielt sein blutrotes Tuch so, daß der wütende Autofahrer in eine perfekte *Veronica* hineinrasen mußte. Im letzten Moment trat Freddy Fredericksen zur Seite ... Zu spät!

Der schwere Wagen hatte ihn mit dem rechten Vorderreifen erwischt. Ein paar Sekunden war er noch bei Bewußtsein, dann hauchte er auf dem Asphalt sein Leben aus. Das letzte Bild, das er aus dieser Welt mitnahm, war der platte rechte Vorderreifen des Mercedes. Und sein letzter Gedanke war: Hoffentlich hat er keinen Reservereifen. Dann breitete sich auf dem Gesicht von Freddy Fredericksen, dem Fußgänger, ein schwaches Lächeln aus, er schloß die Augen, und seine Seele flog den Gefilden ewiger Fußgängerzonen entgegen.

Gesenkten Hauptes sammelte sich eine kleine Gruppe von Fußgängern um ihn. Einer hielt eine kurze improvisierte Trauerrede.

»Er war einer von uns«, sagte er und nahm seinen Hut ab. »Er hat für uns Fußgänger gekämpft, für unser Recht, uns ungehindert außerhalb dieser gräßlichen, Gehsteige genannten Zementplatten zu bewegen. Er hat für unser Recht gekämpft, auch bei Gelb und Rot die Straße zu überqueren. Und dafür, daß wir plötzlich vor einem wartenden Bus auf die Fahrbahn stürmen dürfen. Er ist für eine gute und gerechte Sache gestorben. Laßt uns den Kampf fortsetzen, damit er nicht vergeblich gefallen ist.«

Und der Kampf geht weiter, härter und gnadenloser denn je.

Sie glauben mir nicht? Na – dann versuchen Sie doch mal, in der Hauptverkehrszeit verkehrswidrig über die Straße zu gehen. Sie werden schnell merken, was passiert.

Der neue Dorfpastor

Natürlich hat auch ein Pastor in einer Großstadt viel um die Ohren, aber ein Dorfpastor in einer kleinen Gemeinde kommt mit seinen Mitbürgern entschieden in engeren Kontakt.

So stattete der neue Dorfpastor eines Tages einen Höflichkeitsbesuch im Haus des Schmiedes ab.

»Sie wohnen recht hübsch hier«, sagte er zu der jungen Frau, kaum daß er hereingekommen war.

Die Frau trocknete ihre Hände in der blaugewürfelten Schürze ab und scheuchte die Kinder aus der guten Stube.

»Und was Sie für hübsche Kinder haben, liebe Frau!« fuhr der Geistliche fort.

Darin stimmte ihm die junge Mutter zu. Doch, hübsch und wohlerzogen seien sie alle vier, das sei wohl wahr.

»Ich habe Ihren Mann noch nicht bei mir in der Kirche gesehen«, tadelte der Pastor sanft. »Aber er hat sicher auch an Feiertagen viel in seiner Werkstatt zu tun?«

Die Frau des Schmieds schüttelte den Kopf.

»Nein«, sagte sie. »Mein Mann starb schon vor fünf oder sechs Jahren.«

»Ja ... aber Ihre Kinder?«

»Es sind alles meine Kinder!«

»So? Hatten Sie nicht gerade erst gesagt, Ihr Mann sei tot?«

»Das ist er auch. Aber ich ... ich lebe!«

☆

Der Pastor besuchte den Gemeindevorsteher. Beim Kaffee kam die Rede auf das ewige Leben, die Herrlichkeit des Himmels und die Qualen der Hölle. Über beide Aufenthaltsorte ließ sich natürlich viel sagen, aber es konnte kein Zweifel darüber bestehen, welchen die Anwesenden, die um den große Eichentisch versammelt waren, vorzogen.

»Au wei! Au wei!« rief der Gemeindevorsteher, als er an die Temperaturen im Fegefeuer der Hölle dachte. »Ich hoffe doch sehr, daß ich in den Himmel komme, wenn ich einmal von der Welt Abschied nehmen muß.«

Am Tisch nickten alle zustimmend, nur der Holzschuhschnitzer machte eine Ausnahme.

»Was ist mit Ihnen?« fragte der Pastor. »Möchten Sie nicht auch in den Himmel kommen?« Und er versuchte den Blick des Handwerkers festzuhalten.

»Tja, ich weiß nicht recht ...«, sagte der brave Mann nachdenklich und schob seinen Priem in die andere Backentasche. »Ich möchte mich heute noch nicht endgültig festlegen und die Entscheidung auf später verschieben. Sehen Sie, Herr Pastor: Freunde habe ich an beiden Aufenthaltsorten!«

☆

Während seiner Besuchsrunde kam der Pastor auch in das kleine, strohgedeckte Fachwerkhaus von Rasmus Skomager.

Skomagers Frau hatte ihm gerade das achte Kind geschenkt, einen wohlgestalteten Sohn.

»Herzlichen Glückwunsch!« sagte der Pastor. »Acht Kinder! Das ist wirklich eine stolze Leistung und heutzutage eine Seltenheit!«

»Kann ich nicht finden«, erwiderte Rasmus. »Wieso ist das eine Seltenheit? Mein Bruder hat zwölf!«

»Zwölf Kinder?« stammelte der Pastor überwältigt. »Das hört sich geradezu unglaublich an. Hat Ihr Bruder wirklich zwölf Kinder mit derselben Frau?«

Rasmus schüttelte den Kopf. »Nein, natürlich nicht. Wir haben jeder unsere eigene!«

☆

Boline, die älteste Tochter des Dachdeckers, immerhin eine Frau in etwas vorgeschrittenem Alter, wollte heiraten. Sören, der Geselle des Dorfschmiedes, hatte ihr schließlich doch noch sein Ja-Wort gegeben, und halbwegs pünktlich zur festgesetzten Zeit traf er vor der Kirche ein. Leider darf nicht verschwiegen werden, daß er sturzbetrunken war.

Deshalb weigerte sich der Pastor, das Paar zu trauen.

»Wir haben keine andere Wahl, als einen neuen Termin festzusetzen«, sagte er etwas verärgert.

Man einigte sich auf einen neuen Tag, erlebte aber auch diesmal eine Enttäuschung, denn als Sören diesmal am Arm seiner Beine die Kirche betrat, war er so blau, daß er kaum auf den eigenen Beinen stehen konnte. Boline und ein Hochzeitsgast mußten ihn stützen.

»Nun hören Sie mal gut zu«, sagte der Pastor aufgebracht zu der unglücklichen Braut. »Dieses Theater mache ich nicht noch einmal mit! Wenn er beim dritten Mal wieder so unmäßig betrunken ist, müssen Sie auf eine kirchliche Trauung verzichten!«

Boline begann zu weinen. »Ach, Herr Pastor«, schluchzte sie, »wenn er nüchtern ist, kriege ich ihn ja gar nicht hierher!«

☆

Während einer Kindtaufe in der Dorfkirche fragte der Pastor nach dem Namen des Kindes.

Die Taufpatin zählte die Namen auf:

»Helga, Marie, Jonna, Josefine, Karla, Henriette, Pernille.«

Worauf der Pastor mit dem ausgestreckten Daumen und dem Mittelfinger nach dem Küster schnippte: »Sörensen! Bringen Sie mehr Wasser!«

☆

Nach dem Gebet am Ende des Gottesdienstes warf der Pastor einen strengen Blick auf seine Gemeinde und sagte dann: »Bei der Kollekte am letzten Sonntag zugunsten der christlichen Sandalen-Mission in Indien fand ich in der Sammelbüchse unter anderen Münzen ein schwedisches Fünf-Öre-Stück, einige italienische Lire, einen japanischen Yen und eine spanische Peseta. Ich freue mich, daß die

Gläubigen vor der weiten Reise zu uns nicht zurückschrecken, wenn es gilt, unsere kirchliche Arbeit zu unterstützen.«

☆

Die Tochter des Dorftischlers hatte sich in den jungen, hübschen Landbriefträger verliebt, aber ehe sie etwas falsch machen konnte, wollte sie sicherheitshalber den Pastor um Rat fragen. Sie besuchte ihn in seinem Studierzimmer.

»Ich habe mich bis über beide Ohren verliebt«, sagte sie. »Es ist dahin gekommen, daß wir Hand in Hand durch den Wald gegangen sind. Ist das eine Sünde?«

»Nein«, tröstete der Pastor. »Das ist keine Sünde!«

»Wir haben uns dann nebeneinander auf den Waldboden gelegt«, fuhr Christina fort. »Ist das Sünde?«

»Nein, mein gutes Kind«, versicherte der Pastor. »Das ist keine Sünde!«

»Dann hat mich mein Henrik umarmt und an mir herumgefummelt«, sagte Christina errötend. »Ist das Sünde?«

Der Pastor schüttelte den Kopf. »Nein, davon kann keine Rede sein!«

»Aber als wir es uns dann richtig gemütlich machen wollten und alle Vorbereitungen bereits getroffen hatten, da kam der Förster und hat uns weggescheucht!« jammerte Christina.

»Das war eine große Sünde!« bestätigte der Pastor.

☆

Nach dem sonntäglichen Gottesdienst waren der Schmied und seine Frau auf dem Heimweg von der Kirche. Der Schmied wirkte ziemlich verschlossen, offenbar hatten ihn die zwei Stunden andächtigen Zuhörens nicht sonderlich amüsiert.

An seinem Vorgartenzaun stand Rasmus Skomager und rauchte seine halblange Pfeife.

»Na, Schmied«, sagte er. »Bist du in der Kirche gewesen?«

Der Schmied wirkte zornig und verbittert.

»War's eine gute Predigt?« fragte Rasmus weiter.

»Keine Ahnung«, schnaufte der Schmied verächtlich. »Jedenfalls war sie lang.«

»Und wovon handelte sie?«

»Von der Sünde.«

»Und was hat der Pastor darüber gesagt?«

»Er war dagegen.«

☆

Während einer Beerdigung stand Konrad Klokker neben dem Dorfältesten und fragte:

»Wie alt bist du eigentlich, Andreas?«

Der alte Andreas zwinkerte ein wenig mit seinen wäßrigen Augen und gackerte dann: »Dreiundneunzig!«

»Dreiundneunzig?« wiederholte Konrad Klokker nachdenklich. »Weißt du was, Andreas? Dann lohnt sich der Heimweg für dich gar nicht mehr. Setz dich hier auf eine Bank und warte, bis du an der Reihe bist!«

☆

Sofie Sypige nahm eine Abkürzung über den Friedhof. Auf der höchsten Stelle blieb sie einen Augenblick stehen und blickte nachdenklich auf die vielen Grabsteine.

Dann seufzte sie ein wenig und murmelte: »Den Weg

müssen ja die meisten von uns früher oder später gehen. Hauptsache, wir leben noch recht lange und behalten dabei unsere gute Gesundheit!«

Bravo, Fräulein Hansen!

Fräulein Hansen war eine bezaubernde junge Dame, fünfzehn Jahre alt. Bis zu ihrer Konfirmation hatte sie – mehr oder weniger bereitwillig – auf den Namen Jonna gehört. Aber jetzt war sie in einem erstklassigen Schuhgeschäft, das in einem eleganten Stadtviertel lag, Verkaufslehrling geworden, und da rief man sie Fräulein Hansen. Denn es hört sich besser an, eine junge Dame namens Fräulein Hansen für Hilfsarbeiten hierhin und dorthin zu schicken, als die allgemeine Aufmerksamkeit auf einen gummikauenden, etwas schlaksigen Teenager namens Jonna zu lenken.

Zu Beginn ihrer Lehre durfte sie nicht selbst verkaufen.

Sie half anderen, die Schuhkartons aus den Regalen zu holen und sie später zurückzustellen. Schließlich hatte sie gerade erst angefangen, das Handwerk zu lernen. Und man muß vorsichtig sein, bevor man junge Leute etwas tun läßt, was sie noch nicht richtig beherrschen.

Es konnte ja sein, daß sie die Kunden abschreckte. Der Geschäftsinhaber, Herr Martinsen, war der Ansicht, daß junge Menschen von Grund auf zu lernen hätten, eins nach dem anderen, bevor man sie an die höchst komplizierte Kunst des Schuhverkaufs heranließ.

Nachdem sie ein halbes Jahr lang Schuhkartons aus den Regalen geholt und wieder zurückgestellt hatte, durfte sie zum erstenmal etwas verkaufen. Sie bestand den Test gut. Sie hatte den richtigen Zahlungsbetrag in die Registrierkasse getippt, dem Kunden korrekt herausgegeben und sogar daran gedacht, dem Käufer lächelnd danke zu sagen. Nicht jede Verkäuferin nimmt sich die Zeit dafür.

Fräulein Hansen hatte eine Dose Schuhcreme verkauft.

»Das haben Sie sehr gut gemacht, Fräulein Hansen«, sagte Frau Iversen, ihre Abteilungsleiterin. Und auch Herr Martinsen nickte unserer Heldin anerkennend zu.

»Darf ich jetzt auch mal ein Paar Schuhe verkaufen, Frau Iversen?« fragte Fräulein Hansen eifrig und zog ihren Angorapullover zurecht. Der Erfolg war ihr zu Kopf gestiegen. Sie fühlte sich imstande, den ganzen Laden zu verkaufen.

»Meinen Sie das im Ernst, Fräulein Hansen?« fragte ihre Abteilungsleiterin einigermaßen geschockt. »O nein. Noch nicht. Sie sind noch nicht einmal ein Jahr hier. Und Schuhe zu verkaufen ist nicht so einfach, wie Sie denken. Nur mal angenommen, eine Kundin kommt und will ein Paar unserer teuren italienischen Modelle mit den hohen Hakken anprobieren ... Kein Lehrling im ersten Lehrjahr ist fähig, so ein Paar Schuhe zu verkaufen.«

Da mischte sich Herr Martinsen ein. »Lassen Sie sie doch mal einen Versuch machen! Fräulein Hansen wird den nächsten Kunden bedienen, der hereinkommt.«

Herr Martinsen war ein Mann der Praxis. Obwohl er ziemlich altmodisch dachte und seine Vorbehalte hatte, hielt er es doch für klug, die jungen Lehrlinge nach einer angemessenen Probezeit die Kunst des Schuhverkaufs erproben zu lassen. Je eher sie zum Verdienst beitrugen, um so besser.

Wild schlug Fräulein Hansens Herz unter dem Angorapullover. Sie war so aufgeregt, daß sie sogar vergaß, ihren Gummi weiterzukauen.

Endlich kam eine Kundin. Eine elegante – vielleicht ein wenig zu elegante – Dame betrat das Geschäft und blickte sich kritisch um.

Mit der wird sie nie fertig, dachte Frau Iversen.

Sie sieht sich nur um, dachte Herr Martinsen. Der wird Fräulein Hansen nichts verkaufen können.

»Was kann ich für Sie tun?« fragte Fräulein Hansen höflich, zog den Pullover herunter und klebte den Kaugummi schnell unter die Platte des Ladentischs.

»Sie haben ein Paar beigefarbene, hochhackige italienische Ziegenlederschuhe im Schaufenster ...«

»Aber ja, gnädige Frau! Diese hier.« Fräulein Hansen nahm rasch einen Karton vom Regal und klappte ihn auf. »Wenn ich mich nicht irre, haben sie Größe vierzig. Nehmen Sie bitte Platz! Probieren wir sie mal an! Oh, sie stehen Ihnen ausgezeichnet! Betrachten Sie einmal das elegant gearbeitete Oberleder, den ringförmigen Besatz und die bezaubernden kleinen Schnallen an den Seiten als letzten Pfiff! Sie sind handgearbeitet und ledergefüttert. Möchten Sie mal ein paar Schritte tun und sehen, wie sie Ihnen passen?«

Die Frau spazierte auf dem dicken Teppich ein paar Schritte auf und ab.

»Sie sind genau Ihr Stil, gnädige Frau.«

»Sie sind ein bißchen eng ... aber das gibt sich. Ich nehme sie. Wie viel kosten sie?«

»Vierhundertneunundsechzigfünfundachtzig.«

»In Ordnung.«

Fräulein Hansen zog ihr rasch die italienischen Ziegenlederschuhe aus, half der Kundin beim Anziehen ihrer alten Schuhe und wickelte den Karton ein.

Die Kundin holte ihre Geldbörse heraus, blickte hinein und sagte: »O je, ich habe nur vierhundertfünfzig Kronen bei mir. Ist es Ihnen recht, wenn ich die neunzehnfünfundachtzig heute nachmittag vorbeibringe?«

»Natürlich, gnädige Frau. Das geht völlig in Ordnung!«

Herr Martinsen murmelte unhörbar einen Fluch. Frau Iversen schüttelte den Kopf und blickte anklagend zum Himmel. Sie dachte: Fräulein Hansen ist eine alberne Gans! Mit geschlossenen Augen müßte sie erkennen, daß der Kundin nicht zu trauen ist. Sie sieht aus, als könne sie es sich leisten, aber dieser Typ macht sich einen Sport daraus, hier einen Fünfer, dort einen Zehner zu sparen, und so was summiert sich. Dieses naive kleine Dummchen! Das hat Herr Martinsen nun davon, daß er einen unerfahrenen Lehrling Kunden bedienen läßt, bevor er es richtig kann!

Fräulein Hansen verschnürte das Schuhpaket und klemmte einen Holzstift als Griff ein. Mit freundlichem Lächeln überreichte sie der Kundin das Paket und öffnete ihr die Ladentür.

Dann drehte sie sich um und sah Herrn Martinsens und Frau Iversens mißbilligende Blicke.

»Was ist denn?« fragte sie etwas überrascht und zur gleichen Zeit empört. Sie nahm ihren Kaugummi von der Unterkante des Ladentischs, steckte ihn in den Mund und zog ihren Pullover wieder herunter. »Habe ich etwas falsch gemacht? Oder was?«

»Sie wird die neunzehnfünfundachtzig nie vorbeibringen«, sagte Frau Iversen in scharfem Ton.

»Ach, nein?« sagte Fräulein Hansen schnell. »Sie ist spätestens in einer Stunde wieder hier! Ich dachte, daß sie knapp bei Kasse ist, und deshalb hab' ich ihr zwei rechte Schuhe eingepackt!«

Also wirklich, Henry …

Die Angehörigen moderner demokratischer Gesellschaften haben offenbar nur ein Ziel: mehr Geld zu verdienen. In der guten alten Zeit schafften die Leute es jahrelang ganz gut, mit einem recht bescheidenen Gehalt auszukommen. Man lebte eben nicht über seine Verhältnisse. So einfach war das. Ja, in der guten alten Zeit konnte eine Person mit zwei Kronen und fünfundzwanzig Öre pro Tag recht gut leben und mit einem vollen Bauch schlafengehen. Auf dem Land empfand ein Knecht, der von vier Uhr früh bis zehn Uhr abends arbeitete, einen Lohn von vierhundert Kronen im Winter und fünfhundert im Sommer als angemessen. Und davon konnte er sogar noch etwas auf die Seite legen und genug zusammensparen, um sich einen eigenen Hof zu kaufen. Früher gab es das nicht, daß Angestellte Schlange vor dem Büro ihres Chefs standen, um sich über die Arbeitsbedingungen zu beschweren und kürzere Arbeitszeit bei höherem Gehalt zu fordern. Die Berufstätigen fanden sich mit dem ab, was sie hatten. Sie saßen von acht bis siebzehn Uhr brav hinter ihren Schreibtischen und waren zufrieden. Jetzt ist es anders. In unserer Zeit ist jeder unzufrieden, und keiner kann genug bekommen.

Coxcomb, ein höherer Angestellter, gehörte zu denen, die nicht genug bekamen. So jedenfalls sah es Frau Coxcomb.

»Also wirklich, Henry«, sagte sie, »du mußt deinen Chef um eine Gehaltserhöhung bitten. Wir müssen das Wohnzimmer neu einrichten, und ein Schwimmbecken im Garten brauchen wir dieses Jahr auch noch. Außerdem habe ich beschlossen, daß wir im Winter auf Barbados Urlaub machen.«

»Aber Irmgard, Liebste, ich habe doch gerade erst eine Gehaltsaufbesserung von fünfhundert Kronen bekommen«, protestierte Coxcomb. Es steckte immerhin noch soviel Anstand in ihm, daß er fand, man könne einem Chef nicht ständig mit Gehaltsforderungen kommen. Immerhin war es ja möglich, daß sein Chef auch noch anderes zu bedenken hatte.

»Gerade?« höhnte sie. »Ha! Was du nicht sagst! Das war vor sechs Monaten! Jeder andere bekommt öfter eine Gehaltserhöhung! Denk doch bloß an all diese Fabrikarbeiter, die einer Gewerkschaft angehören! Die kriegen laufend mehr! Und du? Du verkriechst dich hinter deinem Schreibtisch, statt wie ein echter Mann ins Büro deines Chefs zu gehen und hin und wieder auf deine Rechte zu pochen!«

Sie bedachte ihn mit einem so verächtlichen Blick, daß er auch ohne Worte wußte, was sie von ihm hielt.

Am nächsten Tag ging er zu seinem Chef, und es gelang ihm, monatlich weitere fünfhundert Kronen mehr zu bekommen.

»Na endlich!« sagte seine Frau, als er an diesem Abend heimkam und ihr die gute Neuigkeit erzählte. »Du hast dir ganz schön Zeit gelassen, bis du den Mut aufgebracht hast! Morgen sehe ich mir die lederne Couchgarnitur an ... und ich hole auch Urlaubsprospekte für Barbados.«

Ein paar Monate vergingen, bis Frau Coxcomb eines Morgens bemerkte: »Die Hansens haben gestern einen neuen Wagen bekommen. Wie lange sollen wir eigentlich noch mit diesem Wrack fahren, das in unserer Garage steht?«

»Wir können uns keinen neuen Wagen leisten, jedenfalls nicht im Augenblick.«

»Hansen hat gerade eine hohe Gehaltsaufbesserung bekommen. Du hättest ebenfalls zu einer Computerfirma gehen sollen wie er. Aber wir können wohl nichts machen, als versuchen, mit dem Hungerlohn auszukommen, den du heimbringst.«

»Ich kann doch nicht ... ich meine ... ich habe doch gerade erst eine Gehaltserhöhung ...«

»Gerade!« unterbrach sie ihn. »Daß ich nicht lache! Lächerliche fünfhundert Kronen mehr!«

Dann blickte sie ihn vernichtend an. Er versuchte, ihren Augen auszuweichen, doch sie ließ nicht locker.

»Du mußt unbedingt zu deinem Chef gehen und ihm sagen, daß mit deinem Gehalt etwas geschehen muß. Er soll dir seine Anerkennung für deinen großen Einsatz zeigen, indem der dein Gehalt *wesentlich* erhöht!«

»Aber Liebling. Irmgard, ich glaube nicht ...« O nein, nicht wieder dieser Blick. Er hielt ihn nicht aus.

»Na gut. Ich gehe morgen zu ihm. Aber gib jetzt bitte Frieden.«

Er hielt sein Wort und ging am nächsten Tag zu seinem Chef.

»Nun«, fragte seine Frau, als er an diesem Abend heimkam. »Was hast du erreicht?«

Coxcomb versuchte, ihrem Blick auszuweichen.

»Nun, es ging recht gut, sozusagen. Er versprach mir eine riesige Gehaltserhöhung, die allerdings an eine Bedingung geknüpft ist.«

»Eine Bedingung? Was soll das heißen?«

»Das heißt, daß ich sie unter einer bestimmten Bedingung erhalte, nicht nur ich, sondern eine ganze Reihe von uns. Svendsen, Rasmussen, Lundberg und die anderen ersuchten den Chef ebenfalls um mehr Geld, weil sie mit ihrem Gehalt nicht auskommen. Als ich zu ihm kam, war er sehr zuvorkommend und fragte mich, ob ich mit einer Erhöhung ... jetzt halt dich fest ... von fünftausend im Monat zufrieden wäre. Aber er könnte sie mir nur unter derselben Bedingung wie den andern geben.«

»Und die Bedingung? Wie sieht sie aus?« fragte Irmgard aufgeregt.

Coxcomb wich ihrem erwartungsvollen Blick aus.

»Nun, wir werden alle fünftausend Mark im Monat mehr bekommen ... *wenn in der Hölle dreißig Grad unter Null herrschen!*«

Ich will ein berühmter Virtuose werden, Vater

Archie MacNugget beendete die Schule im Alter von fünfzehn und wurde auch gleich konfirmiert. Mit anderen Worten, die Zeit war gekommen, da sich Angus MacNugget über die Zukunft seines Sohnes Gedanken machen mußte.

»Ich möchte Musiker werden«, sagte Archie. »Ich möchte einen großen Konzertflügel, und dann will ich ein berühmter Virtuose werden.«

»Mac'an diabhoil!« Angus MacNugget stieß bei dem Gedanken, was so ein Instrument kosten würde, einen gälischen Fluch aus. »Das ist zu teuer, mein Junge. Das

kommt gar nicht in Frage. Du wirst dir etwas anderes überlegen müssen.«

»Aber wenn der Junge nun einmal Musiker werden will ...«, mischte sich Archies Mutter Catriona ein. Sie stammte aus Nordengland, wo man nicht jeden Penny einzeln umdrehte.

»Willst du nicht, daß ich mich einmal selbst erhalten kann?« fragte Archie. »Mein Musiklehrer in der Schule hat mir immer versichert, wie musikalisch ich bin, und daß ich eine großartige Zukunft vor mir hätte, wenn ich mein Talent nur ausbauen würde.«

»Natürlich möchte ich, daß du dein eigenes Geld verdienst«, sagte Angus. »Ich werde hinüber zu Lochnanan Gate gehen und den alten Hector MacNab fragen, ob er ein gutes, gebrauchtes Klavier hat, das ich zu einem fairen Preis erwerben könnte.«

Angus MacNugget ging zu Lochnanan Gate. Nach einer Stunde war er wieder da.

»Er hatte tatsächlich eines«, sagte er zu Catriona, »aber es war schrecklich teuer, und außerdem hätte es zusätzliche Kosten bedeutet, es restaurieren zu lassen. Es ist das alte elektrische Klavier, das ehemals in MacKinnans Pub stand und zuletzt von Ben MacCormack aus Kintore Ness verwendet wurde, um Blumenzwiebeln darin zu lagern. Kannst du dir nicht einen anderen Beruf einfallen lassen, Junge? Dein alter Vater und deine Mutter haben dich jetzt fünfzehn Jahre durchgefüttert. Willst du uns jetzt damit in den Ruin treiben, daß wir viel Geld für ein altes, schlechtes Klavier hinauswerfen, auf dem man nicht einmal spielen kann?«

Archie dachte eine Weile nach. Dann wandte er sich an seinen Vater. Er hatte eine Entscheidung getroffen.

»Dann wünsche ich mir eine Geige und würde gern ein berühmter Violinist werden«, sagte er.

»*Gle mhath!* Das ist keine schlechte Idee«, antwortete Angus schon fröhlicher. »Ich gehe zu Lochnanan Gate hinüber und frage den alten Hector nach einer guten, gebrauchten Violine.«

»Zu einem fairen Preis?« fügte Catriona sarkastisch hinzu. Sie konnte den Geiz ihres Mannes nicht leiden. Nach siebzehn Jahren Ehe trug sie noch immer ihr Hochzeitskleid, das jetzt alt und zerschlissen war.

Nach einer halben Stunde kam Angus MacNugget von Lochnanan Gate zurück ... ohne Geige.

»Hector hatte schon eine, aber meinst du, der Geizkragen wäre auch nur einen Penny mit dem Preis hinuntergegangen? Es war im Grunde genommen eine gute Geige. Sie hätte bloß ein paar Reparaturen gebraucht, neue Wirbel und ein Griffbrett und solche Kleinigkeiten. Der alte Geizhals Hector besaß die Frechheit, zwei Schilling extra für den Bogen zu verlangen, obwohl er neu bespannt werden müßte. Und nicht nur das, die Geige brauchte außerdem eine neue Kinnstütze und ...«

Archie fiel ihm ins Wort.

»Dann kauf mir einen Dudelsack, Papa«, schlug er vor. »Ich möchte mein Geld wirklich mit Auftritten verdienen, so daß ich nicht von euch abhängig bin.«

Angus MacNugget klopfte seinem Sohn auf die Schulter. Diese Bemerkung hatte ihn wieder aufgeheitert.

»Ich frage mich, was ein guter, gebrauchter Dudelsack kostet«, murmelte er. »Ich gehe einfach zum alten Hector und sehe nach, ob er einen hat, der noch nicht allzu sehr geflickt ist.«

Es dauerte zwei Stunden, bevor er wieder erschien. Ohne Dudelsack.

»Der alte Hector war nicht zu Hause. Er war gerade mit dem Zug nach Glenfinnan gefahren und hatte seinen einzigen Dudelsack mitgenommen, um im Zug darauf zu spielen und den Schaffner abzulenken, damit er nicht zu viel herumschaut. Die Fahrkarten nach Glenfinnan sind sehr teuer, so daß Hector seinen Sohn, seine Schwiegertochter und die kleine Sandy unter den Sitz verbannt, um sie als Gepäck mitreisen zu lassen und keine Fahrkarten für sie lösen zu müssen. Aber Cathy zeigte mir ein gutes, gebrauchtes Akkordeon. Vielleicht kann ich es ihm zu einem günstigen Preis abluchsen, wenn er morgen von seinem Besuch bei seiner Schwester in Glenfinnan zurückkommt. Was hältst du davon, ein berühmter Ziehharmonikavirtuose zu werden, Sohn?«

Archie nickte. Ja, das würde ihm gut gefallen.

Am folgenden Tag ging Angus MacNugget also erneut hinüber zu Lochnanan Gate zum Musikgeschäft des alten Hector. Nachdem sie eine Weile herumgefeilscht hatten, einigten sie sich auf einen Preis für die Ziehharmonika. Aber als Angus bezahlen wollte, erlaubte ihm sein schottisches Gemüt einfach nicht, sich von den drei zerknitterten Pfundnoten zu trennen. In letzter Minute murmelte er etwas davon, daß er das Recht hatte, sich anders zu entscheiden, auch wenn sie den Handel bereits mit einem Handschlag besiegelt hatten.

»Aber ich sehe dort drüben eine Mundharmonika. Wenn sie halbwegs gut ist und man darauf spielen kann, wüßte ich gerne den Preis dafür.«

Wie es geendet hat? Das werden Sie gleich hören. Daß man zu einer guten Lösung kam, zeigte sich ein Jahr später, als ARCHIE MACNUGGETS Name auf der Liste der Mitwirkenden eines großen Londoner Varietétheaters stand.

Archie stand hinter der Bühne und wartete auf seinen Auftritt, der gleich stattfinden sollte, nachdem der Ansager das Publikum begrüßt hatte.

»Und nun, meine sehr verehrten Damen und Herren«,

sagte der Zeremonienmeister begeistert, »habe ich die Freude, ihnen den ›Kanarienvogel‹ zu präsentieren – Fingerpfeifen des schottischen Pfeifvirtuosen Archie MacNugget!«

Nicolas Spenders Geniestreich

Für Mike Sloane und Al Slade war es reine Routinearbeit. Die leichte Nervosität rührte einfach daher, daß es der größe Coup war, an den sie sich je gewagt hatten.

Ein Coup, den sie seit Monaten planten. Hinter der massiven Stahltür des riesigen Wandsafes der High Wells-Stahlwerke lag Gebündeltes im Wert von mindestens 500 000 Dollar, das darauf wartete, in Umschläge gesteckt und an die Mitarbeiter des Stahlwerks ausgegeben zu werden. Und wer sich den Zaster holen wollte, brauchte nur das Schloß aufzuschweißen.

»Geschafft, Mike«, sagte Al erleichtert und legte seinen Schweißbrenner beiseite. Mike machte sich mit Eifer daran, die dicken Geldscheinbündel in einen der beiden harmlos aussehenden Koffer zu packen, die sie mitgebracht hatten, während Al in dem anderen Schweißbrenner, Brecheisen, Dynamitstäbe und das übrige unentbehrliche Handwerkszeug des Schränkers verstaute.

»Also, dann nichts wie weg«, sagte Mike.

Jeder griff sich einen Koffer, und sie eilten zur Tür. In diesem Augenblick ging das Licht an, und sie sahen die Mündung eines Revolvers auf sich gerichtet.

Die Hand, die den Revolver hielt, gehörte Nicolas Spender, dem Werksingenieur der High Wells-Stahlwerke, der zufällig in dieser Nacht noch etwas in seinem Büro zu erledigen gehabt hatte und jetzt gelassen am Bücherregal lehnte.

»Ich beobachte euch schon eine ganze Weile und habe eure vorzügliche Arbeit mit großem Interesse verfolgt«, sagte er mit einem ironischen Lächeln. »Glückwunsch, Jungs! Fachlich einwandfrei! Wirklich professionell. Schnell, sicher und präzise. Es ist ein Jammer, daß ich eure Leistung nicht so würdigen kann, wie sie es verdient hätte. Bitte gebt mir den Koffer ... Ja, diesen da. Den anderen könnt ihr behalten.«

Der Koffer schlitterte über den Fußboden zu Spender hinüber.

»Und darf ich bitten, sich in das Büro dort drüben zu bemühen?«

Mit erhobenen Händen bewegten sich Mike und Al widerstrebend in die angegebene Richtung.

»Hören Sie mal, Mister, wollen Sie uns nicht laufenlassen?« bettelte Mike.

»Sie haben uns doch schon Schrecken genug eingejagt. Lassen Sie Gnade vor Recht ergehen! Ausnahmsweise! Sie kriegen von der Geschäftsleitung bestimmt 'ne Belohnung, weil Sie den Zaster für die Firma gerettet haben. Reicht Ihnen das nicht?«

Wieder spielte ein leises Lächeln um Spenders schmale, zynische Lippen.

»Während ich dort am Bücherregal stand und euch zusah, kam mir plötzlich eine Idee. Und ich darf wohl sagen, daß es die beste Idee meines Lebens ist. Der Job hier hat mich nie sonderlich interessiert. Ich habe lange genug malocht. Wißt ihr, was ich wirklich möchte? Ich möchte mal ausprobieren, wie es sich lebt, wenn man 500 000 Dollar Bares zur Verfügung hat. Wenn ihr erlaubt, werde ich mit diesem Koffer diskret nach Mexiko verschwinden. Also los, rein in das Büro dort.«

Mit Hilfe des Revolvers scheuchte Spender sie in den Raum, der voller Aktenschränke stand, und drehte den Schlüssel um. Dann schnappte er sich den Koffer und hastete zu seinem Wagen.

Fünf Minuten später brauste er ab in Richtung Grenze.

Mike und Al gelang es, ein Fenster einzuschlagen. Über eine Feuerleiter gelangten sie zur Straße. Nach Rache lechzend, setzten sie sich mit der Polizei in Verbindung und gaben den Cops einen Tip, wie sie sich 500 000 Dollar schnappen konnten, wenn sie sich beeilten. Dieser unfreundliche Hinweis war schuld daran, daß Spender plötzlich, als er sich der Grenze näherte, Polizeisirenen hinter sich hörte.

Es kam zu einem heftigen Schußwechsel. Spender hatte Glück – es gelang ihm, einen der Vorderreifen des Polizeifahrzeugs zu zerschießen, ohne selbst getroffen zu werden. Die Verfolger mußten aufgeben, und wenige Stunden später überschritt Werksingenieur Nicolas Spender die Grenze nach Mexiko. Per Anhalter fuhr er in die nächste Stadt, wo er sich in einem der besten Hotels im Ort einquartierte. Auf seinem Zimmer schloß er die Tür sorgsam hinter sich ab, stellte den Koffer auf den Tisch und öffnete ihn, um sich am Anblick der gebündelten Barschaft zu weiden. Als das Zimmermädchen an diesem Tag hereinkam, um sein Zimmer zu machen, lag er tot auf dem Fußboden, von einem Herzinfarkt dahingerafft.

Im Koffer, seinem einzigen Gepäckstück, fand die Polizei einen Schweißbrenner, ein Brecheisen, mehrere Dynamitstäbe und das sonstige unentbehrliche Handwerkszeug eines Schränkers.

Herrn Meiers erste Gehaltserhöhung

Der junge Herr Meier hatte seine erste Gehaltserhöhung bekommen. Wir müssen vorausschicken, daß Herr Meier nicht in einer dieser heute so zahlreichen Firmen angestellt war, wo sich der Lohn gleichsam automatisch den steigenden Preisen anpaßt, ganz gleich, ob man mehr oder weniger leistet. Nee, der junge Meier arbeitete in einem Unternehmen der guten alten Schule, wo es allein auf Persönlichkeit, Tüchtigkeit und Initiative ankam, wo sich das Gehalt allein nach dem Einsatz der Mitarbeiter richtete. Wenn man in so einer Firma angestellt ist, kann es wohl passieren, daß der Chef übersieht, was für einen großartigen Arbeitseinsatz der jüngste Mitarbeiter leistet. Und dann kann die erste Gehaltserhöhung lange auf sich warten lassen.

Birgit, Herrn Meiers reizende kleine Frau, hatte ihrem Mann schon lange zugesetzt, er solle zum Chef gehen und klagen, wie hoffnungslos teuer alles geworden und wie schwer es sei, bei so einem kleinen Gehalt einigermaßen über die Runden zu kommen. Die Raten zur Abzahlung von Auto, Farbfernseher, Campingwagen – und was sonst noch ausstand – wären jeden Monat auf die Minute genau fällig. Aber der junge Herr Meier hatte die Mahnungen jedesmal in den Wind geschlagen und erklärt, man solle sich nicht alle naslang beschweren, unzufrieden sein und immer nur fordern.

»Man muß nur ein wenig Geduld haben, Birgit, dann wird das eines Tages gewürdigt. Paß mal auf, irgendwann ruft der Chef mich zu sich und gibt mir ganz von selbst mehr Gehalt – ohne daß ich zu betteln brauche, und so soll es sein.«

Und tatsächlich! Heute vormittag hatte der Chef den jungen Herrn Meier zu sich gerufen.

»Hören Sie, Herr Meier, das Leben ist ja ziemlich teuer heutzutage, nicht? Das Finanzamt plündert uns, und so weiter. Wir haben in der letzten Zeit recht gut verkauft, und Sie haben uns feine Aufträge ins Haus geholt. Ab nächstem Ersten können Sie mit zweihundert Mark mehr Gehalt rechnen.«

Zweihundert Mark! Meier hatte höchstens mit fünfzig oder hundert Mark gerechnet, aber zweihundert! Mit was für einer Neuigkeit würde er heute nach Hause kommen! Wenn er das Birgit erzählte, würde sie vor Überraschung sicher in Ohnmacht fallen. Der junge Herr Meier freute sich wie ein Kind. Nach Feierabend lief er schnurstracks zum nächsten Blumenhändler und kaufte einen riesigen Jubiläums-Superstrauß für Birgit, und dann eilte er beschwingt heim zu seinem kleinen Reihenhaus. Er stürzte mit seiner Blumenpracht geradewegs in die Küche.

»Ich habe große Neuigkeiten, mein Schatz«, rief er glücklich und strahlte übers ganze Gesicht.

»Das habe ich auch«, entgegnete Birgit, ohne die Blumen zu beachten, »unser Peter hat drüben beim Kaufmann das große Fenster zerschmettert. Der war eben mit der Rechnung hier. Und als ich Feuer im Kamin anzünden wollte, schlugen die Flammen heraus, weil ich Petroleum reingoß. Unser neuer Perserteppich ist völlig verbrannt, und ehe die Feuerwehr zum Löschen kam, stand schon deine gesamte Briefmarkensammlung in Flammen, auch die rote serbische Kriegsmarke von achtzehnhundertvierundachtzig ist hin, die, wie du sagst, über fünftausend wert ist. Ich habe die Versicherung angerufen, aber die wollen den Schaden nicht ersetzen, weil ich mir für das Geld, das Du mir gabst, um die letzte Prämie zu zahlen, ein neues Kleid gekauft habe. Und mittendrin haben sie den Campingwagen abgeholt, weil ich die letzte Abzahlung von zweihundertfünfzig Mark nicht für den Wagen, sondern für meinen Pelzmantel gebraucht habe, weißt du? Und dann hat der Leiter der Personalabteilung von der Firma angerufen. Er sagte, die Firma müsse in Liquidation treten, weil dein Chef eine Menge Steuern hinterzogen hat, die Polizei hat ihn gerade abgeholt, und der Personalabteilungsleiter sagte, du brauchst nicht mehr zu kommen, es wäre sowieso kein Pfennig mehr in der Kasse, um die Gehälter zu zahlen. Schöne Bescherung, was? Aber zum Glück hast du gute Neuigkeiten, Paul, sagst du ... Oh, sind die Blumen für mich? Womit habe ich das denn verdient?«

Ich habe ein Ei verschluckt, Doktor!

Josiasen, der Geflügelzüchter, hatte schlechte Nerven. Natürlich werden Sie denken, daß das der Fall war, weil er einer der Produzenten von diesen geschmacklosen, schwammigen, vakuumverpackten Fließband-Hühnchenimitationen war, die die Kühltruhen im Supermarkt füllen. Aber wenn Sie dieser Ansicht sind, möchte ich Sie bitten, sich die Sache noch einmal zu überlegen. Josiasen war ein ernsthafter Arbeiter, der sich mit der Entwicklung einer besseren Art der Hühnerzucht beschäftigte. Wir sollten froh sein, daß unsere Gesellschaft noch Platz für solche Individualisten hat. Ursprünglich züchtete Josiasen die Rotkamm-Wyandotte, die für ihren dicken, fleischigen Körper, die wenig gefiederten Beine und ihre Kapazität beim Eierlegen bekannt ist – diese Art trug die Fünf-Zehen-Auszeichnung des Geflügels. Es war eine Rasse, mit der man nicht falsch liegen konnte. Als aber in späteren Jahren der Wettbewerb härter wurde, begann Josiasen ziemlich riskante Experimente mir kurzschwänzigen japanischen Zwerghennen, schwarzbeinigen englischen Gartenhennen, ausgefallenen Zwergkampfhennen und schwanzlosen holländischen Rumpfhennen. Aber all diese Experimente scheiterten mehr oder weniger, und das war es, was seine Nerven schwächer werden ließ. Vielleicht war es auch mehr als nur kaputte Nerven. Die Leute hielten ihn sogar für verrückt.

Dann kamen plötzlich Magenprobleme hinzu. Zuerst weigerte er sich, zum Arzt zu gehen, weil er dachte, daß er ein hoffnungsloser Fall war und daß seine Beschwerden so einmalig waren, daß kein Arzt sie heilen könnte. Schließlich überredete ihn seine Frau aber doch, zu ihrem Hausarzt, Doktor Lund, zu gehen.

»Was kann ich für Sie tun, Josiasen?«

»Nun ja«, sagte Josiasen und zwinkerte unaufhörlich mit den kleinen, runden wäßrigblauen Augen. »Eines Morgens, als ich mit der Legebatterie kämpfte, habe ich ein Ei verschluckt, und jetzt ist es in meinem Bauch ausgeschlüpft. Ich habe ein lebendes Küken in mir. Ich weiß nicht, was Sie dazu meinen, Herr Doktor, aber es ist ein schrecklicher Gedanke, finde ich.«

»Das sind nur die Nerven«, entschied Doktor Lund schroff.

»Nerven?« protestierte Josiasen. »Sagten Sie Nerven? Sie können verdammt noch einmal wetten, daß es nicht die Nerven sind! Wenn ich eine Handvoll Hühnerfutter schlucke und dann ganz still stehe, kann ich das Küken in mir herummarschieren fühlen, wie es die Körner aufpickt. Und da ist noch etwas, Herr Doktor. Etwas, worüber ich mir in letzter Zeit große Sorgen gemacht habe. Was ist, wenn das Küken groß genug wird, um Eier zu legen? Ich werde auf der Hühnerstange sitzen und gackern müssen, was mich zum Gelächter unter meinen Farmburschen machen wird. Und was passiert, wenn ich eine Bruthenne werde?«

Offensichtlich stimmte es: Der arme Geflügelzüchter hatte den Verstand verloren. All seine schwarzfüßigen englischen Gartenhennen und schwanzlosen holländischen Rumpfhennen hatten ihn ruiniert.

Doktor Lund dachte leise über seinen Patienten nach. Dann traf er eine Entscheidung.

»Ich möchte, daß Doktor Mogensen einen Blick auf Sie wirft. Er ist der Chefarzt im Bezirksspital.« So wurde Doktor Lund Josiasen leicht und schmerzlos los.

Am nächsten Tag saß der leidende kleine Geflügelzüchter im Zimmer von Doktor Mogensen.

»Die schreckliche Wahrheit ist, daß ich ein lebendes Küken in meinem Bauch habe. Es pickt Körner da drinnen und flattert herum, um mir das Leben schwerzumachen. Was soll ich tun? Legen Sie Ihr Ohr an meinen Bauch, Herr Doktor, damit Sie sich selbst überzeugen können, wie dieses kleine dumme Küken da herumläuft und piepst und flattert und so viel ißt, daß es jeden Tag größer und fetter wird.«

Gegen jede Vernunft hörte Doktor Mogensen Josiasens Bauch mit dem Stethoskop ab. Er konnte nichts hören. Natürlich war kein Küken in Josiasens Bauch! Der Patient hatte eine Zwangsvorstellung, die ihm schwer auszureden sein würde. Chefarzt Mogensen wußte aber genau, was er zu tun hatte.

»Machen Sie sich keine Sorgen, Josiasen«, sagte er. »Wir werden Sie einfach operieren und das Küken herausnehmen. Danach sind Sie so gut wie neu!«

»Das wäre wunderbar, Herr Doktor!« rief Josiasen erleichtert.

Der Arzt überwies ihn auf die Abteilung für Spezialoperationen. Dann besorgte er sich ein süßes kleines Küken, legte Josiasen auf den Operationstisch, machte einen oberflächlichen Schnitt in seinen Bauch, nähte ihn wieder zusammen, und damit war die Operation vorbei. Eine halbe Stunde später wachte Josiasen aus der Narkose auf.

»Sehen Sie sich das an!« sagte Doktor Mogensen und hielt das kleine, weiche gelbe Küken in die Höhe, damit Josiasen es sehen konnte. »Nun ist alles vorbei, und Sie sind wieder ein hundertprozentig gesunder Mensch! Wir haben das Küken entfernt. Sehen Sie es sich nur an! Hier ist es!«

Josiasen lächelte glücklich, setzte sich auf und sah sich das Küken näher an. Plötzlich gefror sein Lächeln, und Enttäuschung machte sich auf seinem Gesicht breit.

»Das kann niemals mein Küken gewesen sein«, sagte er bitter. »Mein Küken ist ein schwarzer, fünfzehiger Rotkamm-Andalusier!«

Sehr musikalische Familie

Die Familie Mortensen war sehr musikalisch, und das nicht ohne Grund. Ein Familienmitglied war der berühmte Geigenvirtuose Amadeus Mortensen gewesen, der in den besten Konzertsälen der ganzen Welt gespielt hatte. Aber auch ein weniger berühmter Verwandter hätte in den Mortensens die Liebe zur Musik wecken können.

Eine Liebe, die sich auf mannigfache Art äußern kann. Manche Leute gehen zu Kammerkonzerten, andere bleiben lieber zu Hause und hören sich Chopin oder Mozart vom Plattenspieler oder im Radio an. Andere wiederum werden Mitglied bei einem Musikverein. Bei Heinrich und Hannelore Mortensen äußerte sich die Liebe zur Musik auf sehr unterschiedliche Weise. Heinrich kaufte sich eine Tuba und Hannelore ein Klavier. Ihr Sohn besaß schon eine elektrische Gitarre mit einer Super-Verstärkeranlage.

Seither gab es in ihrem Heim zu allen möglichen und unmöglichen Zeiten Musik. Die musikalischen Darbietungen – an denen ihre direkten Nachbarn, die Henriksens, zumindest genausoviel Vergnügen hatten wie sie selbst – begannen schon am frühen Morgen. Clara, die Tochter der Mortensens, übte vor der Schule Klavier. Mit Fleiß und Eifer spielte sie Stücke wie »Zehn kleine Negerlein« und malträtierte dann die Elfenbeintasten mit »Fuchs, du hast die Gans gestohlen«.

War sie zur Schule aufgebrochen, übte Mortensen, bevor er ins Büro fuhr, eine halbe Stunde Tonleitern auf der Tuba. Bald darauf war Hannelore an der Reihe. Sie begann zum Aufwärmen mit einer für Klavier gesetzten Fassung des »Triumphmarschs« aus Aida, die sie perfekt beherrschte und mit Bravour spielte. Später übte sie schwierigere Sachen, zum Beispiel alle Etüden von Chopin. Ihre Selbstdisziplin war so groß, daß sie jede Etüde sechsmal spielte. Nach einer Weile konnte sie sie auswendig. Die Henriksens nebenan auch.

Wenn Johan, der Sohn der Mortensens, aus der Autowerkstatt, wo er eine Lehre machte, nach Hause kam, übte er auf der elektrischen Gitarre. Seine Liebe gehörte dem Hard Rock. Er zupfte und hämmerte mit solcher Begeisterung, daß die Fenster klirrten und die Vorhänge sich bauschten. Später, wenn alle Welt sich auf einen ruhigen Abend freute, war wieder Mortensen mit seiner Tuba an der Reihe. Er füllte die Lungen, blähte die Wangen auf, so weit es nur ging, und blies dann so machtvoll ins Mundstück, daß der Putz in kleinen Flocken von der Decke fiel und der Kronleuchter zu schaukeln begann.

Johan wuchs heran, zog aus und nahm seine elektrische Gitarre samt Super-Verstärkeranlage mit. Aber die Mortensens hatten ja noch ihr Klavier und die Tuba, und ihre musikalischen Ausdrucksmöglichkeiten waren noch immer unbegrenzt. Das Klavier und die Tuba ertrugen es mit Fassung und Geduld. Die Henriksens ebenso.

Im nächsten Sommer wollte Hannelore hinaus aus ihren vier Wänden, um die Wunder der Natur zu erkunden. Sie tauschte ihr Klavier daher gegen einen Wohnwagen aus zweiter Hand ein. Jetzt war nur noch die Tuba übrig. Sie jedoch wurde noch immer so hingebungsvoll gespielt wie früher. Besonders an den Abenden, an denen es nichts besonders Aufregendes im Fernsehen gab – was meistens der Fall war –, spielte Mortensen laut und schwungvoll. Die Henriksens krochen ins Bett und zogen sich die Decke über den Kopf. Die Tuba war nicht gerade ihr Lieblingsinstrument

Doch dann bekam Mortensen ein Lungenleiden. Er arbeitete in einer Autolackiererei und atmete die Dämpfe ein, wenn er den Lack aufsprühte. Obwohl er immer eine Schutzmaske getragen hatte, war es unvermeidlich, daß die Dämpfe im Lauf der Jahre seine Lungen schädigten. Deshalb sagte der Arzt, es wäre am besten, wenn er mit dem Tubaspielen aufhörte. (Nein, der Arzt kannte die Henriksens nicht.)

Die Tuba war überflüssig geworden, und Mortensen wollte sie verkaufen. Da er kein Geld für ein Inserat ausgeben wollte, hängte er ein großes Plakat ins Wohnzimmerfenster.

Als Henriksen von der Arbeit nach Hause kam und das Plakat sah, hängte er in sein Wohnzimmerfenster ebenfalls ein Plakat.

Auf Mortensens Plakat stand in großen schwarzen Blockbuchstaben: TUBA ZU VERKAUFEN!

Henriksen hatte mit großen schwarzen Blockbuchstaben auf das seine geschrieben: HURRA!!!

Der Abenteurer von Alaska

Patrick O'Brien war auf der ganzen Welt herumgekommen und hatte allerlei mitgemacht. Jedenfalls reichte es dafür, daß er im hohen Alter als Mitglied des Explorerclubs – des Clubs der Abenteurer – in London anerkannt wurde. Was ihn dazu berechtigte, wußte eigentlich keines der anderen Mitglieder, denn als typischer Ire war Patrick O'Brien ein Mann weniger Worte.

Am ersten Abend im Club saß er versunken in einem der tiefen Büffelledersessel und schmauchte an seiner Shagpfeife mit dem erlesenen Whisky-durchtränkten Tabak. Er begnügte sich damit, den spannenden Berichten aus aller Welt zu folgen, die die anderen Mitglieder von sich gaben. Und man verschoß das beste Pulver, in der Hoffnung, das neue Mitglied zu animieren, seine besten Abenteurergeschichten preiszugeben.

»Tja«, bemerkte der alte Major Willoughly-Bagshot und

nahm einen großen Schluck aus seinem Whiskyglas, »wo wir gerade von Löwenjagd sprechen, so werde ich nie den Tag vergessen, als ich auf einer Safari weit draußen im Tanganjika-Territorium, genauer gesagt, zwischen den Mwanza Falls und dem Kilimandscharo, an diesem einzigen, glücklichen Tag neunundneunzig Löwen erlegte. Ein unvergeßlicher Anblick, die großen mächtigen Tiere dort Seite an Seite auf der Savanne liegen zu sehen, und ich zählte bis neunundneunzig.«

»Sagen Sie uns, lieber Major«, unterbrach ihn Lord Drummond, der in seinen jungen Jahren ein ungewöhnlicher Draufgänger und Globetrotter gewesen war und jetzt zu den hervorragenden Mitgliedern der Königlich-Geographischen Gesellschaft zählte, »warum runden Sie nicht die Zahl nach oben auf hundert auf?«

Major Willoughly-Bagshot warf dem Lord einen vorwurfsvollen Blick zu: »Glauben Sie, ich mache mich wegen eines einzigen lächerlichen Löwen zum Lügner?«

Ein anerkennendes Nicken des pfeifeschmauchenden Patrick O'Brien unterstützte den Major.

»Zum Thema Jagd«, ergriff ein anderes ehrenwertes Mitglied das Wort, nämlich der berühmte Großwildjäger Stanley Hughes, »kann ich berichten, daß der australische vierflügelige Bumerang-Wüstenpelikan der dümmste Vogel ist, den ich je erlebt habe. Er fliegt so hoch, daß man ihn mit einem normalen Winchestergewehr nicht treffen kann. Ich habe ihn einmal in Queensland, irgendwo bei Dividing Range, gejagt. Ich hatte ein paar große leere Papiertüten mitgenommen, und jedesmal wenn ich eine aufpustete und sie gegen einen Baum knallte, stürzte bei dem Lärm ein Bumerang-Pelikan zu Boden. In ihrer unbeschreiblichen Dummheit glaubten sie durch den Knall getroffen worden zu sein, und der Sturz auf die Erde tötete sie.«

Der Großwildjäger Stanley Hughes schielte verstohlen zu Patrick O'Brien hinüber, um zu sehen, welche Wirkung seine Worte taten. Aber Patrick verzog keine Miene, sondern nickte bloß zustimmend, als verstünde er selbst eine Menge von der Jagd auf die australischen vierflügeligen Bumerang-Pelikane.

Lord Drummond nahm einen kräftigen Schluck von seinem Whisky, räusperte sich, strich mit dem Handrücken seinen Bart zur Seite und ergriff das Wort:

»Ich erinnere mich an eine Expedition im Jahre neunzehnhundertachtundzwanzig, nein, es war neunundzwanzig, um ganz genau zu sein, in Zentralasien. Der Leiter der Expedition, der kürzlich verstorbene Professor Epstein, und ich hatten uns irgendwo in der glühenden Hölle der Wüste Gobi verirrt, über tausend Kilometer vom nächsten lebenden Wesen entfernt. Wasser hatten wir keinen Tropfen mehr, und der letzte Whisky war längst ausgetrunken. Wir mußten uns abwechselnd mit einer Feder unter den Fußsohlen kitzeln, damit die Tränen flossen. Die Tränen sammelten wir dann in einer Ziegenledertüte, und auf diese Weise bekämpften wir den schlimmsten Durst. Jeden Tag suchten wir mit einem Fernglas von der Höhe eines Sandhügels den Horizont ab, aber nach drei Wochen befanden wir uns offensichtlich immer noch mehrere tausend Kilometer vom nächsten lebenden Wesen entfernt. Wir hatten schon die Hoffnung aufgegeben, jemals gefunden zu werden, als ich eine glänzende Idee hatte. Ich fischte ein Kartenspiel aus der Tasche, mischte und verteilte die Karten. ›Grandissimo‹, meldete ich, als ich meine Karten angeguckt hatte. Kaum hatte ich das gesagt, als die Mitglieder etlicher zentralasiatischer Expeditionen hinter mir auftauchten und in meine Karten guckten. ›Bist du von Sinnen, Mann‹, riefen sie wie aus einem Munde, ›du kannst doch keinen Grand anmelden ohne ein einziges

As.‹ Wenn man die Aufmerksamkeit anderer Leute auf sich ziehen will, braucht man bloß beim Kartenspiel einen ganz idiotischen Grand anzumelden.«

Der Lord schwieg. Er langte nach der Whiskyflasche und schielte zu Patrick O'Brien hinüber, der gerade seine Pfeife stopfte und offenbar nichts gegen die Geschichte einzuwenden hatte. Wieder ergriff der alte Major Willoughly-Bagshot das Wort.

»Wo wir gerade von fast hoffnungslosen Situationen sprechen, so habe ich einmal ein Abenteuer im Stillen Ozean fast mit dem Leben bezahlt ... Es begann oben in Alaska, in den riesigen Holzfällergebieten zwischen Klondike und den Mackenzie Mountains, zur Zeit der Flößersaison. Ich war den Carcross River hinausgeschwommen, als mich ungefähr auf der Höhe von Skagway der Strom mitriß. Wie Sie sicher alle wissen, sind die kanadischen Holzfäller Meister im Balancieren auf einem Baumstamm, indem sie ihn mit Hilfe einer äußerst präzisen Beinarbeit im Wasser herumrollen lassen. Und gerade in dem Augenblick sah ich vor mir so einen Holzfäller, der auf einem schnell rotierenden Baumstamm herumsprang. Ich versuchte, den Mann einzuholen, damit er mich auf den Baumstamm retten könnte, aber vergebens. Der Strom riß uns beide den Fluß hinunter und hinaus auf den Stillen Ozean. Der Holzfäller arbeitete weiterhin fleißig mit seinen Beinen, während der Baumstamm herumrollte und auf den Pazifik hinaustrieb.

Ich schwamm aus Leibeskräften, aber nach drei Wochen verzweifelten Kämpfens hatte ich ihn immer noch nicht eingeholt. Wir passierten Hawaii und Neukaledonien, und nach einem Monat ununterbrochenen Schwimmens begannen meine Kräfte nachzulassen. Jeden Augenblick mußte ich anhalten und Wasser treten, weil ich einen Krampf im Bein hatte. Ich verfluchte den Holzfäller auf dem rotierenden Baumstamm. Er arbeitete immer schneller mit seinen Beinen und war unmöglich einzuholen. Meiner Meinung nach war das eine Unverschämtheit sondergleichen, daß er nicht anhielt und mich mitnahm. Der Kerl hätte doch zumindest ...«

Da unterbrach ihn Patrick O'Brien, sprang vom Sessel hoch und ergriff bewegt Major Willoughly-Bagshots Hand: »Ich tat es nicht aus böser Absicht, Major, aber drüben in Neuseeland lag mein guter alter Freund im Sterben, und es war keine Zeit zu verlieren.«

Der Brieffreund

Abteilungsleiter Hermansen führte eine weitläufige Korrespondenz. Überall in der Welt hatte er Brieffreunde, und Abend für Abend saß er an seinem kleinen Rosenholzschreibtisch und schrieb und schrieb, daß der Kugelschreiber glühte.

Dieses dauernde Briefeschreiben störte seine Frau Wilma außerordentlich. Nie sprach er ein Wort mit ihr, nie ging er mit ihr aus, nie umarmte er sie – seine Gedanken beschäftigten sich immer nur mit dieser blödsinnigen Briefschreiberei.

»Ich wünschte wirklich, daß du bald ein wirklichkeitsnäheres Hobby finden könntest, als immer nur Briefe zu schreiben«, sagte sie häufig. »Andere Ehemänner treiben Sport, gehen zum Fußball und zum Kegeln, spielen Golf, mähen den Rasen oder beschäftigen sich in ihrem Hobbykeller. Ja, es gibt sogar Ehemänner, die sich für ihre Frau interessieren! Aber du! Immer sitzt du über diesen blöden Briefen. Du schreibst und schreibst und schreibst. Wenn es wenigstens Briefe an deine Familie wären – oder an mich! Aber du schreibst an wildfremde Menschen, an denen du doch kein echtes Interesse haben kannst. Es ist einfach schade um die Zeit, Hermann.«

»Nun«, wandte Hermansen ein. »Da bin ich anderer Ansicht. Es erweitert meinen Horizont; durch meine weltumspannende Korrespondenz erfahre ich viel über fremde Länder, fremde Sitten und Gebräuche. Und manchmal erhalte ich ja auch ethnographisch hochinteressante Objekte. Mein Brieffreund auf den Marquesas-Inseln schreibt mir zum Beispiel gerade, daß er eine der kleinen Götzenfiguren an mich abgeschickt hat, die Paul Gauguin seinerzeit vor seiner Hütte auf Hovaoa aufstellte, um den örtlichen Bischof zu verhöhnen. Und das halte ich immerhin für eine sehr erfreuliche Entwicklung, wo wir uns doch erst seit ein paar Monaten schreiben. Und mein Brieffreund in Ecuador fragt an, ob ich einen Schrumpfkopf eines Jivaro-Indianers haben möchte; ein solcher Tsantsa ist heute eine große Seltenheit und ...«

Wilma zog sich zurück. Sie mochte von diesen absonderlichen Brieffreunden nichts mehr hören. Sie hingen ihr allesamt weit zum Hals heraus.

Am nächsten Tag kam ein Brief von Hermansens Brieffreund in Point Barrow, Alaska, und einer von seinem Brieffreund in Kuwait. Er las die Briefe beim Frühstück.

»So«, meinte er nach der Lektüre gutgelaunt. »In Point Barrow liegen jetzt zwei Meter Schnee.«

»Wie interessant!« war Wilmas säuerliche Reaktion.

Kurz darauf konnte Hermansen seinen Bericht fortsetzen: »Und in Kuwait haben sie hundertfünf Grad. Fahrenheit natürlich, aber immerhin. Ist ja furchtbar, da unten in einer solch unmenschlichen Hitze nach Öl wühlen zu müssen. Aber bei den Preisen lohnt es sich vielleicht doch. Stell dir mal vor, hundertfünf Grad!«

»Du könntest ja deinem Brieffreund in Point Barrow vorschlagen, einen Beutel Schnee an deinen Ölscheich in Kuwait zu schicken, dann kann er sich wenigstens abkühlen.«

Wilmas Stimme klang gereizt.

Dank seiner vielen Brieffreunde wußte Hermansen über alles Bescheid, was rundherum in der Welt passierte. Aber je mehr Briefe er seiner Frau vorlas, desto verärgerter reagierte sie, denn sein Interesse für Ölscheichs, Eskimos, Hottentottenneger, Feuerländer und was es sonst noch an absonderlichen Leuten gab, war entschieden lebhafter als das für seine eigene Frau.

»Herrgott noch mal, Hermann, dieses dauernde Briefeschreiben führt doch zu nichts«, beschwerte sie sich. »Du schreibst im Büro schon genug. Such dir lieber ein anderes Hobby; du könntest zum Beispiel Badminton spielen, einer Loge beitreten oder eine Heimwerkerbank kaufen und eine Schlagbohrmaschine.«

Hermansen konnte jedoch seine vielen Brieffreunde nicht entbehren. Am nächsten Tag erhielt er Post von seinen Brieffreunden aus Alice Springs in Australien und aus Mekka in Saudiarabien. Als er den Brief von Scheich Melikh Akbar, einem der reichsten Männer Saudiarabiens, gelesen hatte, packte ihn eine merkwürdige Unruhe. Er wanderte rastlos hin und her. Mehrfach war er drauf und dran, in die Küche zu gehen und sich Wilma anzuvertrauen, ließ es dann aber dennoch bleiben. Sie würde ihn sowieso nicht verstehen. Statt dessen begann er fieberhaft, seinen Koffer zu packen, um ihn gleich darauf wieder auszupacken. Erneut lief er unruhig im Herrenzimmer hin und her, bis er zum Telefon ging, die Arab Airlines anrief und sich erkundigte, was ein Ticket nach Mekka koste. Er erhielt die gewünschte Auskunft.

»Danke«, sagte er. »Dann bitte ein Ticket in der Touristenklasse, einfach, für die nächste Maschine nach Mekka.«

Fünf Minuten später bereute er es und machte die Buchung rückgängig.

Darauf blickte er ratlos im Zimmer umher, faßte sich nachdenklich ans Kinn, faltete abwesend die Hände auf dem Rücken, setzte sich hin, erhob sich wieder, kratzte sich am Hinterkopf, packte wieder seinen Koffer. Er war völlig durcheinander.

Ein paar Minuten starrte er gedankenverloren das Telefon an. Dann griff er zum Hörer und wählte noch einmal die Nummer von Arab Airlines. Als sich jemand meldete, betrat Wilma das Zimmer. Er knallte den Hörer auf die Gabel.

»Was ist denn passiert?« fragte sie. »Du wirkst so zerstreut. Hat dich einer deiner blöden Brieffreunde so durcheinandergebracht, oder haben sie jetzt fünf Meter Schnee in Kuwait und hundertfünf Grad in Point Barrow?«

Hermansen mußte sich nun einfach seiner Frau anvertrauen.

»Nein«, murmelte er. »Aber ich glaube, ich werde mir überlegen, ob ich nicht einige meiner Brieffreunde aufgeben soll. Scheich Melikh Akbar, seit über einem Jahrzehnt mein Brieffreund, hat mich in eine schlimme Verlegenheit gebracht. Ich weiß wirklich nicht, was ich machen soll. Der Brief ist von seinem Anwalt, und der schreibt, daß Scheich Melikh Akbar von Allah heimgerufen wurde – und daß er mir testamentarisch seinen gesamten Harem vermacht hat!«

Ein Kuß! Was ist das eigentlich?

Gibt es in unserer besten aller Welten, wie Voltaire sie so treffend nannte, etwas Beneidenswerteres als ein junges Liebespaar? Was solche frisch Verliebten doch alles tun und sagen! Einfach wunderbar.

Und was bedeutet ein solch richtiges, altmodisches Verliebtsein? Man könnte es noch am ehesten mit einem Skisprung vergleichen: Erst schwebt man elegant durch die Lüfte, und dann fällt man mit einem kräftigen Plumps wieder auf die Erde zurück. Aber wunderschön ist es, solange man schwebt.

Und ein Kuß! Was ist das eigentlich? Eine raffinierte Erfindung, die dazu dient, ein Gespräch zu dem

Zeitpunkt zu beenden, wo Worte ohnehin überflüssig sind.

Oder – um es auf eine andere Weise zu sagen: Der Kuß ist ein Mundvoll Nichts, das so schmeckt wie ein Lied von Englein. In ernsteren Fällen hört es sich an, als zöge eine Kuh ihre Vorderhufe aus einer verschlammten Wiese.

Lassen wir uns nun in eine helle, lauschige Sommernacht entführen, wohin Verliebte gehören.

Das junge Pärchen saß auf einer Bank im Park.

»Solveig!« flüsterte er.

»Ja, Carlo?« hauchte sie.

»Wir sind hier ganz allein im Park«, raunte er kurzatmig, »und wenn ich mich jetzt an dir zu schaffen machen würde ... du verstehst doch? ... würdest du dann um Hilfe rufen?«

Nein, daran hatte Solveig eigentlich nicht gedacht.

»Schaffst du es denn nicht ohne Hilfe?« fragte sie verwundert.

☆

Auf einer anderen Bank in einem anderen Park saßen ebenfalls zwei junge, frisch Verliebte. Sie blickten träumend zum Mond empor, der sein gefährliches Spiel hoch oben im sternenklaren Dunkelblau der Nacht trieb.

Der junge Mann flüsterte: »Weißt du was, Marie-Luise? Letzte Nacht träumte ich, daß ich dem schönsten und süßesten Mädchen der Welt einen Heiratsantrag machte!«

Das junge Mädchen kuschelte sich enger an ihren Liebsten.

»Wirklich, Henrik? Und was habe ich geantwortet?«

☆

Auch weit draußen auf der Mole stand eine Bank, und auch dort trieb der Mond sein Spiel mit einem jungen verliebten Paar. Der Jüngling ließ seine Hand über das runde Knie seiner Angebeteten gleiten. »Hannelore«, sagte er heiser. »Darf ich dich jetzt umlegen – jetzt und hier und auf der Stelle?«

»Nein«, erwiderte Hannelore.

»Das verstehe ich nicht. Kai hat mir erzählt, daß er dich auf einer Reise im Inter-Rail gleich am ersten Abend aufs Kreuz gelegt hat. Wie hat er das bloß geschafft?«

»Er hat gar nicht erst gefragt.«

☆

An einem anderen milden Sommerabend saß ein Pärchen am Wegrand. Nun weiß ich zwar nicht genau, was der Jüngling eigentlich plante, auf jeden Fall aber ertönte plötzlich die aufgebrachte Stimme des Mädchens:

»Soviel will ich dir schon jetzt sagen, Henry, ehe du noch mehr mit deiner Hand unternimmst, die du mir auf den Schenkel oberhalb meines Knies gelegt hast ...«

»Nämlich?«

»Nimm dir mit der Hand nicht noch mehr vor!«

☆

Auf einer Bank unten am Hafen, wo einige Torpedoboote der Kriegsmarine am Kai lagen, saß ein fröhlicher junger Matrose mit seinem Mädchen. In der nachtschwarzen Finsternis war schwer auszumachen, was der Marinesoldat eigentlich vorhatte – jedenfalls hörte man plötzlich die zornige Mädchenstimme ziemlich laut sagen: »Jetzt ist es genug! Nimm gefälligst deine U-Boot-Pranken dort unten weg!«

»Wovon sprichst du, Sonja? Wieso habe ich U-Boot-Pranken?«

»Weil man bei ihnen nie genau weiß, wo sie im nächsten Augenblick auftauchen werden!«

☆

Da wir gerade bei der Seefahrt sind: Ein junges Mädchen war mit ihrem Freund, dem reichen Sohn eines Jachtbesitzers, auf einer kleinen Vergnügungsfahrt unterwegs.

»Aber Yvonne!« sagte ihre Freundin am nächsten Tag empört, als Yvonne ihr gebeichtet hatte, was sich während der Kreuzfahrt an Bord der Jacht ereignet hatte.

»Ja ja«, verteidigte sich Yvonne. »Er hat mir klipp und klar gesagt, daß er der Kapitän an Bord sei – und falls ich ihm nicht gehorchte, so müsse er das als einen eindeutigen Fall von Meuterei auffassen!«

☆

Dann gibt es noch die Geschichte von dem Mädchen, das mit großen Erwartungen ihren jungen, etwas zurückhaltenden Verehrer nach einem Kino- und Diskothekbesuch mit zu sich nach Hause genommen hatte. Das Mädchen setzte sich aufs Sofa, er nahm im Sessel in der gegenüberliegenden Zimmerecke Platz. Nach einigen Minuten angespannten Wartens hielt es die junge Dame für angebracht, eine kleine, diskrete Aufforderung an den Jüngling zu richten. »Morten«, sagte sie. »Du darfst dich gerne zu mir aufs Sofa setzen ... dann bist du nämlich an allem näher dran, was dich interessieren könnte!«

☆

Ein anderes junges Paar kam ebenfalls nicht richtig in Schwung und wußte nicht, was zu tun sei, weil der Jüngling allzu geniert war. Ihre Eltern waren ins Theater gegangen, und nun saßen die beiden im Wohnzimmer und kriegten kein Gespräch in Gang, obwohl der Mond seine neugierigen Strahlen durch die Balkontür schickte. Schließlich hatte der Jüngling einen Einfall: Er wollte den Mond als Gesprächsstoff verwenden.

»Carla«, sagte er leise, »glaubst du, daß es Menschen auf dem Mond gibt?«

»Daß weiß ich auch nicht«, antwortete Carla, »aber wenn sie dich stören sollten, ziehen wir einfach die Vorhänge zu.«

☆

Bei den letzten Geschichten denkt man vielleicht an platonische Liebe, nicht wahr? Aber weiß der Leser eigentlich ganz genau, was man darunter versteht? Nun, das ist etwa so, als ob man in einen gutsortierten Weinkeller gebeten wird und dort ein Glas Buttermilch angeboten bekommt. Vielleicht könnte man auch sagen, platonische Liebe gleiche zwei geladenen Gewehren, die nebeneinander an der Wand hängen, aber niemals einen Schuß abgeben.

☆

Die blonde Linda unten im Hafencafé hörte etwas über platonische Liebe an jenem Abend, als sie an der Bar der kleinen Kneipe lehnte. Sie fragte ihre erfahrene Freundin, die schwarzhaarige Mona, was sie sich denn unter platonischer Liebe vorstelle.

»Platonische Liebe?« erwiderte die schwarze Mona nachdenklich. »Das ist leicht zu erklären. Das ist so, als ob man im Haus keine Treppe hat, auf der man es sich gemütlich macht, und noch viel weniger ein Zimmer, auf das man sich mit seinem Macker zurückziehen kann.«

☆

Aber genug nun von platonischer Liebe! Wir wollen lieber von praktizierter Liebe sprechen. Drüben im Gymnasium fragte Camilla ihre Herzensfreundin Conny, mit wem sie am Abend vorher zusammengewesen war.

»Ach«, sagte Conny wegwerfend, »das war ein Kerl, aus dem ich mir überhaupt nichts machte. Wir sehen uns deshalb auch erst am kommenden Sonnabend wieder.«

Camilla sah Conny verblüfft an.

»Wenn du dir nichts aus ihm gemacht hast, warum hast du ihm dann nicht klar gesagt, daß du ihn nicht mehr wiedersehen willst?«

»Das habe ich auch ganz deutlich gesagt!« erwiderte Conny. »Aber darauf hat der Stiesel überhaupt nicht reagiert. Er zog sich einfach die Decke über den Kopf und drehte sich wortlos auf die andere Seite.«

☆

Dann gab's da noch ein anderes Mädchen in der Oberstufe des Gymnasiums. Eines Tages erschien sie bei ihrer Mutter in der Küche und sah sehr aufgebracht aus.

»Hör mal zu, Mutti!« begann sie. »Jeden Tag, wenn ich aus der Penne komme und die Abkürzung durch den Park nehme, stehen dort ein paar Bengels herum, die nur auf mich zu warten scheinen. Dann versuchen sie mich anzugrabschen und wollen mich küssen oder gehen mir direkt an die Wäsche!«

»Warum machst du dann nicht einfach einen Umweg oder rennst ihnen davon?«

»Das habe ich ja schon mehrere Male getan«, schluchzte die Tochter, »aber diese faulen Lümmels trafen überhaupt keine Anstalten, hinter mir herzukommen!«

☆

Der Leser oder die Leserin sollten sich jetzt einmal vorstellen, daß ein gewaltiger Wolkenbruch herniederprasselt. Es stürmt, blitzt und donnert – kurz, es herrscht ein so unchristliches Wetter, daß man nicht einmal einen Köter vor die Tür jagen möchte; und doch steht ein junger Mann mit seiner Freundin in einem Hauseingang. Mitternacht ist längst vorüber.

Henriette schüttelt sich und murmelt: »Ein Wetter wie beim Weltuntergang. Du kannst jetzt unmöglich nach Hause gehen, Michael. Du würdest bis auf die Haut durchweicht und holtest dir womöglich noch eine schlimme Erkältung.«

»Da hast du sicher recht«, seufzt Michael. »Aber was zum Teufel bleibt mir denn anderes übrig? Wir können doch nicht bis zum Tagesanbruch hier herumstehen!«

Das sieht Henriette ein. Eine volle Minute denkt sie nach, dann kommt ihr eine Idee.

»Es bleibt uns wohl kein anderer Ausweg, als daß du mit mir auf meine Bude kommst und bis zum Frühstück bleibst«, flüstert sie. »Aber nur unter einer Bedingung: Du mußt mir versprechen, dich anständig zu benehmen und mir nicht auf die Pelle zu rücken. Denk dran, daß wir uns erst vor wenigen Stunden kennengelernt haben! Und ich habe doch nur ein Bett!«

Michael verspricht, sich ordentlich und wie ein richtiger Gentleman aufzuführen, wenn er nur mit ihr hinaufkommen darf.

Henriette verschwindet unterdessen im Badezimmer,

um sich für die Nacht herzurichten. Als sie nach einer Viertelstunde in ihr Zimmer zurückkehrt, ist Michael verschwunden. Sie wartet und wartet, dann endlich hört sie leise Tritte auf der Treppe, und einen Augenblick später kommt Michael herein, aufgeweicht von Kopf bis Fuß.

»Wo um Himmels willen hast du denn nur gesteckt?« fragt Henriette fassungslos.

Michael schnappt nach Luft. Er ist vollkommen außer Atem. Dann endlich stößt er hervor: »Ich bin nur schnell ... nach Hause gelaufen ... und habe ... meinen Pyjama geholt!«

☆

Und schließlich möchte ich noch die Geschichte von dem Mädchen erzählen, das sich gerade verlobt hatte, mit einem echten Ring und allem, was sonst noch dazugehört. Und wie war sie stolz auf ihren funkelnden Verlobungsring! 14 Karat Gold! Aber während des Festes, zu dem sie alle ihre Freundinnen eingeladen hatte, war zu ihrem Kummer niemand bereit, von dem wunderbaren Ring Notiz zu nehmen, so sehr sie auch mit der Hand wedelte und die Finger bewegte und in der Luft damit herumruderte. Schließlich sagte sie mit lauter Stimme:

»Puh ha! Ist es hier nicht wahnsinnig heiß? Ich glaube, ich werde jetzt erst einmal meinen Ring für einige Zeit abnehmen!«

Ruhe in Riddle Rock

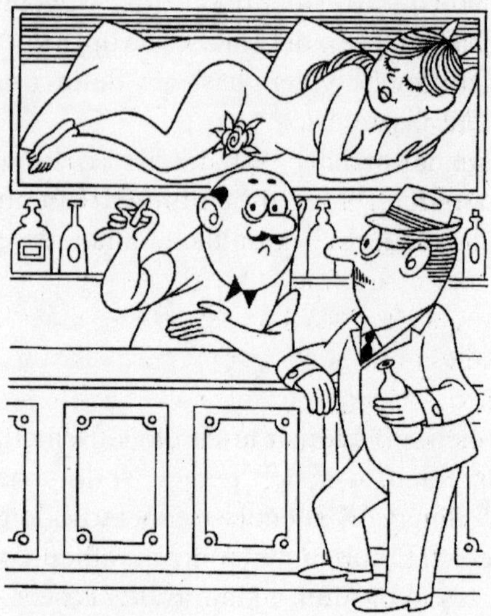

Erinnern Sie sich an Jesse James? Den am meisten vergötterten Banditen des Wilden Westens? Über sein zügelloses, coltschwingendes, wildes Leben sind in sämtlichen Kinos der Welt unzählige Filme gezeigt worden. Es ist daher wohl verständlich, daß ich interessiert anhielt, als ich in einem Fenster von »Mike's Bar and Saloon Room« in der staubigen Hauptstraße der kleinen Präriestadt Riddle Rock in Arizona ein Schild mit der Aufschrift entdeckte: *»Hier erschoß Jesse James im Duell Wild Bill Hickock.«* Erinnern Sie sich an Wild Bill Hickock? Auch einer der großen Namen des Wilden Westens, unsterblich gemacht durch zahlreiche phantastische Hollywood-Produktionen.

Ich beschloß, mir den Ort anzusehen, wo Wild Bill Hickock von Jesse James niedergeknallt wurde. Eine solche Gelegenheit bietet sich nicht jeden Tag, obwohl man als Teilnehmer einer Greyhound-Busreise quer durch die Staaten schon einiges erlebt. Es war zur Zeit der schlimmsten Mittagshitze, und auf der Main Street war kaum ein schattiger Platz.

»Mike's Bar and Saloon Room« war genau das, was ich jetzt brauchte. Ich schlug die grün gestrichenen Pendeltüren zur Seite und steuerte mit schnellen, festen Schritten sofort den Bartresen an.

»He, Mike«, sagte ich, »ein Seven Up, aber kalt!«

Ich war allein mit dem Barmixer im Saloon, und schnell brachte ich das Gespräch auf Jesse James.

»Stimmt es, daß er an dieser Stelle Wild Bill Hickock niederknallte?« fragte ich.

»Yes, Sir! Genau hier in diesem Saloon. Ich stand etwa da, wo Sie jetzt stehen, und dort drüben am Spieltisch stand Bill. Jesse traf ihn genau zwischen die Augen. Bill hatte keine Chance. Jesse war der schnellste Mann am Abzug, den der Wilde Westen je gesehen hat. Hier ist die Kugel, Mister, die Originalkugel, mit der Wild Bill Hickock von Jesse James erschossen wurde.«

Der Barmixer knallte eine Kugel vor mich auf die Theke, und ich nahm sie interessiert etwas näher in Augenschein.

»Yes, Sir!« träumte der Barmixer weiter. »Das waren noch Zeiten! Jetzt ist Riddle Rock ein todlangweiliges Loch, ein verfluchtes, trübes, staubiges Nest, wo überhaupt nichts mehr passiert. Billy the Kid, Miff Shotgun, Kansas Kid, Kaktus Jim, die Cartwright-Brüder, alle kamen sie hierher nach Riddle Rock, genau hierher in diesen Saloon, in dem Sie und ich jetzt stehen, Mister, genau hier lebten sie ihr Leben mit ihren Mädchen und ihren Pokerkarten mit den gezinkten Assen, und genau hier knallten sie ihre Feinde nieder. Tag und Nacht war die Luft hier im Saloon so dick von Whiskeydunst und Pulverrauch erfüllt, daß man keine Hand vor Augen erkennen konnte. Aber jetzt, Mister, jetzt hängt man hier hinter der Theke und reicht alle zwei Stunden einem verirrten Touristen ein Coke oder ein Seven Up. Der Wilde Westen ist eben nicht mehr das, was er –«

Weiter kam Mike nicht. Die Pendeltüren schwangen auf, und ein baumlanger, schwarzbärtiger Kerl stürmte herein, riß seine perlmuttbesetzten Colts aus dem Halfter und brüllte: »*Stick 'em up, Mike!*«

Mike hob die Arme über den Kopf. Für einen Moment schien er richtig aufzuleben. Endlich passierte etwas in dem kleinen, todlangweiligen Nest Riddle Rock!

»Sie auch, Mister!« wandte der Schwarzbärtige sich an mich, worauf ich mich beeilte, diesem Befehl Folge zu leisten.

»Und jetzt heraus mit den Moneten, Mike!« fuhr der Schwarzbärtige gnadenlos fort.

»Moneten?« Mike versuchte Zeit zu gewinnen, wobei er sich mit kleinen, vorsichtigen Schritten in Richtung auf das Wandtelefon hin bewegte. »Ich besitze keinen Cent! Nicht einen einzigen, lausigen Cent!«

Mit ein paar ungeduldigen Bewegungen der Coltspitzen scheuchte der Schwarzbärtige Mike vom Wandtelefon fort.

»Du hast dreißig Sekunden Zeit, die Moneten zu holen, Mike! Dreißig Sekunden, oder du bist ein toter Mann!«

Um seinen Worten Nachdruck zu verleihen, schickte der Schwarzbärtige ein paar Salven in die Regale mit den Seven Ups und den Cokes, worauf die Flaschen knallend zersprangen. Mit dem einen der noch rauchenden Colts schob er seinen breitrandigen Hut etwas in den Nacken und fuhr mit kalter Stimme fort: »Nun, was ist, Mike?«

Mike kramte unter dem Bartresen eine zerfledderte Brieftasche hervor. »Ich glaube, ich habe hier doch noch ein paar Dollar«, sagte er mit leicht zitternder Stimme. Er fummelte an der Brieftasche herum.

»Wirf sie hier herüber, Mike! Aber plötzlich! Sofern du den Wunsch hast, heute abend noch zu leben und die Sonne hinter Walnut Hill untergehen zu sehen!«

Widerstrebend warf Mike die schmierige Brieftasche dem Schwarzbärtigen zu, der ein paar Notenbündel herausfischte, sich drei davon in die Innentasche steckte, sich auf seinen hochhackigen, schwarzen Stiefeln herumdrehte und den Saloon verließ.

Einen Augenblick herrschte absolute Stille, dann konnte ich es nicht lassen, zu fragen: »Er nahm nur dreihundert Dollar. Warum ließ er Sie den Rest behalten?«

»Weil ihm nicht mehr als dreihundert Dollar zustanden!« fauchte Mike und verstaute die zerfledderte Brieftasche wieder unter der Theke.

»Ja, aber, wer war denn das?«

»Wer das war? Das war Stephan James, Arizona-Steve, wie er genannt wird, der einzige noch lebende Nachkomme von Jesse James ... und der einzige Lichtpunkt in Riddle Rock. Er betreibt ein kleines Anwaltsbüro mit einer Spezialabteilung für energisches Inkasso! Sehen Sie, Mister, ich war mit der Miete etwas im Rückstand!«

Akrobat, Oh!

Zobrini war der geborene Gaukler. Das freie Leben als herumreisender Artist lag ihm im Blut, bezeichnenderweise war er auch in einem Schaustellerwagen zur Welt gekommen, zwischen Luftschaukeln und Karussells. In jungen Jahren hatte er sich als Todesfahrer versucht und unter dem Namen Captain Billy King eine Seelöwendressur und ein spuckendes Lama aus den Anden vorgeführt, das nördlich der Alpen noch niemand gesehen hatte. Später war er in die Schwert- und Feuerschluckerbranche eingestiegen, von einer Unzahl von Fackeln hatte er brennendes Benzin abgeleckt oder auch die Fackeln an seine nackte Brust gehalten, so daß das ganze Zelt vom Geruch verbrannten Fleisches erfüllt war. Er war als Conférencier für orientalische Bauchtänzerinnen aus aller Welt aufgetreten, hatte seinen eigenen Flohzirkus gehabt und als Marktschreier mit sich überschlagender Stimme versucht, die Leute anzulocken, um die Riesendame Suleima zu bestaunen, wobei man ganz um sie herumgehen durfte. Eines Tages war die Riesendame Suleima jedoch so ungeschickt, sich auf ihn zu setzen, und von den 700 Pfund Lebendgewicht wurde er so plattgedrückt, daß es sechs Monate dauerte, bis man ihn notdürftig wieder zusammengeflickt hatte. Ein richtiger Jahrmarktgaukler wurde er nach diesem Erlebnis mit der Riesendame nie wieder. In einem kleinen Zelt im Kopenhagener Vergnügungspark Tivoli zeigte er ein Kalb mit drei Köpfen sowie ein Huhn, das wie ein Hahn krähte, aber irgendwie war ihm die Zeit davongelaufen. Es reichte weder zum Leben noch zum Sterben, und zum Schluß sah er keinen anderen Ausweg, als mit der Kasse des Vergnügungsparks abzuhauen. Die Gelegenheit bot sich, als er eines Tages nach Schließung des Parks allein im Büro des Direktors war. Die Gelegenheit brachte ihm jedoch anderthalb Jahre hinter schwedischen Gardinen ein, und hier beginnt die eigentliche Geschichte vom Jahrmarktgaukler Zobrini.

Die Zeit wurde ihm sehr lang in der kleinen Zelle, bis er eines Tages eine kleine Ameise erblickte, die auf seinem Blechnapf herumkrabbelte.

Plötzlich hatte er eine Idee.

»Ich werde diesen kleinen Kerl dressieren«, dachte er. »Wenn ich Seelöwen, Lamas und Flöhe dressieren kann, wird es bei einer Ameise wohl auch klappen.«

In den folgenden Monaten büffelte er jeden Tag mit der Ameise. Er wollte ihr beibringen, auf einem Bein zu stehen, hatte dabei jedoch große Schwierigkeiten, denn es war eine kleine, dumme Ameise, die so gut wie nichts lernen wollte. Aber endlich hatte er Erfolg. Auf dem Boden seines umgedrehten Blechnapfes stand die kleine Ameise ganz passabel auf einem Bein.

»Prima!« jubelte Zobrini. »Sehr gut! Du wirst noch ein richtiger kleiner Akrobat. Wenn ich hier rauskomme, kann ich mit dir viel Geld verdienen.«

Die Ameise konnte ihm aber immer noch nicht genug, und von morgens bis abends, manchmal auch die ganze Nacht, scheuchte er sie herum, um ihr noch mehr Kunststückchen beizubringen. Er hatte ja genug Zeit, und bei jeder Form der Dressur kommt man mit Geduld am ehesten zum Ziel.

»So, mein Freund«, sagte Zobrini eines Morgens. »Jetzt wirst du sprechen lernen.«

Drei lange Monate übte er weiter mit der kleinen Ameise, und eines Tages klappte es endlich. Die Ameise stand auf einem Bein und sagte mit ihrer kleinen, zarten Ameisenstimme:

»Akrobat, oh!«

»Bravo!« jubelte Zobrini. »Bravo! Bravo! Das nenne ich eine Sensation! Die einzige sprechende Ameise auf der Welt! Damit werde ich jedes Zirkuszelt bis zum Bersten füllen können!«

Zobrini hatte aber noch einige Monate abzusitzen und daher Zeit genug, seine kleine Ameise ein paar weitere Tricks zu lehren. Am Tag seiner Entlassung konnte die kleine Ameise auf einem Bein auf einer kleinen Kugel balancierend »O sole mio« singen!

Die kleine Ameise sang die gesamte erste Strophe des alten neapolitanischen Volksliedes und tanzte dabei auf der Kugel ein richtiges kleines Menuett, worauf Zobrini begeistert klatschte und die kleine Ameise eine artige Verbeugung machte, wobei sie sagte: »Vielen Dank! Vielen Dank!«

Zobrini nahm seine kleine Ameise, steckte sie vorsichtig in eine leere Streichholzschachtel und verließ mit ihr glücklich das Gefängnis. Er begab sich in eines der besten Speiserestaurants, denn er wollte endlich wieder etwas Gutes essen. Nach dem Essen holte er die kleine Ameise aus der Streichholzschachtel hervor und ließ sie ein bißchen auf der Tischdecke herumlaufen. Er war so stolz und glücklich über das, was er ihr beigebracht hatte, daß er sich jetzt nicht mehr zurückhalten konnte, er mußte einfach jemandem zeigen, was seine kleine Ameise alles an wunderbaren Kunststückchen konnte. Er winkte daher dem Ober.

»Sehen Sie die kleine Ameise dort?« fragte er mit strahlenden Augen und zeigte dem Ober ganz aufgeregt die kleine Ameise, die über die Tischdecke eilte. Der Ober beugte sich etwas vor. Dann erblickte er sie.

»Oh! Ich bitte um Entschuldigung, mein Herr!« sagte er und zerquetschte die Ameise mit der Spitze seiner Serviette.

Die große Fuchsjagd

Der alte Gutsbesitzer war immer ein großer Jäger gewesen. Jagd bedeutete ihm alles. Es war nur bedauerlich, daß er jetzt schon bald neunzig Jahre alt wurde und seine Sehfähigkeit nicht mehr war, was sie einmal gewesen war. Aber etwas schießen, das wollte er, und wenn es auch nichts anderes wäre als ein mickriger Fuchs.

Und eben von der letzten großen Fuchsjagd des alten Gutsbesitzers handelt diese Geschichte. Es ist ein beißend kalter Wintertag. Der Kachelofen im Försterhaus ist rotglühend, laufend wird er mit großen Scheiten gefüttert. Der Jäger, der Förster, der Försteranwärter, ein paar Waldarbeiter, der Gutsverwalter mit einigen weiteren Leuten vom Gut sowie der Amtstierarzt und sein Assistent haben am massiven Eichentisch Platz genommen, auf dem Tisch steht eine große Schlachtplatte, in der Pfanne brutzeln

Rebhühner, und die Gläser sind mit eiskaltem Schnaps gefüllt. Plötzlich wird die Tür aufgerissen, und der alte Gutsbesitzer tritt ein, das Gewehr geschultert, das Gesicht vom Frost gerötet und den langen Bart voller Eiszapfen.

»Verdammte Bande!« brummt er. »Sitzt einfach da und schmaust! Wollt ihr wohl sehn, daß ihr rauskommt! Wir gehen auf Fuchsjagd!«

»Fuchsjagd!« knurrt der Jäger ärgerlich und leert schnell sein Glas. »Der Herr Gutsbesitzer will doch nicht sagen, daß der Fuchs, daß er schon wieder ...«

»Doch, Reineke Fuchs hat heute nacht mehr als einem Dutzend unserer hübschen englischen Gartenhühner den Garaus gemacht«, unterbricht ihn der alte Gutsbesitzer. »Das soll er jetzt bereuen, dieser rote Teufel! Ich werde selbst auf ihn anlegen, so daß er während des Knalls tot umfällt! Und jetzt nichts wie los!«

Widerwillig verlassen die Männer den Tisch mit den kulinarischen Herrlichkeiten, wegen der bevorstehenden Jagd auf Reineke nicht wenig bedenklich. Jeder von ihnen weiß, daß es dem alten Gutsbesitzer reichlich schwerfällt, einen Fuchs von einem Hund zu unterscheiden oder einen Hirsch von einem Mastkalb, und das auf drei Meter Entfernung; aber wenn er sich etwas in den Kopf gesetzt hat, gibt es kein Zurück mehr. Sie holen also die Gewehre hervor und begeben sich in den Wald. Der Schnee knirscht unter den Stiefeln, der Frost beißt in den Ohren, und bei jedem Schritt stiebt der leichte Pulverschnee durch die Luft.

Der alte Gutsbesitzer erhält seinen Posten auf einem mit Tannen bewachsenen Höhenrücken, von wo aus er nicht nur in den Wald hinein, sondern auch über die Felder freies Schußfeld hat. Und dann geht es los. Das erste Treiben bringt nichts ... abgesehen davon, daß der Gutsbesitzer auf den Försteranwärter anlegt, so daß dieser heulend in den Schnee fällt. Glücklicherweise hat sein Hinterteil nur ein einzelnes Schrotkorn abbekommen, es ist nicht weiter schlimm, so daß der Doktor ihn in ein paar Tagen wieder in Ordnung bringen kann.

»Habe ich ihn?« brüllt der Gutsbesitzer begeistert und blinzelt mit seinen kurzsichtigen Augen zu der Stelle, wo die Männer sich um den verschreckten Anwärter versammelt haben.

»Sicher!« ruft der Jäger aufgeregt zurück. »Der Herr Gutsbesitzer hat dem armen Anwärter die Hose weggeschossen, jawohl, hat er!«

»Und ich glaubte doch tatsächlich, es sei Reineke gewesen«, brummt der Gutsbesitzer verschämt.

Der Försteranwärter wird nach Hause gebracht, und die Jagd geht weiter. Plötzlich ist sich der Gutsbesitzer ganz sicher, daß ein großer, roter Fuchs direkt an ihm vorbei den Abhang hinunterrast. Er will auf ihn anlegen, die Tannen sind ihm jedoch im Wege, da, plötzlich ist Reineke mitten auf einer Lichtung, der Gutsbesitzer drückt ab, der Schuß hallt, und Reineke Fuchs bleibt liegen. Reineke Fuchs? Nein, der Tierarzt, denn er ist es, den der Gutsbesitzer erlegt hat. Er kommt jedoch schnell wieder auf die Beine, es ist nur ein Streifschuß am Oberschenkel.

Sofort legt der Gutsbesitzer wieder an, um ihm den Rest zu geben, aber schnell springt der Jäger herbei und schlägt das Gewehr zur Seite.

»Aber jetzt muß der Herr Gutsbesitzer wirklich bald zum Brillenmenschen in die Stadt gehen und sich ein paar vernünftige Gläser anpassen lassen«, sagt der Jäger mit unterdrückter Wut in der Stimme.

»Ohne kann der Herr Gutsbesitzer sich ja nicht richtig benehmen«, fügt er dann bissig hinzu.

»Eine Brille?« faucht der Gutsbesitzer verächtlich. »Nie und nimmer werde ich eine Brille tragen!«

Man einigt sich jedoch darauf, daß es so nicht weitergehen kann, und der Tierarzt macht zur Vorbeugung weiterer Verletzungen einen Vorschlag: Wenn irgend jemand dieser Jagdgesellschaft befürchtet, im Schußfeld des Gutsbesitzers zu sein, soll er so laut wie möglich rufen: »Ich bin nicht Reineke! Ich bin nicht Reineke!« Damit soll der Gutsbesitzer deutlich davor gewarnt werden, den Mann aufs Korn zu nehmen.

Unten im Moor wird die Jagd fortgesetzt. Der Gutsbesitzer erhält seinen Platz, und bald hört man, wie sich die Treiber durch das Dickicht einen Weg bahnen. Plötzlich sieht der Gutsbesitzer etwas über das Heidekraut laufen. Das muß ein großer, roter Fuchs sein, genau dieser rote Teufel, der seinen so herrlich gefiederten englischen Gartenhühnern den Hals durchgebissen hat. Schnell legt er das Gewehr an.

»Ich bin nicht Reineke! Ich bin nicht Reineke!« schallt es ihm entgegen. Er drückt trotzdem ab, der Schuß hallt, und der Waldarbeiter, der »Ich bin nicht Reineke!« gerufen hatte, rettet sich in letzter Sekunde dadurch, daß er sich flach auf den Boden wirft.

»Nein, jetzt reicht es aber für heute, Herr Gutsbesitzer!« ruft der Jäger rot vor Wut und nimmt dem alten Gutsbesitzer resolut das Gewehr weg. »Hat der Herr Gutsbesitzer denn nicht gehört, wie der Mann rief: ›Ich bin nicht Reineke! Ich bin nicht Reineke!‹? Muß der Herr Gutsbesitzer jetzt auch noch zum Ohrenarzt?«

Der alte Gutsbesitzer bürstet sich die Eiszapfen aus dem Bart und brummt: »Ich war aber ganz sicher, daß er rief: ›*Ich bin Reineke!*‹«

Diesen kleinen schmutzigen südamerikanischen Banditen ...

Schon wieder hatte es in der kleinen unruhigen südamerikanischen Republik Equoraguay eine Revolution gegeben. Als der Knall des letzten Schusses dahingestorben war und Ruhe und Ordnung wieder ins Land einkehrten, erhielten alle Gesandten im Land eine Einladung zu einem großen Festbankett im Regierungspalast, wo der neue Präsident, General José Gonzalo y Quintanilla, seine Regierung vorstellen wollte. Auch William Henderson, der englische Chargé d'Affaires, der gerade diesen abgelegenen diplomatischen Posten angetreten hatte – und dem jegliche Erfahrung mit südamerikanischer Etikette fehlte –, bereitete sich auf das feierliche Ereignis vor.

»Lassen Sie das lieber zu Hause, Sir«, bemerkte Hendersons Haushofmeister Albert, der jahrelang in der Gesandtschaft Dienst getan hatte, als er sah, wie Mr. Henderson ein kostbares goldenes Zigarettenetui in die Westentasche steckte.

»Warum denn, Albert?«

»Well, Sir ... weil Sie es beim Bankett verlieren könnten. Diese kleinen schmutzigen Banditen ... entschuldigen Sie den Ausdruck, Sir ... aber diesen südamerikanischen Herren kann man alles zutrauen.«

Mr. Henderson warf seinem Haushofmeister einen zurechtweisenden Blick zu. »By Jove«, murmelte er entsetzt, »schmutzige Banditen! Was für Ausdrücke gebrauchen Sie denn da, Albert, für die rechtmäßige Regierung des Landes!«

»Sorry, Sir«, verbeugte sich Albert steif, »das war nur als freundschaftliche Warnung gemeint.«

Mr. Henderson überhörte die Bemerkung. Er ließ seinen Wagen vorfahren, und zwei Stunden später, als das Festessen glücklich überstanden war und man sich plaudernd in den Salons verteilt hatte, wurde er schnell der Mittelpunkt einer Gruppe dunkelhäutiger, Schnurrbartgeschmückter Regierungsmitglieder und deren ebenso dunkelhäutiger Damen. Er unterhielt die Gesellschaft mit seinen spannenden Erlebnissen als Offizier vom Nachrichtendienst im Fernen Osten während des Krieges.

»Dank meiner Informationen habe ich wirklich einige Male unser good old England gerettet, und zum Dank für meinen Einsatz schenkte mir der Premierminister später dies kostbare goldene Zigarettenetui, mit einer Zueignung und seiner Signatur.«

Mr. Henderson ließ die Damen das Etui bewundern, und einen Augenblick später wanderte es vom equoraguayischen Innenminister zum Verteidigungsminister und Außenminister von Hand zu Hand, bis Mr. Henderson das

Etui aus den Augen verlor. Er rechnete jedoch felsenfest damit, daß das Etui zu irgendeinem späteren Zeitpunkt im Verlaufe des Festes zu ihm zurückgelangen würde, wenn alle die Inskription des englischen Premiers auf dem Dekkel des Etuis bewundert hätten.

Aber der Abend verstrich, ohne daß das kostbare Etui wieder auftauchte. Henderson fühlte, wie ihm langsam die Ohren heiß wurden. Vielleicht hätte er doch auf den Rat seines Haushofmeisters hören sollen? Lange überlegte er krampfhaft, wie er am taktvollsten die Gesellschaft auf sein Pech aufmerksam machen könnte. Als man das letzte Vivat auf den Diktatorgeneral ausgebracht hatte und die Gesellschaft aufzubrechen begann, sah er keinen anderen Ausweg, als den Polizeikommissar, Alfonso Gualberto Peréz, zur Seite zu ziehen und ihm von seinem Mißgeschick zu berichten.

»Das Etui hat einen ganz besonderen persönlichen Wert für mich, daher möchte ich es unbedingt zurückerhalten, natürlich ist mir klar, daß es jemand irrtümlich in seine Tasche gesteckt hat.«

»Si, si, Signor embajador, das erledige ich schon. Con mucho questo«, verbeugte sich der Kommissar lächelnd, worauf er sich unter die Minister mischte, die sich um den Diktatorgeneral versammelt hatten.

Fünf Minuten später stand der Kommissar wieder vor Henderson. Sein Zahnpastalächeln in dem dunklen Gesicht war, wenn überhaupt möglich, noch heller als sonst, als er dem englischen Diplomaten diskret das goldene Zigarettenetui in die Hand steckte.

»Tausend Dank«, sagte Henderson erleichtert, »sehr liebenswürdig von Ihnen. Darf ich fragen, wo Sie es fanden?«

»In General José y Quintanellas Westentasche, Signor embajador. Lo siento mucho.«

Henderson steckte sein Etui erleichtert in die Tasche.

»Und was sagte der General, als Sie ihn darum baten?«

Der Polizeikommissar wich dem Blick des Diplomaten aus und verbarg freundlich lächelnd seine geschmeidigen Hände auf dem Rücken. Dann beugte er sich ein wenig vor und sagte mit gedämpfter Stimme: »Ich bin nicht sicher, Signor embajador, ob Seine Exzellenz es bemerkte, daß ich das Etui aus seiner Tasche nahm.«

Mein Gott, er wird doch nicht sterben!

Im Kamin flackert ein helles Feuer. Draußen heult der Sturm. Förster Simmons sitzt gemütlich in seinem Ledersessel, die Hände auf dem Bauch gefaltet, und verdaut sein Abendessen. Auf dem stabilen Rosenholztisch neben ihm steht eine Kristallschale mit Pflaumen. Die Standuhr tickt. Mrs. Simmons klappert emsig mit ihren Stricknadeln.

Zwei Menschen genießen an einem kühlen Herbstabend die Freuden ihres behaglichen Wohnzimmers. Sagten wir *genießen*? Ja – aber der Schein trügt! Man beachte, wie nervös Mrs. Simmons den Mund zusammenpreßt, wie wachsam ihre Augen sind. Simmons greift nach einer der großen, reifen Pflaumen in der Schale und steckt sie sich in den Mund. Mrs. Simmons umklammert mit ihren blassen, manikürten Händen die mattpolierten Lehnen ihres Rokokosessels. Ihre Knie werden so weiß wie ihre Knöchel, sie atmet kaum. Sie wartet.

Jeder Muskel ist angespannt ... Und dann passiert es: Ihr Mann zielt auf eine der Birnen des Kronleuchters, holt tief Luft und schießt.

Rasant wie eine Weltraumrakete startet der Pflaumenkern und trifft die Birne mit einem lauten, hallenden Ping.

Mrs. Simmons preßt die Hände ans Herz.

»Ich halte das nicht mehr aus«, stößt sie hervor. »Den ganzen Abend schon schießt du mit Pflaumenkernen nach dem Kronleuchter. Vollkommen verrückt ist das. Andere Männer würden nie auf die Idee kommen, etwas derart Kindisches zu tun. Kannst du deine Pflaumenkerne nicht in einen Aschbecher oder eine Untertasse spucken?«

Der Förster gibt keine Antwort. Er steht achselzuckend auf, greift sich den Pflaumenkern, wirft ihn in den Kamin und kehrt zu seinem Sessel zurück. Mrs. Simmons greift wieder nach ihrem Strickzeug und klappert weiter. Die Standuhr tickt unbeirrt, als ob nichts geschehen wäre.

Draußen heult der Sturm. Der Förster greift nach der nächsten Pflaume und steckt sie in den Mund. Lutscht genüßlich an dem vom Fleisch befreiten Pflaumenkern. Dann richten sich seine kleinen runden Augen auf den fünfarmigen Kronleuchter ... Ping!

Mrs. Simmons zuckt zusammen und blickt ihren Mann wie ein waidwundes Reh an.

»Du hast wieder geschossen«, stöhnt sie. »Es ist das siebte Mal heute abend.«

»Sonst noch was?«

»Nein. Nur daß du mich verrückt machst mit deiner idiotischen Schießerei. Glaub mir, Alfred, ich halte das nicht länger aus.«

»Aber jetzt sei doch vernünftig, Louise. Ich hebe die Kerne alle wieder auf, ich weiß ja genau, wo sie runterkommen. Wenn ich die untere Hälfte der Birne treffe, landet der Kern beim Fernseher, wenn ich die obere Hälfte treffe, landet er drüben am Kamin. Und ich mach' ja nichts kaputt mit meinen Pflaumenkernen. Ich schieß' doch nur zum Spaß, Louise. Weil ich wissen will, ob ich genau die Stelle treffe, auf die ich gezielt hab'. Ich weiß wirklich nicht, wieso du dich darüber so aufregst.«

»Weil es mir auf die Nerven geht, und das weißt du auch ganz genau. Ich kann nicht mehr, Alfred, ich halt' es nicht mehr aus. Ob du's glaubst oder nicht – wenn du mit dieser irrwitzigen Schießerei nicht endlich Schluß machst, reiche ich die Scheidung ein. Und morgen geh' ich zurück zu meiner Mutter.«

»Jetzt mach aber halblang mit deinem hysterischen Getue«, fährt der Förster sie an und sieht zur Glasschale hinüber. »Die letzten eß' ich erst kurz vor dem Schlafengehen, das versprech' ich dir. Und jetzt gib gefälligst Ruhe.«

Mrs. Simmons greift wieder nach ihrem Strickzeug. Die Standuhr tickt friedlich. Der Förster vertieft sich in die Zeitung. Dann streckt er wieder die Hand nach einer Pflaume aus und steckt sie in den Mund. Mrs. Simmons starrt ihn wie gebannt an. Sie hört auf zu stricken. Der Förster lutscht intensiv am Kern und fixiert den Kronleuchter. Mrs. Simmons schließt die Augen und hält sich krampfhaft an den Sessellehnen fest. Wo bleibt der Schuß? Warum schießt er nicht? Warum um alles in der Welt schießt der Mann nicht? Zwei Minuten verstreichen. Noch immer kein Schuß? Sie macht die Augen auf – und sieht gerade noch, wie ihr Mann langsam aus dem Ledersessel zu Boden rutscht. Sein Gesicht ist rot angelaufen. In seiner

Luftröhre steckt ein Kern, er ist am Ersticken. Mrs. Simmons schreit auf, stürzt zu ihm hin und schüttelt ihn.

Mein Gott, er wird doch nicht sterben!

Sie legt ihn auf den Teppich, kniet nieder und versucht, ihn künstlich zu beatmen. Aber das bringt nichts.

Er liegt leblos da und ist schon ganz blau. Sie steht auf, sieht einen Augenblick ratlos vor sich hin, dann läuft sie aus dem Haus. Sekunden später kommt sie mit ihrem Nachbarn, Tierarzt Lund, zurück.

Er macht sich ein bißchen an dem Förster zu schaffen, aber ohne sichtbaren Erfolg.

»Wie schrecklich«, jammert Mrs. Simmons. »Glauben Sie, er wird ...?«

»Ich fürchte, ja«, murmelt der Tierarzt ernst.

»Könnten Sie nicht den Pflaumenkern mit irgendeinem Instrument durch die Luftröhre nach unten stoßen?«

»Vielleicht. Aber ich bin für Tiere, nicht für Menschen zuständig. Und außerdem ist es dafür bereits zu spät.«

Der Tierarzt schaut auf die Uhr.

»In der Zentrale ist niemand mehr zu erreichen. Wenn ich einen Krankenwagen haben will, muß ich ihn selber holen. Bitte verlieren Sie nicht die Nerven, Mrs. Simmons. Ich fürchte, daß Ihr Mann bereits tot ist. Erstickt. An einem Pflaumenkern.«

Mrs. Simmons kann es nicht glauben. Sie begleitet den Tierarzt zur Haustür. Dann läßt sie sich in einen Sessel in der Diele sinken. Sie hat Mühe, ihre Gedanken beisammenzuhalten. Es ist alles so plötzlich gekommen. Jetzt ist sie Witwe.

Aus dem großen Spiegel sieht ihr das eigene Bild entgegen. Sie erhebt sich und stellt sich in Positur. Sie ist noch jung. Erst dreiundvierzig, in den besten Jahren, wie man so sagt. Das Leben hat ihr noch einiges zu bieten. Vielleicht findet sie sogar wieder einen Mann. Einen, der keine Pflaumen ißt. Alfred wollte sie fertigmachen, bestimmt. Es war ein gerissener Plan, um sie mit seinen gemeinen Pflaumenkernschießübungen gegen den Kronleuchter an den Rand des Wahnsinns zu treiben. Während der ganzen Pflaumenzeit hat er auf ihren Nerven herumgesägt, ganz genau hat er gewußt, daß sie früher oder später aufgeben, zusammenklappen, die Scheidung einreichen würde.

Und jetzt liegt er tot auf dem Teppich im Wohnzimmer, den leeren, starren Blick nach oben, auf den Kronleuchter gerichtet. Das hat er nun von seiner Teufelei. Erstickt. Erstickt an einem seiner widerlichen Pflaumenkerne. Nemesis nennt man so was, mein guter Alfred ...

Ein leises Lächeln geistert um Mrs. Simmons' blasse Lippen. Und dann fährt sie entsetzt zusammen. Was war das? Ein Geräusch! Und das Geräusch kommt aus dem Wohnzimmer. Es ist ein lautes, nicht zu überhörendes, hallendes Ping.

Des Diligence-Räubers Backenzahn

Die grünen Pendeltüren zum Saloon flogen auf, und einer der drei gefürchteten Haggerty-Brüder trat ein, der seit langem gesuchte Viehdieb, Diligence-Räuber und Verbrecher Bill Haggerty. Die schlechte Laune stand ihm im Gesicht geschrieben, und die Tische wurden mit ziemlicher Eile abgeräumt. Die bärtigen Cowboys und Goldgräber verdrückten sich wie aufgescheuchte Hühner an die Wand, und Jim, der Bartender, versuchte, sich hinter seinem dichten roten Vollbart so klein und unscheinbar wie möglich zu machen, in der Hoffnung, Bill Haggerty würde ihn übersehen, was jedoch nicht der Fall war. Bill schritt zielbewußt auf die Theke zu, riß dem vor Schreck erstarrten Bartender eine Flasche Whiskey aus der Hand, setzte sie an den Mund und trank, als wäre es Vollmilch.

»Ah!« jammerte er und hielt sich die Wange, »mein Zahn! Mein verdammter Backenzahn!«

Die Cowboys und Goldgräber wagten sich wieder ein wenig vor, nachdem sie sich davon überzeugt hatten, daß Bill Haggerty im Augenblick nichts Böses im Sinn hatte.

»Gibt es in dem elenden Nest hier einen Zahnarzt?« wimmerte er.

»Es gibt drei hier, Mr. Haggerty«, versicherte Jim eilfertig, »keine richtigen, wie in Kansas City, aber es müßte schon ein verdammt schlimmer Zahn sein, wenn die ihn hier nicht rausziehen könnten.«

»Hol sofort den, der am nächsten wohnt«, kommandierte Bill Haggerty und nahm noch einen Schluck aus der Flasche, um die Schmerzen zu betäuben.

Ein Mann huschte durch die Pendeltüren hinaus und kam einen Augenblick später mit Cliff Cartwright, dem Stellmacher der kleinen Präriestadt zurück, einem gedrungenen, bärtigen Kerl, der erschreckt aus seinen kleinen, listigen Augen blickte.

»Kannst du einen Backenzahn herausziehen?« brummte Bill.

»Yes, Sir!« versicherte Cliff hastig.

Bill zog einen Stuhl heran, nahm Platz, öffnete weit seinen Mund und entblößte einen enormen Backenzahn. Cliff sah äußerst bedenklich aus, der Zahn mußte Wurzeln wie eine knorrige Eiche haben. Bill zog seinen Revolver aus der schweren Lederhülle und legte ihn neben sich auf den Tisch.

»Wenn es beim Rausziehen weh tut, dann kannst du ein Vaterunser beten«, sagte Bill grimmig, »wenn du das überhaupt noch schaffst«, fügte er mit einem vielsagenden Blick auf seinen Revolver hinzu.

»Wenn ich den Zahn rausziehe, tut es nicht weh«, versicherte der schlaue, kleine Stellmacher schnell, »aber wenn der Schmied Will Chadcook einen Zahn rauszieht, dann tut es verdammt weh. Soll ich dir mal zeigen, wie es sich anfühlt, wenn Will einen Zahn rauszieht?«

Bevor Bill antworten konnte, hatte der Stellmacher die Zange um den Backenzahn gesetzt und ihn mit einem tüchtigen Ruck gelockert. Mit einem entsetzlichen Gebrüll schoß Bill einen Meter von seinem Stuhl hoch.

»So teuflische Schmerzen sind das, wenn Will Chadcook einen Zahn rauszieht«, erklärte der Stellmacher, »von dem wirst du dich nie behandeln lassen, was, Bill?«

Bill langte nach der Whiskyflasche, nahm einen großen Schluck und kam wieder zu sich.

»Niemals«, bestätigte er, und es war ihm anzusehen, daß er es wirklich meinte.

»Dann haben wir hier unseren Postfahrer, den alten Cab Allcosopp«, fuhr der Stellmacher fort, »der pfuscht auch in seinem Handwerk. Soll ich dir mal zeigen, wie grausam es schmerzt, wenn Cab einen Zahn rauszieht?«

Schnell legte der Stellmacher wieder die Zange um Bills Backenzahn und zog mit einem kräftigen Ruck an den Wurzeln. Bill flog mit lautem Gebrüll fast einen Meter in die Luft.

»Du solltest dir nie von Cab Allcosopp, dem elenden Pfuscher, einen Zahn ziehen lassen«, sagte der Stellmacher listig und reichte Bill die Flasche, damit er sich noch mal stärken konnte.

»Aber jetzt werde ich dir zeigen, wie leicht und schmerzlos ich einen Zahn rausziehe, Bill. Mach doch eben mal den Mund auf!«

Bill öffnete weit seinen Mund, und Cliff zog den losen Zahn mit einer eleganten Drehung raus.

»Das konntest du kaum merken, was, Bill? Und die

Rechnung, tja, normalerweise bekomme ich zehn Dollar dafür.«

Ohne ein Wort schmiß Bill einen Zehndollarschein auf den Tisch, steckte seinen Revolver in den Gürtel und schritt auf die Pendeltür zu. Plötzlich drehte er sich blitzschnell um.

»Übrigens«, rief er und hielt den erschreckten Blick des kleinen Stellmachers fest, »hättest du nicht mal Lust zu sehen, wie meine Brüder und ich schießen? Zum Dank für die Behandlung würde ich gern drei Kugeln opfern und dir das demonstrieren. Mein Bruder Jesse ist ein Tolpatsch beim Schießen, wenn er ein paar Tropfen Whiskey bekommen hat. Er schießt dann etwa so ...«

Bill sandte eine Kugel links am Ohr des zitternden Stellmachers vorbei.

»Mein Bruder Seth hat auch keine sichere Hand, wenn er zu tief ins Glas geguckt hat. Er schießt dann so ...«

Wieder flog eine Kugel haarscharf an Cliffs Ohr rechts vorbei.

»Aber ich kann gut ein oder zwei Flaschen vertragen, ohne daß meine Hände zittern«, erklärte Bill und zielte zum dritten Mal, »jetzt sollst du mal sehen, wie sicher ich schieße, mein lieber Cliff.«

Der Stellmacher sank starr vor Schrecken zu Boden, und mit einem donnernden Gelächter steckte Bill Haggerty seinen Revolver in den Gürtel und verschwand durch die grüne Pendeltür.

Das Mädchen aus dem Fahrstuhl

Privatdozent Dr. oec. publ. Peter Holm wollte gerade die Fahrstuhltür schließen, als eine junge Dame plötzlich angelaufen kam, beladen mit einer Anzahl größerer und kleinerer Pakete.

»Oh!« rief sie. »Eine Sekunde, bitte. Kann ich noch mit hoch?«

Peter Holm trat hinaus, machte der jungen Dame Platz und versuchte, seinen Ärger darüber zu unterdrücken, daß es ihm nicht gelungen war, ihr die Tür vor der Nase zuzuknallen. Dann wäre der Fahrstuhl nämlich jetzt schon im 14. Stock gewesen, wo er seine kleine Junggesellenwohnung hatte. Und Zeit war für ihn Geld. Als Ökonom wußte er darüber genauestens Bescheid. Die junge Dame schlängelte sich mit all ihren Sachen in den Fahrstuhl und fragte mit einem liebenswürdigen Lächeln: »Wie hoch?«

»Wie hoch? Ach so, ich ... vierzehnter.«

»Ich auch.«

Er drückte auf den Knopf, und der Fahrstuhl setzte sich in Bewegung. Die junge Dame musterte ihn interessiert.

»Jetzt erinnere ich mich an Sie!« rief sie plötzlich, als hätte sie intensiv darüber nachgedacht, wo sie den jungen Mann unterbringen solle. »Sie sind doch vor ein paar Monaten in die Wohnung neben mir eingezogen, nicht wahr? Wir haben uns ja schon ein paar Mal auf der Treppe gesehen.«

Peter Holm bestätigte es.

»Dann sind wir also Nachbarn«, stellte die junge Dame fest. »Guten Tag, Herr Nachbar! Ich heiße Annegret ... Annegret Berg. Ich studiere Elektrotechnik ... obwohl das vielleicht etwas merkwürdig klingt. Aber Mannequins und Stewardessen gibt es ja genug, oder?«

»Ja, sicher.«

Offensichtlich hatte Peter Holm sich darüber noch nicht ausreichend Gedanken gemacht. Er stellte sich vor. Mehr der Ordnung halber.

»Ich höre immer Ihre Stereo-Anlage durch die Wand«, fuhr Annegret fort. »Heutzutage werden die Häuser ja nur noch mit dünnen Tapeten gebaut. Aber lassen Sie sie ruhig laufen, mir gefallen Ihre Platten. Sie haben einen sehr guten Geschmack. Mozart ist einfach herrlich ... die Mondscheinsonate ... oder ist sie von Beethoven? Interessieren Sie sich nur für Klassik?«

Sie erhielt keine Antwort, denn in diesem Moment geschah etwas sehr Störendes. Mitten zwischen zwei Stockwerken blieb der Fahrstuhl stehen, und die elektrische Beleuchtung an der Decke erlosch.

»Um Gottes willen! Was war das? Ist der Fahrstuhl steckengeblieben?«

»Ja, es sieht fast so aus. Was machen wir jetzt, Fräulein Berg?«

»Sie drücken auf den Knopf, damit wir weiterkönnen.«

Peter Holm drückte auf den Knopf, er drückte auf den Knopf zum Erdgeschoß, er drückte in genauer Reihenfolge auf sämtliche Knöpfe. Nichts geschah. Es mußte sich um einen Kurzschluß oder etwas Ähnliches handeln. Annegret schob den jungen Privatdozenten zur Seite und versuchte es ebenfalls. Ohne Resultat. Der Fahrstuhl blieb stehen, als sei er an den Schachtwänden festgemauert.

»Das kommt aber wirklich im unpassendsten Moment.« Peter Holm war leicht irritiert. »Ich kann doch nicht den ganzen Abend hier stehen. In einer halben Stunde muß ich eine Vorlesung über Außenwirtschaftstheorie halten. Ich wollte nur noch meine Manuskripte holen. Und dann kommen Sie mit all Ihren dämlichen Paketen. Das hat man nun von seiner Freundlichkeit. Jetzt stehe ich hier in totaler Finsternis ...«

Annegret wühlte in ihrem großen Einkaufsnetz.

»Irgendwo habe ich eine Kerze. Die können wir anzünden. So! Kerzenschein ... das ist ja richtig romantisch!«

Verblüfft starrte Peter Holm die dicke, rote Kerze an.

»Laufen Sie immer mit großen Altarkerzen im Netz herum?« fragte er murmelnd.

»Reiner Zufall. Wenn wir lange hierbleiben müssen, können wir sie ja essen. Sie ist aus Talg!«

»Sehr witzig! So etwas nennt man wohl schwarzen Humor! Mir macht es nicht gerade Spaß, hier herumzustehen. Den ganzen Tag habe ich nicht eine Minute gesessen, acht anstrengende Unterrichtsstunden nacheinander, das geht einem ganz schön an ...«

Annegret riß das Papier von einem ihrer vielen Pakete. Zwei kleine Klappstühle kamen zum Vorschein.

»Eigentlich ein Geburtstagsgeschenk für meinen Onkel ... kleine Picknickstühle für sein neues Auto. Bitte, setzen Sie sich doch, machen wir es uns gemütlich!«

»Gemütlich? In diesem elenden Kasten? Das ist doch wohl ein bißchen viel verlangt.«

Peter setzte sich. Er holte eine Packung Zigaretten hervor und bot Annegret eine an. Er selbst rauchte nicht, sagte er.

»Danke, aber ich«, nickte sie. »Aber das ist auch mein einziges Laster. Ich bin ein ausgeprägter Hausmensch ... mit vielen guten und gesunden Interessen! Sie bleiben offenbar auch am liebsten zu Hause, oder? Ich höre ja jeden Abend Ihre Musik.«

»Ich korrigiere Prüfungsarbeiten. Im übrigen hatte ich nie großes Interesse für Kneipen, Mädchen oder Diskotheken und derlei Dinge. Es muß gespart werden, verstehen Sie ... ich meine, wenn man eines Tages heiraten sollte ... bei den Steuern, die ein Junggeselle heute ...«

Er unterbrach sich selbst. »Vielleicht drücken Sie ab und zu zwischendurch auf den Knopf«, schlug er vor. »Sie sitzen am nächsten dran.«

»Es hat keinen Sinn, andauernd auf den Knopf zu drükken«, wandte Annegret ein. »Wenn es am Strom liegt, müssen die Knöpfe völlig in Ruhe gelassen werden, damit sie neuen Strom ... neue Kräfte sammeln können. Ich studiere, wie gesagt, Elektrotechnik, daher kenne ich mich mit solchen Dingen etwas aus.«

»Dann wissen Sie vielleicht auch, wie man einen müden Fahrstuhl dazu bringt, sich so schnell wie möglich in den vierzehnten Stock zu begeben?«

»Darüber haben wir in den Vorlesungen noch nichts gehört! Aber nun lassen Sie doch endlich die Falten aus der Stirn verschwinden, Mann! Versuchen Sie lieber, es auch mal von der heiteren Seite zu sehen. Es kann doch wohl nicht so schlimm sein, mit einem Mädchen in einem öden Fahrstuhl hängenzubleiben. Wenn ich ganz ehrlich bin, habe ich eigentlich nichts dagegen, hier mit einer Kapazität wie Privatdozent Doktor oec. publ. Peter Holm festzusitzen. Auch wenn er im Augenblick nicht gerade besonders aufmunternd wirkt. Hören sie mal, es ist doch wirklich nicht meine Schuld, daß ...«

»Doch, Sie hätten warten können, bis der zweite Fahrstuhl herunterkommt, und mich mit diesem allein fahren lassen sollen. Dank Ihnen warten jetzt achtundzwanzig Studenten an der Königlichen Dänischen Hochschule für Wirtschaft und Politik vergeblich auf mich, während ich hier auf einem elenden Klappstuhl sitze ... und einen Bärenhunger habe!«

Blitzschnell ergriff Annegret eine ihrer Tüten, riß sie auf und hielt stolz den Inhalt hoch: vier Stück leckeres, hoch belegtes Smørrebrød.

»Wenn Sie wirklich so ausgehungert sind, teile ich gerne meine wenigen Krumen mit Ihnen«, sagte sie und lächelte liebenswürdig. »Bitte sehr, zwei Stück mit Entenbrust und zwei Stück mit Krabbensalat.«

Peter warf einen interessierten Blick auf die kulinarischen Herrlichkeiten. Plötzlich kam ihm ein Gedanke.

»Essen Sie immer zwei Stück Smørrebrød von der gleichen Sorte?«

»Reiner Zufall! Es hätten genausogut vier Stück mit Ente sein können oder vier Stück mit Käse. Ich nehme immer, was gerade da ist! Derjenige, dessen Frau ich einmal werde, wird bestimmt nicht betrogen, das sage ich Ihnen ... mit mir ist alles ganz einfach, ganz einfach! Übrigens ... wir könnten auch ein kleines Glas Sherry dazu trinken.

Irgendwo habe ich hier eine Flasche ... wahrscheinlich ist sie lauwarm, aber was soll's ... Es gibt ein altes Sprichwort, nach dem ein kleines Glas Wein Körper und Seele läutert und allen Frieden und Ruhe bringt, die sich einsam fühlen. Und das tun wir ja beide, oder?«

Annegret reichte Peter eine Flasche Sherry, und er drehte den Schraubverschluß ab. Aus einem weiteren Paket hatte Annegret schnell zwei Weingläser ausgepackt.

»Heute morgen sind mir beim Spülen zwei Gläser heruntergefallen«, erklärte sie schnell. »Daher habe ich auf dem Weg nach Hause zwei neue gekauft. Ich bin keine Trinkerin! Glauben Sie bloß nicht, daß Sie mich dazu bringen können, mehr als ein einziges Glas zu trinken ...«

»Sie können ganz beruhigt sein.«

Peter Holm streckte seinen Arm aus, um auf die Fahrstuhlknöpfe zu drücken, während er sich gleichzeitig dem Krabbensalat widmete.

»Ach ja, der Fahrstuhl«, meinte Annegret. »Den hätte ich fast vergessen. Aber warum haben wir es eigentlich so eilig? Im Grunde ist es hier doch recht gemütlich. Und ich will Ihnen ja nichts Böses. Ganz im Gegenteil sorge ich menschenfreundlich dafür, daß Sie nicht vor Hunger sterben ... oder vor Durst! Wir sollten die Lage sehen, wie sie ist. Wir sitzen ohne Hilfe in diesem Kasten fest. Vielleicht hat das Material bei dem feuchten Wetter zu stark gearbeitet, vielleicht kommen wir hier nie wieder raus, es sei denn, man reißt das ganze Haus ab; wegen nur zwei Mietern würde der Hausbesitzer das übrigens niemals zulassen ... Lassen Sie uns daher das Beste aus der Situation machen! Prost, Herr Nachbar, ich wünsche Ihnen ein langes und glückliches Leben!«

Peter leerte stumm sein Glas und schluckte den Rest des Krabbensalats herunter. Das zweite Stück Smørrebrød mit Entenbrust verspeisten sie, ohne etwas zu sagen.

»Sind Sie immer so unterhaltsam?« fragte Annegret mit einem neckenden Unterton. »Wir könnten doch etwas Konversation treiben, um die schreckliche Situation zu vergessen, die uns das Schicksal hier zugedacht hat. Was machen Sie eigentlich in Ihrer Freizeit?«

»Ich benötige meine gesamte Zeit für meine Arbeit als Dozent. Und außerdem muß ich ja noch die Wohnung in Schuß halten ... Ich wohne allein.«

»Haben Sie keine Freundin, die ...«

»Ich habe eine Schwester.«

Annegret wechselte das Thema.

»Aus Ihrer Stereoanlage höre ich immer nur Klassik, mögen Sie denn gar keine Pop- oder Tanzmusik?«

»Doch, wenn die Gelegenheit sich bietet, dann ...«

»Die Gelegenheit bietet sich jetzt!«

Sie holte ein Kassettentonbandgerät aus ihrem Einkaufsnetz. »Ich habe es gerade von der Reparaturwerkstatt abgeholt«, erklärte sie.

»Fiel es vielleicht beim Spülen zu Boden?« fragte Peter.

»Genau!« Sie betätigte einen Knopf, und schon war der Fahrstuhl von fröhlicher Musik erfüllt.

»Aufstehen! Jetzt wird getanzt. Dann vergeht die Zeit besser! Wenn wir nicht irgend etwas unternehmen, das unsere Gedanken von unserer augenblicklichen Lage ablenkt, kriegen wir womöglich noch Platzangst!«

»Können wir denn hier tanzen?«

»Raum ist in der kleinsten Hütte! Aber passen Sie auf, daß Sie nicht auf die Kerze treten ... oder die Flasche umwerfen! Kommen Sie schon! Haben Sie sich nicht so! Und dann bitte ein Lächeln, Sie Sauertopf!«

Peter Holm legte vorsichtig seine Arme um sie, und so gut es eben ging, tanzten sie zu den Klängen von *Are you lonesome tonight*. Plötzlich hielt Annegret inne.

»Sie sind ein Gentleman«, sagte sie bewundernd. »Ein

wirklicher Gentleman. Andere Männer hätten schon längst die Situation ausgenutzt und ... trinken wir noch ein Glas Sherry? Das letzte?«

Peter bückte sich nach den Gläsern und der Flasche, er schenkte ein, und sie tranken. Dann blickte er ihr zum ersten Mal lange in die Augen.

»Sie haben sehr hübsche Augen«, sagte er.

»Wirklich? Das muß an der Beleuchtung liegen.«

Annegret drückte ganz leicht seine Hand. Sein Gesicht leuchtete auf, und er lächelte. Sie verschlang ihn mit den Augen. Sie fand ihn ausgesprochen liebenswert, und wenn er lächelte, fast unwiderstehlich.

»Ich habe eine Idee«, sagte er gutgelaunt. »Wir leeren die Flasche und schreiben dann einen Brief mit der Bitte um Hilfe und schicken das Ganze als Flaschenpost!«

Annegret griff den Gedanken sofort auf.

»Ja«, lächelte sie. »Und mit dem Tonbandgerät könnten wir dann zusätzlich Notsignale senden! Mann und Frau in einsamem Fahrstuhl rufen die Außenwelt – Notrationen gehen zur Neige – Situation verzweifelt!«

»Umgehend mehr Sherry schicken!« rundete Peter ab.

Annegret zog ihn auf den kleinen Klappstuhl herunter.

»Nein, vielen Dank, jetzt keinen Alkohol mehr. Wenn Sie erst einen in der Krone haben, wer weiß, was dann passiert. Nein, da habe ich eine bessere Idee. Ich zeige Ihnen mein Fotoalbum.«

Aus ihrem Einkaufsnetz fischte sie ein Fotoalbum und schlug es auf.

»Das bin ich«, erklärte sie. »Als Baby! Es wurde aufgenommen, als ich noch ganz klein war. Alle meinten, ich sei ein niedliches Kind.«

»Das sind Sie doch heute noch ... ich meine, niedlich. Und der da ... war das Ihr Freund?«

»Mein Vetter. Und da sehen Sie meine Tante. Den Bart

hat sie dadurch erhalten, daß ich erst meinen Onkel knipste und vergaß, den Film weiterzuspulen!«

Sie lachte. Wie abwesend legte Peter seinen Arm um ihre schlanke Taille.

»He, was soll der Arm? Wir können uns das Album doch auch ansehen, ohne daß Sie mich festhalten müssen. Ich falle schon nicht hin.«

»Wissen Sie, was ich glaube?« sagte Peter. »Ich glaube, daß Sie diese ganze Situation arrangiert haben!«

»Arrangiert! Aber hören Sie mal! Eben habe ich Sie noch als Gentleman bezeichnet, und jetzt kommen Sie mit solchen groben und unüberlegten Anschuldigungen!«

»Ich bin ganz sicher, daß irgend etwas dahintersteckt. Ich habe nur noch nicht herausgefunden, was Sie eigentlich erreichen wollen. Es kann doch kein Zufall sein, daß Sie diese ganzen Sachen mit sich schleppen ... Kerzen ... Smørrebrød ... Sherry ... Musik ... Fotoalbum ... alles Dinge für einen Abend zu zweit, wenn man ...«

»Wenn man was?«

Resignierend schüttelte Peter den Kopf.

»Ich gebe mich geschlagen. Ich möchte jetzt eine Erklärung. Heraus mit der Sprache. Ich will es wissen!«

»Also gut! Aber bitte nehmen Sie es ruhig auf. Und nicht wütend werden oder aufbrausend oder gar verletzt. Heute ist der neunundzwanzigste Februar ... den ganzen Tag! Sagt Ihnen das etwas?«

»Nur, daß wir damit das genaue Datum für unser gemeinsames Unglück festgelegt haben, das übrigens inzwischen so weit fortgeschritten ist, daß achtundzwanzig Studenten, die mich zu einer Vorlesung über Außenwirtschaftstheorie erwartet hatten, jetzt wohl nach Hause gegangen sind, und ...«

Annegret winkte ab.

»Wenn wir nach dem allgemein gebräuchlichen Gregorianischen Kalender gehen, dann ist jedes vierte Jahr, genauer gesagt sind diejenigen Jahre, die durch vier teilbar sind, Schaltjahre mit dreihundertsechsundsechzig Tagen«, fuhr Annegret mit leicht übertrieben dozierender Stimme fort. »Im Februar wird ein Schalttag eingeschoben. An diesem Schalttag ... nein, jetzt komme ich schon durcheinander ... können Sie mir folgen?«

»Ich tue mein Bestes.«

Annegret ergriff seine Hand.

»Schon seit Sie dort oben im vierzehnten Stock eingezogen sind, wollte ich Sie kennenlernen, und ... über meinen Vetter, der bei Ihnen eine Vorlesung über Statistik belegt hat, habe ich einiges über Sie in Erfahrung gebracht: ›Recht nett, manchmal etwas durcheinander, zurückhaltend, warum hat er eigentlich keine Freundin, aber insgesamt gesehen, glaube ich, der Mann ist in Ordnung.‹ Und so weiter. Aber zurück zum Gregorianischen Kalender und dem Schalttag. Schon seit den alten Wikingern gilt an diesem Tage der Brauch, daß ein Mädchen um einen Mann anhalten darf, wenn sie meint, den Richtigen gefunden zu haben, mit anderen Worten ...«

Mit einer blitzschnellen Bewegung bohrte sie ihren Zeigefinger in die Brust des fassungslosen Peter.

»Dies ist ein wohlüberlegter Antrag, mein Herr«, sagte sie drohend. »Schnell, heraus mit der Sprache! Wollen Sie sich mit mir verloben, ja oder nein?«

»Aber ...«

Mit ihrem ausgestreckten Zeigefinger drückte sie ihn hart gegen die Wand des Fahrstuhls.

»Hier ist keine Zeit für viel Drumherum, wenn Ihnen Ihre Zukunft lieb ist. Ich gebe Ihnen noch eine Chance ... Ja oder Nein?«

»Ja ... ja, natürlich ... aber ...«

Annegret zog ihren Zeigefinger zurück.

»In Ordnung«, nickte sie zufrieden, fischte zwei goldene Ringe aus ihrer Handtasche hervor und reichte sie ihm.

»Stecken Sie mir den einen an«, befahl sie. Er steckte ihr den Ring an den Finger.

»Ich werde sie selbstverständlich bezahlen«, sagte er schnell, wobei er sehr glücklich aussah.

»Damit hatte ich gerechnet! Ich habe die Rechnung bereits versteckt!«

Er zog sie an sich und küßte sie. Er küßte sie so, wie sie noch nie geküßt worden war. Dann hielt er sie etwas von sich und schüttelte resignierend den Kopf.

»Du mußt verrückt sein!« brach es aus ihm heraus, wobei er aber sehr glücklich lächelte.

»Ja, nicht wahr?«

»Aber wie kommen wir bloß hier heraus? Wir können doch nicht unseren ganzen Verlobungsabend ... unsere ganze Verlobungsnacht hier in diesem elenden Fahrstuhl ...«

Annegret wühlte in ihrer Handtasche.

»Einen Moment, Liebster ... sieh mal an, was ich hier Merkwürdiges gefunden habe! Einen Elektroschraubenzieher! Vielleicht kriege ich den Fahrstuhl doch wieder hin. Zuerst muß ich wohl diese Platte abschrauben. So! Was ist denn das? Zwei lose Kabelenden. Das haben wir gleich ... man studiert ja nicht ohne Grund Elektrotechnik! Wer hat bloß einen Kurzschluß zwischen dem sechsten und siebten Stock fabriziert? So, jetzt müßte es wieder in Ordnung sein! Die Platte wieder anschrauben, auf den Knopf drücken und ... tatsächlich! Es hat geklappt! Er fährt! Wir fahren doch nach oben, oder? Vierzehnter Stock?«

»Ja, natürlich ...« Peter zog sie wieder an sich. »Du wirst ein weißes Brautkleid tragen«, flüsterte er. »In der Kirche ... eine kleine Dorfkirche ... und dann kaufen wir uns ein hübsches kleines Häuschen mit allen modernen Einrichtungen ...«

»Aber ohne Fahrstuhl!«

»Jedenfalls nur mit einem garantiert betriebssicheren für sechs Personen!«

»Sechs Personen? Wir sind doch nur wir beide!«

Peter suchte ihre Lippen.

»Aber Schatz, wollen wir denn keine Kinder haben?«

Demonstration auf der Fahnenstange

Boris war ein sehr regsames Mitglied einer Aktivistengruppe. Wenn vor der amerikanischen Botschaft demonstriert werden sollte, dann war Boris zur Stelle, mit Spruchbändern, faulen Tomaten und einem Backstein in der Hintertasche. Wenn vor der russischen Botschaft demonstriert werden sollte, war Boris natürlich auch dabei. Bei jedem Protestmarsch war er mit Sicherheit in den vordersten Reihen zu finden; bei Krawallen in der Universität war es Boris, der am lautesten schrie; wurden Protestunterschriften gesammelt, unterschrieb Boris als erster, und wenn Parolen an Regierungsgebäude gesprüht wurden, hatte Boris blitzschnell eine ganze Reihe von Spraydosen geleert. Boris war immer und überall dabei, und er war eigentlich mit sich zufrieden ... Aber dann verliebte er sich in ein Mädchen aus seinem Wohnkollektiv, es kam was Kleines, und da die anderen Mitglieder des Kollektivs sich nicht mit dem Kindergeschrei abfinden konnten, wurde es für Boris dringend notwendig, eine Wohnung zu finden. Er raste von einem Sozialamt zum anderen, ohne daß etwas dabei herauskam. Langsam kam er zu der Einsicht, daß er ganz anders vorgehen mußte, wenn er sich überhaupt Hoffnung auf eine Wohnung machen wollte; er mußte neue, unkonventionelle Wege versuchen, irgend etwas tun, das die Aufmerksamkeit der Leute erregte, worüber die Presse täglich auf den Titelseiten berichten und wogegen die Polizei machtlos sein würde, kurz etwas, das den Menschen endlich die Augen über die entsetzliche Wohnungsnot öffnen würde. Ein Dreißig-Tage-Protest-Hungerstreik auf der Spitze der Fahnenstange auf dem Rathausturm, das war das richtige!

Im Schutze der nächtlichen Dunkelheit enterte Boris die Fahnenstange. So gut es ging, setzte er sich auf der Spitze zurecht, und als die Leute morgens zur Arbeit eilten, versammelte sich schnell eine größere Menschenmenge vor dem Rathaus. Dort oben auf der Spitze saß doch tatsächlich ein junger, langhaariger Mensch mit einem großen Spruchband: WOHNUNGEN SIND EIN MENSCHENRECHT! NIEDER MIT DER REGIERUNG!

Plötzlich hatten die Pressefotografen zu tun, die Journalisten hatten zu tun, und die Polizei hatte zu tun.

»Sollen wir ihn absägen?« fragte der Leiter der zuständigen Polizeiwache.

»Immer mit der Ruhe«, antwortete der Polizeichef.

»Wir können auch die Feuerwehr mit einer langen Leiter zu ihm schicken«, schlug der Polizist vor.

Auch das wurde abgelehnt.

»Aber was sollen wir denn mit ihm machen? Wir können ihn doch nicht einfach dort oben sitzen lassen ... Schließlich ist die Fahnenstange kommunales Eigentum und außerdem frisch gestrichen!«

»Laßt ihn ruhig sitzen, wo er sitzt! Bald wird ihm der Hintern so weh tun, daß er von alleine wieder runterkommt!«

Man ließ ihn also sitzen. Am nächsten Morgen saß er immer noch. Und ein neues Spruchband flatterte durch die Luft: WOHNUNGSMINISTER – GO HOME! ICH WILL EINE WOHNUNG!

Der Menschenauflauf auf dem Rathausplatz wurde immer größer.

»Phantastisch, daß er sich so lange da oben halten kann«, sagten die Leute.

»Jetzt sägen wir ihn ab«, meinte der Leiter des Polizeieinsatzkommandos.

»Nichts werden wir tun«, wies ihn der Polizeichef zynisch zurecht. »Wir lassen den Kerl ganz einfach so lange sitzen, bis er von selbst herunterfällt. Es gibt genug von seiner Sorte, einer mehr oder weniger spielt keine große Rolle!«

Boris fiel aber nicht herunter. Am nächsten Tag war er immer noch da.

TOD ALLEN IMPERIALISTISCHEN WOHNUNGSSPEKULANTEN! stand mahnend auf seinem neuen Transparent. Und am nächsten Morgen war er tatsächlich immer noch auf der Spitze der Fahnenstange zu finden; er winkte den Leuten mit einem weiteren Spruchband zu: RAUS AUS DER NATO! BAUT MEHR WOHNUNGEN!

Alle Zeitungen des Landes berichteten über ihn. Es wurde mit Verwunderung festgestellt, daß er es schon vier Tage ausgehalten hatte. Auch die ausländische Presse erfaßte die Situation: Junger Mann hungert sich aus Protest gegen die Wohnungsnot auf der Spitze einer Fahnenstange zu Tode!

»Könnt ihr ihn nicht bald herunterholen?« fragte der Bürgermeister. Bei Licht besehen, ging es um kommunales Eigentum, für das er verantwortlich war, und durch den Daueraufenthalt auf der Fahnenstange wurde diese selbst ja auch in Mitleidenschaft gezogen. Im übrigen war die Fahnenstange der offiziellen Beflaggung vorbehalten, zum Beispiel am Verfassungstag, und wenn jetzt die Idee um sich greifen und sämtliche kommunalen Fahnenstangen im Lande von jugendlichen Elementen besetzt würden, was dann mit der offiziellen Beflaggung?

»Wir können nichts machen, bevor wir nicht von höherer Ebene Weisung erhalten haben«, erklärte der Polizeichef. Auf Regierungsebene wurde über die Lage beraten. Man einigte sich darauf, den Mann sitzen zu lassen, traf aber gleichzeitig umfassende Vorsorgemaßnahmen gegen ein Umsichgreifen des Gedankens, indem ein Rundschreiben an sämtliche kommunale und staatliche Einrichtungen gesandt wurde, das die Aufforderung enthielt, die Fahnenstangen anzuspitzen, um dadurch jeden Aufenthalt unmöglich zu machen.

Am folgenden Tag schwenkte Boris ein neues Banner: BOYKOTTIERT DEN WOHNUNGSMINISTER! WENIGER MIETE – GRÖSSERE WOHNUNGEN! DIE REICHEN SOLLEN BEZAHLEN!

»Jetzt kappen wir aber die Halterungen, klettern hoch und schmeißen ihn runter!« reagierte der Leiter des Polizeikommandos verbissen.

»Das geht nicht«, fertigte ihn der Polizeichef ab. »Wir sind sowieso schon unpopulär. Nein, er muß ohne polizeiliche Maßnahmen auf friedliche Weise herunter*gelockt* werden.

Und ich habe da eine Idee: Wir schicken jemanden zu ihm hoch mit der Nachricht, daß seine Mutter gestorben ist! Wenn der Kerl auch nur noch einen Funken von Anstand hat, wird er herunterkommen, um an der Beerdigung teilzunehmen! Und dann schnappen wir ihn uns!«

Es war ein ausgeklügelter Plan. Ein Mann wurde mit der traurigen Botschaft zu Boris geschickt: »Ihre Mutter ist gestorben! Kommen Sie herunter!«

Und wie reagierte der Wohnungssuchende, unermüdliche Aktivist Boris darauf?

Er kletterte umgehend auf halbmast.

Das ist also Christian ...

Jutta war keine übermäßige Schönheit, kein aufsehenerregendes Mädchen – lassen Sie es mich anders sagen: Es gab Mädchen, die schlechter, und es gab Mädchen, die besser aussahen. Mit Hochgenuß würde ich eins dieser Mädchen beschreiben, das Männerherzen beim bloßen Anblick höher schlagen läßt. Da aber Jutta nicht zu dieser Elitegruppe zählte, wollen wir auf ihre nähere Beschreibung verzichten und uns mit der Feststellung begnügen: Sie war durchschnittlich, weder schön noch häßlich, eben unscheinbar.

Christian dagegen war ein toller Mann, groß, sportlich, lässig und doch elegant gekleidet, aber etwas zu selbstbewußt.

Er behandelte alle seine Mädchen ziemlich von oben

herab. Zwar war er mal Reservespieler in einem Bundesligaverein gewesen, und irgendwann hatte er sich auch mal bei einem Leichtathletikturnier eine Bronzemedaille geholt, aber deshalb kann man doch seine Mädchen ordentlich behandeln, oder nicht?

Und mit »ordentlich« meinen wir: ein bißchen galant sein, freundlich und aufmerksam, vielleicht ein paar Komplimente machen, sich insgesamt wie ein Gentleman benehmen, auch wenn man sich nicht ernsthaft für das Mädchen interessiert.

Wenn Christian nichts Besseres vorhatte, rief er manchmal Jutta an und fragte, ob sie Lust hätte, mit ins Kino zu gehen.

»O ja, gern. Vielen Dank. Willst du auch wirklich?«

So eine Antwort tat jungen Männern wie Christian nicht gut. Jutta aber verstand es nicht, sich rar zu machen. Mein Gott, wenn sie sich langweilte und so ein toller Mann wie Christian anrief, dann konnte sie es nicht lassen, ihre volle Begeisterung zu zeigen.

»In zwei Sekunden bin ich fertig! Holst du mich ab?«

»Wir treffen uns in einer Viertelstunde vorm Kino!« war die Antwort.

Christian wählte immer die schlimmsten Revolverfilme, mit Gangstern, Schlägereien, Terror und Schurken. Christian nahm nicht einmal so viel Rücksicht auf seine Mädchen, daß er sie zuweilen einen Liebesfilm wählen ließ.

Natürlich konnte man sich während eines Westernfilms die Hände halten, wenn der Held sein Pferd küßte ... Verzeihung, ich meine die Heldin küßte. Dann konnte man die Hand seines Begleiters drücken und streicheln. Jutta wartete immer darauf, daß sich der Held und die Heldin in die Arme fielen, um die Stimmung auszunutzen.

Aber Christian hatte seine Hände meist in den Hosentaschen. Er fläzte sich mit langgestreckten Beinen hin und kaute an seinem Kaugummi, als ob er sich zu Tode langweile.

Eines Abends fragte ihn Jutta, ob er Lust hätte, mit ihr nach Hause zu kommen zu einer Tasse Kaffee.

»Mit dir nach Hause? Tja, meinetwegen«, entgegnete er gleichgültig.

Sie erschienen also bei Jutta zu Hause, und Jutta stellte ihn stolz ihren Eltern vor:

»Das ist also Christian, von dem ich euch schon so viel erzählt habe.«

»Herzlich willkommen!« sagte Juttas Mutter begeistert.

»Bitte kommen Sie doch herein!« sagte Juttas Vater herzlich. Die Eltern hatten nichts dagegen, so einen Schwiegersohn zu bekommen.

Christian ließ sich auf dem Sofa nieder und kramte eine Zeitung hervor.

»Ich mach' euch jetzt eine schöne Tasse Kaffee«, schlug die Mutter vor und nickte ihrem Mann diskret zu, daß er sich ins andere Zimmer setzen und die jungen Leute allein lassen sollte.

Christian schlug die Sportseite der Zeitung auf. Jutta machte die Deckenbeleuchtung aus – die Wandleuchter würden reichen.

»Bei der Beleuchtung kann ich doch nicht lesen«, brummte Christian unzufrieden.

»So war das auch nicht gemeint!« sagte Jutta und drückte sich auf dem Sofa an ihn. Er küßte sie ein wenig. Die Küsse glichen aber nicht denen, mit denen der Held seine Heldin im Kino überfallen hatte. Das mochte daran liegen, daß ein Mann nicht richtig küssen kann, wenn er gleichzeitig seine Augen auf die Sportseite richtet, um zu sehen, ob Werder Bremen gewonnen oder verloren oder unentschieden gespielt hat.

»Du«, bettelte Jutta, »nimm doch mal den Kaugummi aus dem Mund.«

Christian nahm den Kaugummi aus dem Mund und klebte ihn unter den Sofatisch. Dann stopfte er die Hände in die Taschen, streckte die Beine lang aus und ließ sich bis zur Tischkante gleiten: seine Lieblingsstellung. Er würgte ein Gähnen heraus.

»Kannst du nicht mal ein paar gute Platten auflegen?«

Jutta wählte die schönsten aus, die sie hatte.

»So ein Mist!« bemerkte Christian und langweilte sich von Herzen.

Die Mutter brachte den Kaffee, sie aßen ein paar Kekse, und Christian gähnte gelangweilt.

»Hast du Lust, all die schönen Fotos von Mallorca zu sehen, von meinen Eltern und mir?« fragte Jutta in einem verzweifelten Versuch, Christian etwas aufzumuntern.

Sie lief in ihr Zimmer, um die Fotos zu holen. Christian zündete sich inzwischen eine Zigarette an und rief nach Juttas Vater.

»Sagen Sie mal, Herr Stein«, fragte er offen heraus, »haben Sie keine anderen Töchter?«

Lauf jetzt in die Schule und erzähl, daß du gleich zwei Geschwisterchen auf einmal bekommen hast!

Das junge Paar fieberte einem freudigen Ereignis entgegen. Wenn man von einem »freudigen Ereignis« spricht, weiß jeder, was gemeint ist – ein willkommenes Mäulchen mehr, das es zu stopfen gilt.

Irma und Rudy hatten einen sechsjährigen Sohn, der kürzlich eingeschult worden war. Irma fand jedoch, sie müßten auch eine kleine Tochter haben, und Rudy war der gleichen Meinung. Daher lag Irma jetzt im Krankenhaus und wartete auf die Erfüllung ihres Wunsches. Rudy war nervös wie alle werdenden Väter. Am frühen Morgen hatte er, vor Aufregung fast zitternd, Irma ins Krankenhaus gefahren.

Jetzt war er zu durcheinander, um Klein-Michael rechtzeitig für die Schule fertigzumachen, obwohl er Irma fest versprochen hatte, er würde es tun.

Rast- und ziellos wanderte er durch die kleinen Räume ihres kleinen Vorstadthauses und wartete auf den Anruf aus der Klinik. Er zündete sich eine Zigarette nach der anderen an – und das so schnell, daß er plötzlich gleich drei zugleich im Mund hatte.

»Papi«, sagte Klein-Michael, »du hast ganz vergessen, mir ein Pausenbrot zu machen.«

»Tatsächlich mein Junge ... Natürlich bekommst du's gleich – aber versteh doch, der Anruf aus dem Krankenhaus ... Der Doktor hat gesagt, es wird nicht lange dauern ... Dein was? Dein Pausenbrot? Hab' ich dir wirklich noch keins gemacht? Ja, wie ich schon sagte, wenn dein Pausenbrot anruft ... Ich meine, wenn das Telefon klingelt und Mami es hinter sich hat ... Sofort mache ich dir dein Brot, mein Sohn. Aber ich muß ganz einfach in der Nähe des Telefons bleiben, falls es klingelt.«

Rudy legte zwei Scheiben Brot auf die Küchentheke und holte Erdnußbutter und Marmelade aus dem Kühlschrank.

»Warum streichst du die Erdnußbutter auf meine Fibel, Papi? Mami streicht sie mir aufs Brot.«

»Entschuldige bitte. Ich kratze sie gleich wieder ab und ...«

Es klingelte.

Mit einer Geschwindigkeit, um die eine junge afrikanische Antilope ihn beneidet hätte, raste Rudy zum Telefon und riß den Hörer von der Gabel.

»Das war die Haustürklingel«, teilte Klein-Michael Rudy mit, der aus dem Wohnzimmer in die Küche kam. »Es war nur Steven, der mich abholen wollte. Wir gehen immer zusammen in die Schule, Steven und ich.«

Es klingelte wieder.

Mit einem Satz, der einem australischen Känguruh Ehre gemacht hätte, war Rudy an der Haustür und riß sie auf.

»Ja, was gibt's?« schrie er in den leeren Raum hinaus.

»Diesmal ist es das Telefon«, informierte ihn Klein-Michael.

Rudy flog zum Apparat und packte den Hörer.

»Hallo? HALLO?«

Er hörte ein paar Minuten aufmerksam zu, sagte danke und warf den Hörer auf die Gabel. Dann packte er Michael, hob ihn hoch, schwenkte ihn durch die Luft und tanzte mit ihm um den Eßzimmertisch. Michael nahm es gelassen hin und sagte, der Vater solle aufhören, verrückt zu spielen und ihn loslassen, weil er sonst zu spät zur Schule komme.

»Aber du hast ja keine Ahnung, mein Liebling ... Du bist gerade Vater – Unsinn! Du bist jetzt der große Bruder einer kleinen Schwester und eines kleinen Bruders. Es ist einfach unglaublich! Eben hat mir der Arzt selbst gratuliert. Mami hat Zwillinge bekommen. Ist das nicht phantastisch? Freust du dich auch so wie ich, Michael?«

»Doch«, antwortete Michael höflich, obwohl es ihn überhaupt nicht interessierte.

»Lauf jetzt in die Schule und erzähl deinem Lehrer, daß du gleich zwei Geschwisterchen auf einmal bekommen hast. Wahrscheinlich gibt er dir schulfrei.«

Michaels Miene hellte sich auf. Ein schulfreier Tag war etwas Handfestes, etwas, das er verstand. Er nahm seinen Schulranzen und marschierte los.

Eine halbe Stunde später war er wieder zu Hause, warf den Schulranzen in die Ecke und lief zum Spielen ins Freie. Sein Vater rief ihn wieder herein.

»Du hast also wirklich frei bekommen«, sagte er.

»Ja.« Michael nickte. »Es ist super. Ich möchte gern noch ein paar kleine Brüder und Schwestern.«

»Und was hat der Lehrer gesagt, als du ihm von unseren Zwillingen erzählt hast?« fragte Rudy mit väterlichem Stolz.

Michael sah seinen Vater mit einem Blick an, der deutlich verriet, daß er Rudy für einen Dummkopf hielt.

»Machst du Witze?« fragte er empört. »Ich habe kein Wort von Zwillingen gesagt.«

»Wie bitte? Und was *hast* du gesagt?«

»Daß ich eine kleine Schwester bekommen habe. Den Bruder spare ich mir auf, damit ich nächste Woche wieder einen schulfreien Tag bekomme.«

Dunklen Typen habe ich noch nie widerstehen können ...

Auf Zimmer siebzehn, Abteilung K, war ein neuer Patient eingeliefert. Daran war eigentlich nichts Sensationelles, oft kamen neue Patienten auf Zimmer siebzehn, ebenso wie in den anderen Zimmern der Abteilung K die Patienten wechselten. Hier lagen die Privatpatienten des Oberarztes, die Gesunden wurden entlassen und machten neuen Patienten Platz. Und nun war, wie gesagt, ein neuer Patient eingeliefert.

»Wie sieht er aus?« fragte die junge rothaarige Krankenschwester Dörte, als ihre etwas ältere Kollegin, Schwester Lilian, aus dem Krankenzimmer siebzehn kam. Für die

Privatpatientenabteilung des Oberarztes hegte man stets besonderes Interesse, vornehmlich für Zimmer siebzehn – nachdem vor einigen Monaten die Oberschwester, Fräulein Heiberg, einen Blinddarmpatienten geheiratet hatte, der dort untergebracht war. Nun saß sie als Frau Direktor in einer riesigen Patriziervilla am teuren Ende der Stadt, hatte eigene Reitpferde, einen Swimmingpool und raste in einem schnittigen Alfa Romeo durch die Gegend. Ja, es lohnte sich, den Privatpatienten des Oberarztes besondere Aufmerksamkeit zu schenken, das Kopfende des Bettes hoch und niedrig zu stellen, das Kissen aufzuschütteln, Eiswürfel für die Wasserkaraffe auf dem Nachttisch bereitzustellen, liebevoll und mitfühlend zu lächeln ...

»Ich habe gefragt, wie der Neue aussieht, der Neue von Zimmer siebzehn«, wiederholte Schwester Dörte und ärgerte sich über den fernen, abwesenden Ausdruck, der in den großen blauen Augen der Kollegin lag.

Schwester Lilian machte sich im Spülraum zu schaffen. »Toll!« seufzte sie mit einem anerkennenden Pfiff, genau meine Kragenweite.

»Jung?«

»Keinen Tag älter als vierundzwanzig Jahre.«

»Blond oder dunkel?«

»Dunkel. Weißt du – dunklen Typen habe ich noch nie widerstehen können. Braune Augen – und dies Lächeln! Er ist phantastisch. Es durchzuckte mich richtig, als ich sein Kopfkissen schüttelte.«

»Warum liegt er hier?«

Lilian zuckte die Schultern: »Dr. Zehrer hat noch keinen Bericht geschrieben. Ich hoffe nur und will dafür beten, daß es nichts Ernstes ist. Zum Glück sieht er keine Spur krank aus.«

Schwester Dörte ging auf Zimmer siebzehn zu.

»He«, rief Lilian, »wo willst du hin?«

»Nur mal eben rein und sein Kopfkissen aufschütteln.«

Lilian warf ihrer Kollegin einen energischen Blick zu. »Hast du nicht begriffen, daß ich das eben gemacht habe«, sagte sie kühl, »und ich mache dich darauf aufmerksam, daß ich ihn zuerst gesehen habe.«

Bereits fünf Minuten später wußte Lilian eine Menge Näheres über den Patienten von Zimmer siebzehn. Sie war runter zur Aufnahme gegangen und hatte in der Patientenkartei geschnüffelt. Er war Volkswirt, Sohn eines bekannten Reeders. Lilian rechnete damit, daß er einmal den ganzen Zauber erben würde, und sie hatte nichts dagegen, Frau Schiffsreeder zu werden. Jedenfalls würde sie sich nicht lange bitten lassen, falls er Interesse für sie zeigen sollte. Und es schadete ja nichts, sich extra um ihn zu kümmern, nur so, das Kopfkissen besonders sorgfältig schütteln, ihn voller Anteilnahme anlächeln, vor Nächstenliebe überquellen. Natürlich ganz dezent, daß es nicht auffiel.

Am nächsten Vormittag sollte der Patient in die Röntgenabteilung. Lilian sah Dörte dem Krankenpfleger helfen, der das Bett aus dem Zimmer schob.

»Wie du ihn vorhin angelächelt hast, als der Pfleger ihn herausschob, das hättest du dir ebensogut sparen können«, sagte Lilian später etwas säuerlich, »ich glaube, so ein Typ ist viel zu fein, um sich mit einer Rothaarigen abzugeben.«

Schwester Dörte gab sich nicht einmal die Mühe, die Worte zu hören oder beleidigt zu sein.

»Eigentlich tust du mir richtig leid«, entgegnete sie nur, »ein Jammer, daß du dich in ihn verliebt hast. Das ist nämlich ein absolut hoffnungsloser Fall, ein ganz trauriger Fall.«

Lilian wußte genau, woher Dörte ihr Wissen hatte.

»Du hast in seinen Bericht geguckt«, stellte sie fest.

Schwester Dörte nickte. Lilian zögerte keinen Augenblick, lief nach Zimmer siebzehn und schlug den Bericht auf, der für die Vormittagsvisite bereitlag. Sie überflog ihn schnell – und ihre schlimmsten Ahnungen wurden bestätigt.

»Ja«, sagte sie kleinlaut zu Dörte, die sich voller Schadenfreude in die Türöffnung gestellt hatte, »du hast recht, ein hoffnungsloser Fall. Welch ein Jammer für den jungen Mann, in seinem Alter.«

»Und welch ein Jammer für dich«, ergänzte Schwester Dörte bissig.

Der Bericht hatte unbarmherzig enthüllt, daß der Patient von Zimmer siebzehn hier zur Beobachtung lag, nachdem er sich beim Tennisspielen einen Knieschaden zugezogen hatte – und daß er verheiratet war.

Ich selbst bin nie Soldat gewesen, aber ...

Mit dem normalen Leben, wie es ein Zivilist führt, hat das Soldatenleben nicht viel gemein – und das soll es ja auch gar nicht. Aber okay, wenn es schon ein Kommißdasein geben muß, dann sollte man auch das Beste daraus machen. Das tue ich jetzt und hier, wenn ich ein paar Soldatengeschichten erzähle.

Ich selbst bin nie Soldat gewesen. Bei der Musterung erfuhr ich, daß mich meine Plattfüße vor der Einberufung bewahren. Mir hätten die Schuhe selbst dann nicht gepaßt, wenn es sich um Maßarbeit und um feinstes Gazellenleder gehandelt hätte.

Aber mein Bruder hatte weniger Glück, obgleich er unglaublich kurzsichtig ist. Der Stabsarzt fand es bei der Musterung heraus, als er ihn vor ein Schild beorderte, das mit Buchstaben in allen Größenordnungen bedeckt war.

»Lesen Sie die Buchstaben auf der Tafel der Reihe nach vor!« befahl er.

Mein Bruder zwinkerte verwirrt mit den Augen.

»Tafel?« rief er. »Was denn für eine Tafel?«

Er konnte keine Tafel sehen und glaubte schon, man würde ihn wieder nach Hause schicken, aber trotz seiner unglaublichen Kurzsichtigkeit wurde er eingezogen – zur Nahkampftruppe.

☆

Dann kam die Reihe an Knud-Börge, der vom Land stammte, vom Stabsarzt untersucht zu werden. Es wäre eine große Lüge, wollte man Knud-Börge nachsagen, sein Interesse für Fragen der Hygiene sei einigermaßen entwickelt gewesen. Genauer gesagt: Er hatte sich seit langem nicht mehr gewaschen. Splitternackt trat er vor den Arzt.

»Ziehen Sie Ihre verdreckten Socken aus!« schrie der Doktor.

Knud-Börge blickte verdutzt an sich hinunter. Er hatte sich seiner Socken längst entledigt.

»Vielleicht ist vom Kuhstall ein wenig Schmutz an meinen Füßen hängengeblieben«, erklärte Knud-Börge die merkwürdig dunkle Farbe seiner unteren Extremitäten. Der Arzt veranlaßte, daß ein großer Eimer Wasser herbeigeschafft wurde. Knud-Börge mußte sich hineinstellen und durfte sich eine geschlagene halbe Stunde nicht rühren. Dann herrschte ihn der Arzt an:

»Sie können sich wohl denken, weshalb ich Ihnen dieses Fußbad verordnet habe, nicht wahr?«

»Allerdings«, murmelte Knud-Börge schuldbewußt. »Ich soll mich abhärten, weil ich bei der Marine gebraucht werde!«

☆

Als die neuen Rekruten in Reih und Glied auf dem Kasernenhof angetreten waren, erschien der Major, um sich einen ersten Eindruck über die Neuankömmlinge zu verschaffen.

»Was waren Sie im Zivilberuf?« fragte er den ersten.

»Bäcker, Herr Major«, sagte der Rekrut.

»Gut. Melden Sie sich in der Küche zum Kartoffelschälen!«

Der zweite Rekrut war Chauffeur gewesen und mußte sich zur Säuberung der Garage bei der Kraftfahrbereitschaft melden. Der dritte war Musiker und sollte deshalb ein Klavier in das 3. Stockwerk zur Majorswohnung hinaufbefördern.

Dann kam die Reihe an den kleinen Jens Jensen, der früher Tapezierer gewesen war. Leider hatte er einen Sprachfehler. Er stotterte ziemlich stark.

»Was haben Sie im Zivilberuf gemacht?« fragte der Major.

»Ta ... Ta ... Ta ... Ta ... Ta ...«, stammelte der kleine Jensen aufgeregt. Der Major winkte ab.

»Schon gut!« tröstete er den Unglücklichen. »Melden Sie sich bei der Maschinengewehrabteilung.«

Für die Rekruten standen dann ein paar gewaltige Märsche auf dem Ausflugsprogramm, die die jungen Leute an den Rand der Erschöpfung brachten.

»Abteilung – halt!« schrie der Feldwebel, aber Rekrut Hansen überhörte den Befehl und marschierte unbeirrt weiter.

Mit einem orkanartigen Gebrüll scheuchte der Vorgesetzte Hansen zurück zu seinen Kameraden.

»Was waren Sie im Zivilberuf?« schnauzte er den Unglücklichen an.

»Pferdepfleger!« antwortete Rekrut Hansen.

Worauf der Feldwebel kommandierte: »Abteilung – marsch!«

Und einen Augenblick später: »Abteilung – halt! Hansen – brrrrr!«

☆

Hansen schrieb noch am selben Abend einen Brief an seine Eltern und teilte ihnen unter anderem mit, sein Gewehr wiege 15,5 kg. »Aber«, fuhr er fort, »wenn wir mit dem Schießprügel auf dem Buckel in brennender Sonne drei bis vier Stunden marschiert sind, dann fällt das Komma bei dem Gewicht von 12,5 kg ganz von selbst weg.«

☆

Während eines anderen Gewaltmarschs kommandierte der Feldwebel: »Hinlegen!« Die Rekruten fielen um wie hingemäht, nur Hansen blieb stehen.

»Hansen! Hinlegen!«

»Tja, wie Sie meinen, Herr Feldwebel!« protestierte Hansen halblaut. »Aber hier ist es so matschig, da mache ich mich dreckig von Kopf bis Fuß!«

»Was weiter? Sie sind nicht hier, um rumzumaulen, sondern um zu lernen, Ihr Vaterland zu verteidigen!«

»Ja, Herr Feldwebel, verteidigen ist gut! Aber nicht um es aufzufressen!«

☆

Etwas später, mitten beim Exerzieren, fiel Hansen erneut unangenehm auf. Er stand da und wollte sich halb totlachen, weil einige seiner Kameraden unfreiwillig Unheil anrichteten.

»Hansen!« donnerte der Feldwebel. »Radieren Sie Ihr albernes Lachen aus Ihrer schwachsinnigen Affenvisage. Niemand im Glied darf lachen – außer an seinem Geburtstag!«

»Ich habe heute Geburtstag, Herr Feldwebel!«

»Und was wünschen Sie sich?«

»Das sage ich nicht, Herr Feldwebel!«

»Raus mit der Sprache, Menschenskind! Das ist ein Befehl!«

»Ich wünsche mir einen anderen Feldwebel, Herr Feldwebel!«

☆

Am folgenden Tag betrat Hansen die Kompanie-Schreibstube.

»Ich bitte Herrn Oberleutnant um Urlaub am kommenden Wochenende!«

»Abgelehnt!«

»Dann bitte ich Herrn Oberleutnant noch um Urlaub für Sonnabendabend. Ich möchte gern nach Hause zu meiner Frau ... wegen der anderen Umstände ... unser Baby ...«

Der Oberleutnant sah das Urlaubsgesuch plötzlich in einem anderen Licht.

»Das ist natürlich etwas anderes, Hansen. Der Urlaub ist bewilligt. Sagen Sie mir aber noch: Wann steht denn das freudige Ereignis bevor?«

Das konnte ihm Rekrut Hansen genau sagen:

»Morgen in neun Monaten, Herr Oberleutnant!«

☆

Ein anderer Rekrut, Olsen mit Namen, erschien ebenfalls eines Tages auf der Schreibstube und bat um einen Wochenend-Urlaub, weil ihn seine Frau zu Hause so schmerzlich vermisse.

»Sind Sie denn noch zu retten? Glauben Sie vielleicht, Ihre Frau sei wichtiger als Ihr Vaterland?«

»Herr Oberleutnant! Eine halbe Million Soldaten verteidigt unser Vaterland, aber meine Frau verteidige ich ganz allein!«

☆

Ach ja, Soldaten leiden oft sehr unter Heimweh.

»Sie stehen da wie ein ganzer Haufen Unglück«, sagte der Offizier zu dem Soldaten Andersen. »Ihr Gesichtsausdruck drückt die Stimmung an einem Totensonntag auf unserem Zentralfriedhof aus!«

»Ja, Herr Leutnant, Sie haben recht. Es kommt alles nur von meinem schrecklichen Heimweh.«

»Kenne ich! Kenne ich! Aber Ihr Heimweh ist wohl nicht schlimmer als das aller anderen Soldaten?«

»Doch, Herr Leutnant. Mein Vater hat nämlich eine Kneipe!«

☆

Einige Tage später erschien Andersen unrasiert zum Morgenappell.

»Was bilden Sie sich ein, Sie Pappaffe?« schrie der Offizier und näherte sein zorngerötetes Gesicht bis auf die Breite einer Postkarte dem des Soldaten.

»Melde Herrn Leutnant, daß ich mir einen Vollbart wachsen lasse!« sagte Andersen und schlug die Hacken zusammen.

»Okay! Bewilligt!« rief der Leutnant, etwas milder gestimmt. Nach einer kurzen Pause fügte er dann drohend hinzu: »Aber nur unter der Voraussetzung, daß Sie ihn nicht in der Dienstzeit wachsen lassen!«

☆

Eines Abends geschah in der Mannschaftsstube folgendes:

Es ging schon auf Mitternacht, und längst sollte überall Ruhe herrschen, aber davon konnte in dieser Stube keine Rede sein; vielmehr herrschte ein wahrer Höllenlärm, bis plötzlich der Oberfeldwebel die Tür aufriß und mit Stentorstimme brüllte:

»Verfluchte Grützköpfe! Wenn ich gute Nacht gesagt habe, dann bedeutet das, daß ihr die Schnauze halten sollt. Gute Nacht! bedeutet: Schnauze halten! Ist das klar?«

»Jawohl, Herr Oberfeldwebel!« tönte es aus allen Betten.

Nur aus dem allerletzten Bett am entgegengesetzten Ende der Stube fügte ein Rekrut hinzu: »Gute Nacht, Herr Oberfeldwebel!«

☆

Am nächsten Morgen stürmte der Oberfeldwebel in die Mannschaftsstube, atmete tief durch und schrie dann aus Leibeskräften die im Tiefschlaf schnarchenden Rekruten an:

»Antreten auf dem Hof in feldmarschmäßiger Ausrüstung in anderthalb Minuten!«

Rekrut Andersen sprang aus dem Bett, nahm Haltung an und erkundigte sich:

»Dürfen wir vielleicht schon etwas eher antreten, falls wir das schaffen?«

☆

Später am Tag nahm die Kompanie im Kasernenhof Aufstellung, als Rekrut Pedersen vor die Front trat und die Hacken zusammenknallte:

»Rekrut Pedersen bittet Herrn Oberfeldwebel, seine Notdurft verrichten zu können.«

»Gut gemeint, Andersen. Aber meine Notdurft verrichte ich selbst!« entschied der Oberfeldwebel.

»Bitte Herrn Oberfeldwebel darauf aufmerksam machen zu dürfen, daß mich Herr Oberfeldwebel mißverstanden hat. Ich möchte meine eigene Notdurft verrichten dürfen!«

Mit ein paar Riesensprüngen baute sich der Oberfeldwebel vor dem Rekruten auf und brüllte ihn an:

»Sind Sie wahnsinnig, Mann? Wissen Sie nicht, daß Sie Ihre Notdurft verrichten sollen, *ehe* Sie Soldat werden?«

☆

Ach ja, das Kommißdasein steckt voller Überraschungen.

Denken wir nur einmal an den Wachposten, der einen Zivilisten auf militärischem Sperrgebiet stellte.

»Halt! Stehenbleiben!« schrie der Posten.

Der Zivilist blieb stehen.

»Halt! Stehenbleiben!« schrie der Posten noch einmal und brachte sein Gewehr in Anschlag.

»Machen Sie keinen Unsinn! Ich bin doch sofort nach Ihrem ersten Anruf stehengeblieben!«

»Ja, das stimmt. Aber ich habe den ausdrücklichen Befehl, dreimal Halt! Stehenbleiben! zu rufen und dann zu schießen!«

☆

Ich selbst bin, wie gesagt, nie Soldat gewesen, so daß ich mich über die angeblich fröhlichen Seiten des Soldatenlebens nicht äußern kann. Sollte ich aber dennoch eines Tages den Gestellungsbefehl erhalten und vor die Wahl gestellt werden zwischen Kavallerie und Panzertruppen, so würde ich mich ohne zu zögern für die Panzertruppen entscheiden. Denn wenn es das Schicksal schlecht mit mir meint und mich von einem Panzer herunterpurzeln läßt, so könnte ich wenigstens sicher sein, daß das Fahrzeug nicht hinter mir herkommt und mir Tritte mit den Hufen versetzt.

☆

Da fällt mir übrigens ein, daß es mal einen Wehrpflichtigen gab, der bei seiner Einberufung weder bei der Kavallerie noch an den Panzerverbänden, noch an irgendeiner anderen zu Lande operierenden Einheit Interesse zeigte, denn er wollte unbedingt zur Marine. Nur bei ihr glaubte er mit seinem ausgeprägten Bedürfnis nach Hygiene auf seine Kosten zu kommen; die Fahrzeuge der Marine wirkten stets sauber, gut gepflegt und frisch gestrichen. Alles an Bord wirkte wie aus dem Ei gepellt, so daß es stets eine Freude fürs Auge war.

Er hat es geschafft. Er wurde zur Marine eingezogen. Inzwischen ist er allerdings dahintergekommen, wer es in Wahrheit ist, der die Schiffe in einem so phantastisch sauberen Zustand hält, wer alles auf Hochglanz poliert oder ständig mit Farbe und Malerpinsel herumhantiert.

☆

Dann fällt mir noch die Geschichte von dem Fallschirmspringer ein, der zwar beim Absprung Glück, bei der Rückkehr zur Erde aber Pech gehabt hatte. Er hing in einer Baumkrone und war außerstande, herunterzukraxeln, obgleich er sich redliche Mühe gab.

Am Fuß des Baumes stand ein dummer Bauer und glotzte sprachlos zu dem baumelnden Fallschirmspringer hinauf.

»Was gibt's zu glotzen?« schrie der Verunglückte aufgebracht nach unten.

Inzwischen hatte der Bauer die Sprache wiedergefunden.

»Tjä«, sagte er bedächtig. »Du bist der erste Mensch, der von einem Baum herunter möchte, ohne ihn vorher bestiegen zu haben!«

Verehrte Konzertsängerin Camilla Carmina!

Die Konzertsängerin Camilla Carmina, die Heldin der Geschichte, war eine Dame, in deren Hörweite man sich lieber nicht wagen sollte, wenn sie ihre Stimme zu einer Arie auflud wie »Wie eiskalt ist dies Händchen«, zur Romanze in »Dornröschen« oder zum bekannten »Reich mir die Hand, mein Leben, komm auf mein Schloß mit mir«, oder zu anderen Liedern, mit denen eine Konzertsängerin ihre Zuhörer zu unterhalten pflegt. Es war kaum ein Zufall, daß die wenigen Leute, die ihre Konzerte besuchten – entweder, weil sie zur Familie gehörten, oder weil sie Freikarten bekommen hatten –, um die Plätze in den letzten Reihen geradezu kämpften. Das zahlreichste Publikum, vor dem Camilla Carmina aufgetreten war, war der Gesangverein einer mittelgroßen Provinzstadt. Man hatte im lokalen Käseblatt eine großartige »künstlerische Unterhaltung« angekündigt, mit anschließender Kaffeetafel und Tanz, und einige hundert Menschen waren guten Glaubens hingeströmt. Erst als sich Camilla in all ihrer matronenhaften Fülle auf der Bühne zur Schau stellte, schöpfte man Verdacht. Und als sie »Sah ein Knab ein Röslein stehn« anstimmte, erkannte man, daß man an der Nase herumgeführt worden war; aber selbstverständlich konnte man es sich nicht leisten, einfach wegzugehen, schließlich war es ein Gesangverein. Die meisten Zuhörer hielten also bis zur Pause durch, obwohl man noch die Arie der Königin der Nacht »Der Hölle Rache kocht in meinem Herzen« und Webers »Wir winden dir den Jungfernkranz« über sich ergehen lassen mußte. Ein geschäftiger Platzanweiser machte ein gutes Geschäft, indem er Wattebäusche verkaufte, die man sich in die Ohren stopfen konnte. Das Publikum zog sich immer weiter in den hinteren Teil des Saales zurück.

Nach der Pause war die Versammlung sichtlich ausgejätet. Wieder erschien Camilla Carmina auf der Bühne und gab ihre kreischenden Töne von sich. Laut Programm sollte das Gekreische Bizets »Die Liebe von Zigeunern stammt« vorstellen. Bereits vor der zweiten Strophe entstanden Tumulte am Ausgang.

»Bitte Ruhe bewahren«, rief der Platzanweiser, »Frauen und Kinder zuerst!«

Als Camilla schließlich die letzte Nummer des Programms erreichte, »Solveigs Lied« aus der Peer-Gynt-Suite, saßen nur noch drei Zuhörer im Saal: der Platzanweiser, der sein Geld für seine Anwesenheit erhielt, der Vorsitzende des Gesangvereins und der Kassierer. Der Erstgenannte saß auf seiner Bank und schlief wie ein Bär, der Letztgenannte war sowieso schwerhörig.

Am nächsten Tag schrieb das lokale Käseblatt, die Sängerin Camilla Carmina habe naturgetreu das Gedrängel der Schweine im städtischen Schlachthof zur Hochsaison lautlich dargestellt. Sicherheitshalber trat mehr als die Hälfte der Mitglieder aus dem Gesangverein aus, der Vorstand wurde abgesetzt und ein neuer gewählt, der sich verpflichten mußte, in Zukunft nur noch Gesellschaftsspiele und Preisskat zu veranstalten.

Nachdem Camilla die Kritiken gelesen hatte, erstaunte es sie maßlos, als ihr ein riesiger Rosenstrauß mit einem Brief gebracht wurde. Sollte es doch einen echten Bewunderer ihrer hohen Kunst geben? Mit zitternden Händen riß sie den Umschlag auf und las:

»Verehrte Konzertsängerin Camilla Carmina! Sie kennen mich nicht, aber ich möchte Ihnen diesen bescheidenen Blumenstrauß und den kleinen Brief überreichen, um Ihnen meine tiefste Anerkennung für Ihren gestrigen Konzertabend des Gesangvereins im Hotel zur Post auszusprechen. Ich bin ein junger Mann von siebzehn Jahren und pflege sonst weder an Künstler zu schreiben noch ihnen Blumen zu schicken. Ihr Konzertabend hat mir jedoch ein so überwältigendes Glück beschert, daß ich einfach nicht anders kann, als Ihnen mit diesen Zeilen meinen Dank zu bezeugen.

Erst gestern abend begriff ich, dank Ihrer Person und Ihres Auftritts, wie wunderschön das Leben sein kann, und wenn ich meine Gedanken zu den vollen zwei Stunden zurückgleiten lasse, die das Konzert dauerte, fühle ich mein Herz gleichsam vor Freude zerspringen. Ich könnte mir vorstellen, geehrtes Fräulein Carmina, welchen Stolz Sie fühlen müssen in dem Bewußtsein, daß Sie mich mit Ihrer Stimme in einen paradiesischen Zustand versetzt haben.

Daher möchte ich Sie bitten, mit diesem kleinen Strauß und diesen einfachen Zeilen meinen innerlichsten und herzlichsten Dank entgegenzunehmen. Ja, ich stehe so tief in Ihrer Schuld, daß ich fast wünschte, ich hätte Ihrem Konzert im Gesangverein beigewohnt, aber dann hätte ich ja nicht die zwei wundervollen Stunden mit Henriette, meinem heißgeliebten Mädchen, erlebt. Sie ist das bezauberndste Geschöpf der Welt, und sie schenkte mir ihre Gunst, während ihre Eltern im Gesangverein waren, um Ihr Konzert zu hören.«

Was für herrliche Geburtstagstorten!

Es gibt nichts Erfreulicheres als eine schöne Geburtstagsüberraschung, und damit fällt mir eine rührende Geschichte ein.

Sie handelt von Christoffer, und wir müssen uns in die Zeit seiner Kindheit zurückversetzen. Als kleiner Junge konnte er ganz ohne üble Folgen ein Dutzend Cremetörtchen verspeisen. Wenn sein Lieblingsonkel Anton zu Besuch kam, sagte er gewöhnlich zu Christoffer: »Weißt du was? Wenn du in einer halben Stunde zwölf Cremetörtchen verdrücken kannst, dann bezahle ich sie auch.«

Über dieses Angebot brauchte Christoffer nicht zweimal nachzudenken. Schon war er in die Bäckerei unterwegs. Es war für alle ein Vergnügen, zuzusehen, wie er einem

Cremetörtchen nach dem anderen den Garaus machte. Onkel Anton schien fast außer sich vor Freude.

»Phantastisch, wie der Junge sie verschlingt!« sagte er und dachte: Der Spaß war mir die acht Kronen wert. So viel kosteten nämlich zwölf Cremetörtchen damals, und sie waren, zusammengenommen, ungefähr so groß wie ein Laib Brot.

»Wenn ich groß bin, möchte ich Bäcker werden«, sagte Christoffer, als er sich mit einer Serviette den Mund abwischte. Er hätte gut und gern noch ein weiteres Dutzend Cremetörtchen essen können.

»Das ist keine schlechte Idee, mein Junge«, sagte Onkel Anton. »Brot brauchen die Menschen immer.«

»Unsinn!« sagte Christoffers Mutter. »Du wirst Lehrer wie dein Vater. Gebildete Menschen kann es nie genug geben.«

Doch bevor Christoffer Lehrer werden konnte, mußte er die Grundschule absolvieren. Und egal, mit wieviel Hingabe sein Vater versuchte, ihm bei den Hausaufgaben zu helfen, Christoffer war und blieb ein hoffnungsloser Fall. Vor allem mit der Rechtschreibung stand er auf Kriegsfuß.

»Schreibt man ›Bibel‹ mit einem oder zwei p?« fragte er.

Oder:

»Wie buchstabiert man ›Geographie‹? Mit v oder mit w?«

Oder:

»Schreibt man ›Kater‹ mit h und d oder ohne h?«

Es gibt noch unzählige Beispiele für Christoffers eigenwillige Rechtschreibkünste, doch die oben angeführten sollten genügen, um zu beweisen, daß er tatsächlich ein hoffnungsloser Fall war.

Sein Vater gab es jedenfalls auf, ihm ein Studium vorzubereiten. Nachdem Christoffer die fünfte Klasse dreimal wiederholt hatte, war er alt genug, konfirmiert zu werden.

Ein weiterer Schulbesuch hatte für ihn überhaupt keinen Sinn.

»Er muß ein Handwerk erlernen«, sagte sein Vater.

Also wurde Christoffer Lehrling bei Herrn Müller, dem besten Bäcker der Stadt. Um verschiedene Teige für Brot, Kuchen und Torten anrühren zu können und ihnen alle möglichen Formen zu geben, brauchte er die Rechtschreibung nicht zu beherrschen. Für ihn war es wichtig zu lernen, wie man gutes Brot und köstliche Torten bäckt, und das lernte er sehr gut. Am Ende seiner Ausbildung gewann er eine Silbermedaille und ging dann nach Amerika, um den Amerikanern zu zeigen, wie man dänische Torten bäckt.

Seine Eltern hörten ungefähr sechs Jahre lang kein Wort von ihm persönlich. Nur auf Umwegen erreichte sie die Nachricht, daß es ihm sehr gut gehe und er irgendwo in Nebraska eine eigene Bäckerei eröffnet habe. Aber er schickte nicht einmal eine Weihnachtskarte.

Sein Vater verteidigte ihn. »Wahrscheinlich schämt er sich, weil er so schlecht schreibt. Deshalb müssen wir Verständnis dafür haben, daß wir keine Post von ihm bekommen. Er hat die Rechtschreibung nie begriffen.«

»Bestimmt schickt er uns hin und wieder liebevolle Gedanken«, sagte seine Mutter.

Seine Eltern vermißten ihn natürlich, und ehrlich gesagt, vergossen sie seinetwegen regelmäßig bittere Tränen.

Dann kam der Tag, an dem Christoffers Vater sechzig wurde. Geburtstage, die man durch fünf oder zehn teilen kann, werden nach dänischer Tradition als »runde Geburtstage« bezeichnet und daher besonders gefeiert – gewissermaßen nach allen Regeln der Kunst. Christoffers Mutter hatte also verschiedene Kuchen und Torten gebakken, wie es der Brauch war, und sie festlich und einladend dekoriert. Als die Eltern nach dem Abendessen ins Wohnzimmer hineingingen, standen dort nicht weniger als fünf bildschöne Torten auf dem Kaffeetisch.

»O Catherine!« rief Christoffers Vater. »Was für herrliche Geburtstagstorten! Du hast nichts vergessen, alles ist da – verschiedene Zuckergüsse und Glasuren, Buttercremes Schlagsahne! Und die Verzierungen erst – kandierte Veilchen, Marzipan, Schokoladenraspel, Nüsse ... Oh, wenn unser lieber Sohn in Amerika sie doch sehen könnte!«

Wieder ließ er den Blick bewundernd über die Torten schweifen und hielt plötzlich fast betroffen inne. Er bekam große Augen und trat näher an den Tisch heran, um die größte Torte aus der Nähe zu betrachten. Es war eine Schokoladentorte mit einer Aufschrift aus Schlagsahne.

»Christoffer ist nach Hause gekommen, unser einziger Sohn ist wieder da!« rief er glücklich. Nachdem er gelesen hatte, was auf der Torte stand. Es war ein Glückwunsch in wunderschöner Zierschrift. Er lautete:

AhleS GuDe zun GEburtzTA, VAhda.

Irgendwo oben bei Firehole Canyon kam ich Kaktus-Kid auf die Spur

Sam Slade war Sergeant in der RCMP, *Royal Canadian Mountain Police*, der Königlich Kanadischen Reiterpolizei, die in ganz Kanada als *Rotmäntel* bekannt, bewundert und gefürchtet sind. Seit mehr als 20 Jahren diente Sam Slade in der RCMP, ohne mehr als einmal befördert worden zu sein, damals als er seine Sergeantstreifen bekam.

Sam war ein netter Kerl, gutmütig, durch und durch, ehrlich und pflichtbewußt, ein guter Kamerad aber – na ja, vielleicht nicht die ganz große Leuchte. Eines Tages stellte ihm Kapitän Taylor eine anspruchsvolle Aufgabe: Er sollte den gerissenen und berüchtigten Banditen Kaktus-Kid verfolgen, den man vergeblich seit über sieben Jahren durch alle achtundvierzig Staaten gejagt hatte und der jetzt in die großen Wälder des Nordens geflüchtet war.

Man wird verstehen daß Kapitän Taylor mit besonderem Interesse lauschte, als Sam Slade sechs Wochen später zum Hauptquartier in Fort Nelson zurückkehrte, um Rapport abzulegen.

Fast halbtot vor Erschöpfung hatte sich Sam Slade in Kapitän Taylors Büro geschleppt, und jetzt stand er schwankend vor dessen Schreibtisch. Der Lichtschein der Deckenlampe warf einen kalten Schimmer auf sein bleiches, müdes Gesicht mit den langen dunklen Bartstoppeln und dem leeren, farblosen Blick.

»Ich kann Ihnen ansehen, daß es ein harter Törn war«, sagte Kapitän Taylor und reichte dem erschöpften Sergeant eine Schachtel Zigaretten.

Der Sergeant war zu schwach, um selbst eine zu nehmen: der Kapitän mußte ihm die Zigarette in den Mund stecken und sie anzünden. Gierig inhalierte der Sergeant den Rauch, und nach einigen Minuten hatte er sich soweit erholt, daß er berichten konnte.

»Irgendwo oben bei Firehole Canyon kam ich Kaktus-Kid auf die Spur, und ich verfolgte ihn drei Tage und drei Nächte nach Norden durch die Kennicott-Wälder, aber bei Chugach Mountains verlor ich ihn aus den Augen, bis mir ein paar Indianer berichteten, daß er in einem Kanu über den Copper River entkommen war. Das Kanu hatte er einem der Indianer gestohlen. Nach vielen Schwierigkeiten ... möchten Sie Einzelheiten wissen, Sir?«

»Nein, nur in groben Zügen, Sergeant, nur in groben Zügen.«

»Well, Sir. In groben Zögen, keine Einzelheiten. Verstanden, Sir. Also, nach vielen Schwierigkeiten gelang es mir, ein Pelzjägerboot mit Anhängermotor zu beschaffen, einen Zweitakt-Winchester, Sir. Und ich nahm die Verfolgung auf. In der Nähe des Kuskowim Falls erblickte ich ihn. ›Im Namen des Gesetzes, Kaktus-Kid‹, rief ich ihm nach, ›ergib dich! Du hast alle Chancen verspielt!‹ Erlauben Sie mir, Sir, daß ich noch eine Zigarette nehme?«

»Gern, ich zünde Ihnen eine an. Na, und haben Sie ihn dann gekriegt?«

»Nein, der Kerl entwischte mir, indem er das Kanu an Land zog. Ich konnte meinen Motor nicht rechtzeitig stoppen und jagte mit einem Tempo von sechzehn Knoten über die Kante des Wasserfalls. Bei der Rutsche habe ich arg nasse Socken gekriegt, Sir.«

»Kaktus-Kid ist Ihnen also entwischt?«

»Ja, Sir, für diesmal. Aber wieder gaben mir die Indianer einen Wink. Sechs Tage und sechs Nächte folgte ich seiner Fährte durch die große Yokon-Wildnis. Allmählich war ich durch die Strapazen sehr geschwächt. Aber wenn Kaktus-Kid das durchstehen konnte, nun, dann konnte ich es wohl auch. Nach einer Woche fast ohne Nahrungsmittel stieß ich – es war in der Nähe von Buffalo Ridge – auf einen Bärenjäger. Er half mir mit etwas Fleisch, einer kleinen Kanne Whisky, drei Dosen weißen Bohnen, ein wenig Tabak, ein Paar trockenen wollenen Socken und ...«

»Nicht zu viele Einzelheiten, Sergeant.«

»Well, verstanden, Sir. Ich nahm also die Verfolgung wieder auf, bis ich auf die Höhe von Lower Post kam. Hier fand ich einen unserer besten Leute, Sergeant Kearney, schwerverwundet in einer Holzhütte liegen, Kaktus-Kid hatte ihn mit Blei durchlöchert. Na, ich schüttelte ihn etwas, und er schlug die Augen auf. Es gelang mir, ihm einen Schluck Whisky in den Hals zu schütten. ›Es ist eine Belohnung von zehntausend kanadischen Dollar ausgesetzt für den, der Kaktus-Kid fängt, tot oder lebendig.‹

›Ohne mich, Sam‹, sagte Sergeant Kearney mit schleppender Stimme.

›In welche Richtung ist er weggelaufen?‹ fragte ich ihn.

›Richtung Nordens‹, erwiderte Kearney, ›am White Horse

Canyon entlang. Du mußt mir versprechen, Sam, daß du nicht aufgibst, bis du ihn hast ... tot oder lebendig. Er ist eine Plage für das ganze Land, er ballert drauflos und schändet alle Mädchen, wo er sich nur zeigt. Wenn ich jemandem die zehntausend Dollar gönne, dann bist du es, Sam, du bist ihm doch dicht auf den Fersen, seit einem Monat schon. Und eine Beförderung hättest du wirklich auch verdient.‹ Als Sergeant Kearney diese letzten – sehr vernünftigen Worte über meine Beförderung ausgesprochen hatte, fiel ihm sein Kopf schwer auf die Brust.«

»War er fertig?«

»Yes, Sir, fix und fertig, tot wie ein Hering, ein zuschanden gebissener kanadischer Flußhering. Gestatten Sie, Sir, daß ich mir noch eine Zigarette nehme?«

»Okay, dann aber weiter.«

»Wie weit war ich gekommen?«

»Bis zur Holzhütte bei Lower Post.«

»Right, Sir, right. Von Lower Post streifte ich weiter durch White Horse Canyon, am Camarron River entlang und Pelling Crossing. Vierzehn Tage später erreichte ich Klondike, mehr tot als lebendig, Sir. In Dawson erfuhr ich, daß Kaktus-Kid weiter nach Alaska geflüchtet war. Ich holte tief Luft, nahm all meine Kräfte zusammen und jagte ihm weiter nach. Bei Eagle Cove half mir die Grenzpolizei auf die Spur, und unverdrossen setzte ich die Jagd fort, Richtung Norden, am Yokon River entlang, bis ich schließlich Fort Yokon erreichte. Wieder mehr tot als lebendig, Sir. An der Main Street liegt eine Kneipe, McGurks Bar & Pool Room. Ich ging hinein, um mich ein wenig zu stärken und mein Gehirn klarzuspülen. Und was glauben Sie, wer ist der erste Gast, den ich in dem verräucherten Lokal erblicke? Dreimal dürfen Sie raten, Sir.«

»Well, ich versuche es: Kaktus-Kid.«

»Right, Sir. Er saß mit ein paar besoffenen Goldgräbern

bei einer Runde Poker. Vor sich auf dem Tisch hatte er einen schweren Revolver liegen, griffbereit zum Abknallen. Na, ich schlich mich also vorsichtig an ihn heran ... von hinten ..., ohne daß er mich entdeckte. ›Okay, Kaktus-Kid‹, kommandierte ich streng, ›ergib dich jetzt. Du bist erledigt. Hände hoch, oder ich schieße dich ab, du elendes Ungeziefer.‹ Blitzschnell griff ich nach meinem Revolverholster ... tja, und da entdeckte ich also, daß ich meine Waffe zu Hause im Hauptquartier vergessen hatte ... Sir.«

Gute Privatsekretärinnen findet man heutzutage nicht auf der Straße

Als Krumsen seine Firma gründete, gehörte sie nicht gerade zu den weltweit größten. Aber seine Geschäfte liefen so gut, daß das Unternehmen expandierte – bis er schließlich eines Tages über die Einstellung einer Privatsekretärin nachdenken mußte. Die Arbeit wuchs ihm einfach über den Kopf, und schließlich hat jede Belastbarkeit ihre Grenzen. Und so ließ er seinen Personalchef ins Chefbüro kommen.

»Petersen«, sagte er, »bitte setzen Sie eine Stellenanzeige in die Zeitungen. Ich suche eine gute Privatsekretärin. Ich brauche jemand, der mir einen Teil der Arbeit abnimmt.«

»Warum geben Sie nicht einem der Mädchen im Büro eine Chance?« fragte Petersen. »Gute Privatsekretärinnen findet man heutzutage nicht auf der Straße. Wir machen einen kleinen Eignungstest und suchen uns die Intelligenteste heraus. Natürlich auch die, deren Charakter Ihnen am meisten zusagt!«

Obwohl Krumsen mit diesen neumodischen Einstellungstricks nichts anfangen konnte, war er einverstanden. Als einer, der noch durch die alte Schule gegangen war, wollte er dem wissenschaftlichen Fortschritt nicht im Wege stehen.

»Meinetwegen, Petersen«, erwiderte er. »Tun Sie, was Sie nicht lassen können. Aber bringen Sie's möglichst bald hinter sich.«

Also suchte Petersen die drei aufgewecktesten Sekretärinnen der Firma aus, die vom großen Boß in Augenschein genommen werden sollten – eine nach der anderen.

Die erste war rothaarig, langbeinig und gutgebaut, aber ihr Gesicht, wohl recht hübsch, besaß keinen besonders intelligenten Ausdruck. Krumsen sog an seiner Havanna und musterte sie von oben bis unten. Dann nickte er Petersen zu, daß er mit dem Test anfangen könne.

»Hören Sie gut zu, Fräulein Hansen«, begann Petersen. »Ich werde Ihnen eine Frage stellen und möchte, daß Sie rasch antworten. Wieviel ist zwei und zwei?«

»Zwei und zwei?« wiederholte der Rotschopf. »Das ist ganz leicht. Zwei und zwei ist vier.«

Petersen nickte.

»Danke sehr«, sagte er. »Warten Sie jetzt bitte draußen. Sobald wir die beiden anderen getestet haben, sagen wir Ihnen, wie wir uns entschieden haben.«

Dann rief er das zweite Mädchen herein. Es handelte sich um eine kurvenreiche Brünette mit berückend süßem Lächeln.

»Wieviel ist zwei und zwei, Fräulein Lind?«

Das Mädchen sah ratlos von einem zum anderen. Mit einer so einfachen Frage hatte sie nicht gerechnet. Sie glaubte, daß es bei dem Test um viel schwierigere Aufgaben ginge. Schließlich kam ihr der Verdacht, daß die Frage nicht so einfach war, wie sie sich anhörte. Ein wenig verunsichert antwortete sie:

»Zwei und zwei macht vier ... es kann aber auch zweiundzwanzig ergeben!«

»Wie kommen Sie denn darauf?« stieß Krumsen überrascht hervor. Arithmetik war noch nie seine Stärke gewesen. Er hatte nur die Zwergschule seines Heimatdorfs besucht und sich dort mehr für das Pausenbrot als für den Stundenplan interessiert. Wenn man für die Buchführung seine Angestellten hat, braucht man als Direktor einer expandierenden Firma mit über einer Million Umsatz im Jahr nicht unbedingt etwas von Arithmetik zu verstehen.

»Ganz einfach«, erklärte die Brünette. »Wenn man die eine Zwei neben die andere Zwei schreibt, ergibt das zweiundzwanzig!«

Petersen klopfte ihr auf die Schulter.

»Vorzüglich, Fräulein Lind. Bitte warten Sie draußen, wir geben Ihnen umgehend Bescheid.«

Das dritte Mädchen war eine mittelgroße, aufreizend gekleidete Blondine. Petersen stellte ihr dieselbe Frage wie den beiden anderen. Sie dachte einen Augenblick nach und erwiderte dann:

»Zwei und zwei? Das kann vier oder auch zweiundzwanzig ergeben. Im ersteren Fall handelt es sich um die Summe der beiden Werte, im letzteren um eine Reihung der Ziffern.«

»Herzlichen Dank, Fräulein Holm. Bitte warten Sie draußen.«

Als die Blonde fort war, wandte sich Petersen triumphierend an Krumsen.

»Sehen Sie, wie nützlich ein kleiner Eignungstest sein kann? Die Rothaarige kam über das »Zwei und zwei ist vier« nicht hinaus, weil es ihr an Vorstellungskraft mangelt. Die Brünette dachte ein bißchen weiter, als ihre Nasenspitze reicht. Sie war sich zwar ihrer Antwort nicht ganz sicher, aber sie schloß die Möglichkeit nicht aus, daß das Ergebnis zweiundzwanzig sein könnte. Die kleine Blonde hat beide Möglichkeiten sofort erkannt und auch gleich die Begründung geliefert. Welche der drei Mädchen bevorzugen Sie also, Mr. Krumsen?«

Krumsen zögerte keine Sekunde. Er hatte schon vor Petersens Zusammenfassung eine Entscheidung getroffen.

Er wollte den gutgebauten, langbeinigen Rotschopf haben, mit dem enganliegenden Angorasweater und dem verheißungsvollen Schlafzimmerblick!

Willst du die Frau, die neben dir steht, zu deinem Weib nehmen, Cowboy-Joe?

Hier wollen wir eine kleine lehrreiche Geschichte aus dem Wilden Westen erzählen. Sie handelt von einem zügellosen Weib, das wider Erwarten ihrem Mann eine gute und gehorsame Frau wurde, da er es gleich von Anfang an verstand, sich den nötigen Respekt zu verschaffen. Und so muß es sein im Wilden Westen: Die Frau muß dem Mann Untertan sein, wenn die Ehe funktionieren soll.

Sehen Sie, wenn Sie dem Rio Grande immer nach Westen hin folgen und dann zu Pferde am Rio Salado entlang weiterreiten, dann kommen Sie nach drei bis vier Tagen zu einer kleinen, unbedeutenden, dreckigen Präriestadt namens Pie Town. Etwa hundert Meilen nördlich von Pie Town wohnte auf einer abseits gelegenen Ranch ein Cowboy namens Joe Harmony. Er ist der Held unserer Geschichte.

Jeden Tag schwang sich Joe Harmony in den Sattel und jagte wie der Sturmwind über die Prärie. »Juppei-di!« schrie Joe und klemmte die Knie in den Lammfell-Chapperejos hart zwischen die Rippen seines Pferdes, um sich gut festzuhalten. Er jagte über die Prärie, bis die Sonne hinter den Newhope Mountains unterging, dann stieg er vom Pferd, legte seinen Gürtel mit den perlenbesetzten Pistolen ab und schwang seinen Lammfellhintern auf einen Heckenstollen von der Einfriedung um seine Ranch. Er holte seine Gitarre hervor und sang all die guten alten Cowboylieder, während die Präriewölfe langgezogene klagende Heultöne ausstießen und das Feuer auf den hoch aufgetürmten trockenen Kuhfladen lustig prasselte. So verlief ein Tag wie der andere für Cowboy-Joe, den einsamen Sohn der Prärie.

Aber eines Tages trat plötzlich eine Frau in sein Leben. Er schritt auf den Saloon von Pie Town zu, um den gelben Präriestaub aus seinem Hals zu spülen, als er vor der Post das hübscheste Mädchen erblickte, das er je gesehen hatte. Sie war die Tochter des neuen Sheriffs und hieß Clementine. Sie lächelte ihm so süß zu, wie nur Clementinen lächeln können, und plötzlich hämmerte es in seinem Kopf wie von tausend Hufschlägen einer Herde durchgehender Stiere. Es siedete in seiner Brust, und sein Blut kochte. Ja, natürlich, er brauchte eine Frau. Genau das brauchte er auf seiner Ranch, wenn abends die Präriewölfe heulten, wenn das Feuer auf den Kuhfladen prasselte und der spröde Gesang der Zikaden die laue Luft erzittern ließ.

Entschlossen schwang er das Lasso über seinem Kopf,

und bevor Clementine bis drei zählen konnte, hatte er sie eingefangen, um sie gefreit, ihr Jawort bekommen und sie in die kleine primitive Holzkirche von Pie Town vor den Altar geschleppt.

»Willst du die Frau, die neben dir steht, zu deinem Weib nehmen?« leierte der Pfarrer herunter.

»Yep!« kam es laut und deutlich von Cowboy-Joe, und dann sagte der Pfarrer »Amen«, Cowboy-Joe ergriff seine junge Braut und rannte aus der Kirche mit ihr, während die Orgel brauste, hob sie in den Sattel und ritt stolz durch Pie Town.

»Du bist ja verrückt«, riefen die O-beinigen Cowboys ihm nach, die draußen vor dem Saloon an den Pfosten herumlungerten, »sie ist eine wilde Hummel, die kannst du nie zähmen.«

»Die hat Zunder in sich!« rief der Postmeister.

»Armer Teufel!« schrie der alte Diligence-Fahrer, »da hast du eine Xanthippe erwischt.«

»Dem Himmel sei Dank, daß ich sie endlich los bin«, sagte der Sheriff und grinste, »ich kann sie nicht zähmen, und wenn ich auch tausend Hektar Land hätte.«

Joe nahm das alles gelassen hin. Er spuckte einen Priemstrahl aus und tat, als hörte er die vielen Zurufe nicht. Zufrieden mit sich und seinem Coup ritt er aus Pie Town heraus, gab dem Pferd die Sporen und jagte über die Prärie. Aber plötzlich stolperte das Pferd über einen Stein, oder was es nun war, und Joe wäre fast mitsamt seiner jungen hübschen Braut über den Hals gestürzt.

»Das war das erste Mal«, sagte er und zerrte den Gaul wieder auf die Beine.

Kurze Zeit später, als sie gerade die Höhe bei den verlassenen Goldminen vor Salt Fork erreicht hatten, stolperte das Pferd abermals. Es war nicht daran gewöhnt, mehr als eine Person im Sattel zu tragen.

»Das war das zweite Mal«, bemerkte Joe.

Vor der alten Wassermühle bei Sweet Water strauchelte das Pferd wieder.

»Das war das dritte Mal«, sagte Joe.

Dann stieg er ruhig vom Pferd, hob Clementine vorsichtig auf den Boden, zog seine perlenbesetzte Pistole und schoß dem Pferd eine Kugel in die Stirn.

Clementine warf Joe einen zornigen Blick zu.

»Was fällt dir ein?« schimpfte sie, »jetzt müssen wir den Rest des Weges zu Fuß gehen. Und es sind noch fünfundzwanzig Meilen. Ich lasse mir so einen Quatsch nicht gefallen, du blöder Kerl.«

Joe runzelte die Brauen und sah seiner Braut fest in die Augen. »Das war das erste Mal«, sagte er.

Betsy ist es nicht wert, daß ich mir das Leben nehme

Heute ist es ganz normal, zum Zahnarzt zu gehen. Es gehört zur persönlichen Hygiene. Wenn man Zahnprobleme hat, geht man am besten so schnell wie möglich zum Zahnarzt. Abgesehen von den regelmäßigen Kontrollen. Aber das war nicht immer so. Vor nur fünfzig Jahren waren regelmäßige Zahnkontrollen nicht üblich wie heute – was uns zu einem kleinen Drama auf diesem Gebiet bringt.

Der junge Tommy Henderson war unglücklich. Er war des Lebens müde und hatte alle Hoffnung aufgegeben. Das Problem hatte natürlich mit Mädchen zu tun. Er war enttäuscht von der Liebe. Betsy hatte Schluß mit ihm gemacht. Das Mädchen, das vor Betsy war, hatte ihn ebenfalls verlassen. Alle Mädchen, die er je gekannt hatte, hatten sich von ihm getrennt. Und das alles nur, weil er nicht zum Zahnarzt ging. Um es wahrheitsgemäß zu beschreiben, sahen seine Zähne wie die niedergebrannten Stoppeln eines Kornfeldes aus. Das komische daran war, daß er nie Zahnschmerzen hatte. Und wenn man keine Zahnschmerzen hat, warum dann zum Zahnarzt gehen?

Betsy hatte versucht, ihn zu einem Zahnarztbesuch zu überreden. Sie nörgelte oft herum deswegen. Aber ihn überliefen immer kalte Schauer, wenn er nur das Wort ›Zahnarzt‹ hörte. Das war bei vielen Leuten so damals, bevor es so etwas wie schmerzfreie Zahnbehandlung gab.

Schließlich wurde Betsy so wütend, daß sie ihren Verlobungsring abnahm und ihm ins Gesicht schleuderte, während sie ihm mitteilte, daß es ihr von nun an egal war, was er tat. Sie wollte ihn nicht mehr wiedersehen.

Es war aus.

Es ist nicht schwer zu verstehen, warum Tommy solch verzweifelte Gedanken hatte, als er, vom dichten Londoner Nebel eingehüllt, die Drury Lane entlang ging. Er sah so trübselig aus wie ein Leichenbestatter, der an einem Bioladen vorbeigeht. Und er war blaß wie Margarine. Er ging in Richtung der Waterloo Bridge.

Zuerst hatte er versucht, sich das Leben mit Hilfe einer Wäscheleine und eines Baumes im Hyde Park zu nehmen, aber dort waren zu viele ballspielende Kinder, junge Mütter, die ihre Kinderwagen vor sich herschoben, und andere Leute, die ihm mitteilten, daß es verboten war, den Rasen zu betreten oder auf Bäume zu klettern! Er gab diese Idee also auf und versuchte, sich eine bessere einfallen zu lassen.

Als er die Waterloo Bridge erreichte, hielt er kurz inne,

marschierte dann aber entschlossen zur Mitte der Brücke. Er sah sich ein paar Mal um, aber es war niemand zu sehen. Dann kletterte er auf das Brückengeländer.

Jetzt würde er all seinem Leid ein Ende setzen.

Leb wohl, du grausame Welt mit all deinen launischen Mädchen!

Er hatte gerade tief Luft geholt, um genug Mut für den Sprung zu sammeln, als er plötzlich einen unglaublichen, unerträglichen Schmerz in einem seiner Eckzähne verspürte. Sein Gesichtsausdruck zeigte nervöse, ängstliche Unsicherheit. Er legte die Hand auf seine Backe. Der Schmerz wurde immer schlimmer. Er hielt es nicht mehr aus. Er sprang also vom Geländer auf die Brücke zurück und fing an, so schnell ihn seine jungen Beine trugen, die Drury Lane hinunterzulaufen. Er blieb nicht eher stehen, als bis er vor der Tür einer Zahnklinik ankam. Dort läutete er so lange, bis der Zahnarzt öffnete.

Der junge Tommy Henderson quietschte beinahe: »Beeilen Sie sich, Herr Doktor! Es ist mein Eckzahn – der hier ... ziehen Sie ihn ... er bringt mich noch um! Schnell!«

Der Zahnarzt beruhigte ihn und brachte ihn dazu, sich auf den Untersuchungsstuhl zu setzen.

»Weit öffnen, junger Mann.«

Tommy machte den Mund auf, und der Zahnarzt untersuchte seine Zähne mit einer Sonde.

»O mein Gott!« stieß er hervor. »Was für eine Wirtschaft! Ich werde alle Zähne ziehen müssen, die unteren und die oberen. Ich kann leider keinen einzigen retten. Die Löcher in den Backenzähnen sind so groß, daß sie wie ausgebrannte Vulkane aussehen.«

»Können Sie sie nicht einfach plombieren ... und mir etwas gegen die Schmerzen geben? Würden Plomben nicht reichen?« jammerte Tommy.

Der Zahnarzt schüttelte erbarmungslos den Kopf.

»Was wäre, wenn man sie gut säuberte? Oder vielleicht das Zahnfleisch anmalte, mir ...«

Tommy kam nicht weiter. Der Schmerz in seinem Zahn war stärker geworden.

»Nehmen Sie ihn heraus!« schrie er. »Sie können sie alle herausnehmen! Aber beeilen Sie sich!«

Der Zahnarzt gab ihm eine Lokalanästhesie, so daß er sich beruhigte. Er entfernte alle verkohlten Überreste des Kornfeldes und bat Tommy, in einer Woche wiederzukommen, um einen Abdruck für das künstliche Gebiß anfertigen zu können.

»Ich nehme an, Sie wollen kein Gebiß mit Goldeinlagen«, sagte der Zahnarzt.

Tommy nickte.

Nach einer Woche wurde der Abdruck angefertigt und später die Prothese angepaßt.

»Sie sollten jetzt nicht zu viel lachen, bis Sie sich daran gewöhnt haben«, riet ihm der Zahnarzt, als Tommy Henderson bezahlte.

»Irgendwie haben Sie mir das Leben gerettet«, sagte er dankbar.

»Ach so?«

»Ja. An dem Tag, als ich das erste Mal zu Ihnen kam, hatte ich beschlossen, in die Themse zu springen. Aber dann habe ich diese schrecklichen Zahnschmerzen bekommen, und deshalb bin ich statt dessen hierhergekommen. Jetzt, da ich alles noch einmal gründlich überdacht habe, würde ich nicht mehr im Traum daran denken, so etwas Dummes zu tun, wie mich zu ertränken.«

»Ich nehme an, es hatte mit einem Mädchen zu tun«, riet der Zahnarzt.

»Genau. Aber sie ist mir jetzt eigentlich egal. Sie ist es nicht wert, daß ich mir das Leben nehme. Es gibt viele Mädchen auf der Welt. Man muß sich nur an eine Straßenecke stellen und pfeifen, wenn sie vorbeigehen. Mit diesen schönen neuen Beißern bin ich sicher, daß ich all die Mädchen, die ich mir nur wünschen kann, bekomme!«

Der junge Tommy Henderson lächelte glücklich, wobei seine neuen Zähne zu sehen waren, und der Zahnarzt wünschte ihm alles erdenklich Gute, Glück und Zufriedenheit für die Zukunft.

An diesem Abend stand Tommy an seiner gewohnten Ecke in der Gegend von South Lambeth, wo er wohnte. Er sah den Mädchen zu, die vorbeikamen.

Acht Tage später sprang er von der Waterloo Bridge in die trübe Themse. In der vergangenen Woche hatte er es nicht geschafft, auch nur ein einziges Mädchen zu bekommen: Er konnte ihnen mit den neuen Zähnen nicht nachpfeifen!

Meine Halskette, stöhnte die alte Lehnsgräfin, sie ist weg!

Der Großgrundbesitzer und Baron Alenfeld-Lavenskjøld hatte zu einer großen Abendgesellschaft auf Schloß Fuselfrei geladen. Unter den Gästen war ein großer, junger, dunkelhaariger Südländer, Marquis de Pommes frites et Plat du Jour, dessen Bekanntschaft der Baron kürzlich im Spielkasino von Monte Carlo gemacht hatte.

Das hatte eine Vorgeschichte. Die erste Nacht während seines Besuches an der Côte d'Azur konnte der Baron nicht schlafen. Ruhelos hatte er sich in dem Grand lit hin- und hergewälzt. In dem großen, unbequemen Bett fand er einfach keine Ruhe und konnte sich mit den Bettüchern und Bettbezügen überhaupt nicht anfreunden, immer schien sich alles in einer Ecke zusammenzuknüllen. Er vermißte sein eigenes gutes Bett zu Hause auf seinem Gut. Gereizt stand er auf, kleidete sich an, nippte an einem Whisky und nahm ein Taxi zum Spielkasino. In weniger als einer Stunde hatte er das gesamte Geld verloren, das er bei sich hatte. Zum Glück hatte der junge Marquis seine prekäre Situation bemerkt und ihm ein paar Francs für ein Taxi zum Hotel vorgestreckt. Jetzt hatte der junge Marquis in Dänemark geschäftlich zu tun, und der Baron hatte ihn selbstverständlich zu seiner Abendgesellschaft eingeladen.

Der Marquis zeigte schnell Interesse für die hübsche, junge Baronesse Rebecca und machte sich weitgehende Gedanken über die Möglichkeiten, die der Abend für sie und ihn bieten könnte, ja, er scheute nicht einmal davor zurück, mehr als einmal in Gedanken die Decke in ihrem wohlparfümierten Schlafgemach anzuheben, ein Gedankenexperiment, das, so gewagt und respektlos es war, erhebliche Bedenken wegen der Moral und Absichten des jungen Marquis hervorrufen müßte.

Um so mehr mußte es verwundern, daß er auf eigenen Wunsch die alte steinreiche, verwitwete Lehnsgräfin von Schnabelwasser-Hybenkrazzer zu Tische führte.

Während des Essens führte er eine lebhafte Konversation mit der alten Lehnsgräfin.

»Welch eine bezaubernde Halskette! Magnifique!« sagte er gerade, als man die Krammetsvögel verspeist hatte und jetzt die Fingerspitzen in die Schalen mit dem nach Veilchen duftenden Wasser tauchte.

»Ja, nicht wahr?« Die alte Lehnsgräfin nickte geehrt und ließ den Marquis die üppig mit Brillanten besetzte Halskette betasten.

»Ein altes Erbstück, es ist mehr als zweihundert Jahre im Familienbesitz, meine Ur-Ur-Ur-Urgroßmutter trug die

Kette zum ersten Mal auf einem Hofball bei Kaiser Joseph dem Zweiten von Österreich.«

»Tatsächlich? C'est la prometteur!«

Stark interessiert ließ der junge Marquis seine schlanken Finger über die Diamanten gleiten. Seine Augen bekamen den gleichen Glanz funkelnder Sterne, der im Blick des Diamantenschleifers Hortensio Borgios gewesen sein mußte, als er seinerzeit den schönsten Diamanten der Welt, den »Großmogul«, in der Hand hielt.

»A merveille! Fantastique! Wieviel könnte diese Halskette wohl wert sein?« keuchte er, wobei er sich deutlich Mühe gab, seine Stimme so beherrscht und normal wie möglich klingen zu lassen.

»Sie ist auf anderthalb Millionen geschätzt«, sagte die alte Lehnsgräfin, geschmeichelt wegen der großen Aufmerksamkeit, die ihr Halsschmuck bei dem charmanten, jungen französischen Marquis erweckte.

»Aber das ist schon einige Jahre her«, fügte die Lehnsgräfin hinzu. »Aber sie wird wohl kaum an Wert verloren haben, oder?«

Der dunkelhaarige Südländer ließ einen gedämpften Pfiff hören.

»Anderthalb Millionen!« wiederholte er. »Das ist eine stolze Summe, das muß ich schon sagen! Aber dann befindet sich sicherlich ein guter und sicherer Schließmechanismus daran?«

Bereitwillig zeigte die alte Lehnsgräfin dem jungen Marquis, wie gut das Schloß war ... und wie einfach es sich öffnen ließ.

»Man hat ja nicht mehr so viel Kraft in den Fingern«, sagte sie lächelnd. »Und nachdem meine Kammerzofe mich verlassen hat, muß ich mir meinen Schmuck ja selbst anlegen.«

Eingehend studierte der junge Marquis den Schließmechanismus.

»Ein vortreffliches Schloß«, nickte er zustimmend. »Aber es wäre ja auch furchtbar ärgerlich, ein solch schönes Stück zu verlieren!«

Die alte Lehnsgräfin war ebenfalls dieser Meinung. Dann ging man zum Dessert über.

Nach dem Essen tanzte der charmante, junge französische Marquis mit der ebenso charmanten wie bildschönen Gastgeberin, Baronesse Rebecca.

Später am Abend forderte er galant die alte Lehnsgräfin zu einer Mazurka auf.

»Mazurka«, sagte sie geschmeichelt. »Ob ich das wohl schaffe, junger Freund?«

»Tout naturel, Comtesse! Kommen Sie!«

Dann tanzte der junge, dunkelhaarige Südländer mit der alten Lehnsgräfin. Sie hatten noch keine zwei Minuten getanzt, als das Licht im Saal plötzlich ausging. Als es kurz darauf wieder aufflammte, schrie die Lehnsgräfin auf.

»Meine Halskette!« stöhnte sie. »Meine kostbare Halskette! *Sie ist weg!*«

»Unmöglich! C'est ne pas possible!« beruhigte sie der junge Marquis. »Niemand hier im Schloß würde daran denken, eine Halskette zu stehlen. Sie müssen sie verloren haben, meine Liebe!«

Alle krochen jetzt auf dem Fußboden herum und suchten nach der Halskette, aber sie war und blieb verschwunden. Man kam nicht mehr an der Tatsache vorbei, daß sich unter den vornehmen Gästen des Schlosses ein Schmuckdieb befinden mußte.

Der Baron trat vor und bat um Ruhe.

»Irgend jemand muß durch ein eindeutiges Mißverständnis die Halskette in seiner Tasche haben«, sagte er. »Aber ich habe eine Lösung. Albert ... bringen Sie ein silbernes Tablett!«

Der Haushofmeister holte ein gediegenes Silbertablett und plazierte es laut Anweisung mitten auf dem Tisch.

»Jetzt lösche ich für drei Minuten das Licht«, fuhr der Baron fort. »Das gibt dem Dieb die Möglichkeit, die Halskette auf das Silbertablett zu legen. Und das Fest kann weitergehen, als ob nichts passiert wäre!«

Das Licht wurde gelöscht. Drei Minuten vergingen. Das Licht wurde angezündet. Alle fuhren zusammen.

Das silberne Tablett war verschwunden!

»Unglaublich!« murmelte der Baron. »Aber ... nun gut ... der Dieb soll noch eine letzte Chance erhalten. Ich werde jetzt noch einmal das Licht löschen, und dann kann er die beiden gestohlenen Gegenstände auf dem Tisch ablegen.«

»Das haut nicht hin«, wandte die alte Lehnsgräfin ein. »Er wird die Gelegenheit nutzen, um noch etwas zu stehlen!«

»Auf gar keinen Fall«, verneinte der Baron und nahm zwei siebenarmige Silberleuchter fest in seinen Griff. »Wir halten alle irgendeinen wertvollen Gegenstand fest.«

Jeder der Gäste suchte sich einen wertvollen Gegenstand zum Festhalten.

»So«, sagte der Baron und sah sich zufrieden im Saal um. »Jetzt haben wir alles unter Kontrolle. Es gibt hier nichts mehr von Wert, das der Vermessene klauen könnte.«

Aber der Baron hatte nicht recht.

Als das Licht nach dem Verlauf von drei Minuten wieder aufflammte, war der junge französische Marquis Pierre de Pommes frites et Plat du Jour mit der bildschönen Baronesse Rebecca verschwunden.

Jason und Ariadne

In dem Buch »Berühmte Liebespaare der Weltgeschichte« sind Tausende von Liebesgeschichten aufgeführt, eine Fülle an Romanzen von verzehrender Leidenschaft, von wilder Eifersucht, von stiller Sehnsucht, von herzbewegender Glückseligkeit, von unübertroffener Treue und von unsagbaren Opfern.

Schon wenn man das Buch nur durchblättert, findet man zu seiner eigenen Überraschung die Vielfalt der Varianten, das dauernde wechselnde Farbenspiel und die vielen, vielen Seiten, die getränkt sind vom Blut gebrochener Herzen.

Vielleicht fängt man dann gleich mit dem ersten Kapitel

an. Da geht es natürlich um *Romeo und Julia*, und mit klopfendem Herzen liest man Romeos letzte Worte: »... Verzweifelter Pilot! Nun treibt auf einmal dein sturmerkranktes Schiff in Felsenbrandung! Dies auf dein Wohl, wo du auch stranden magst! Dies meiner Lieben! O wackrer Apotheker! Dein Trank wirkt schnell – und so im Kusse sterb' ich.«

Vielleicht geht man weiter zu *Hamlet und Ophelia* oder *Daphnis und Chloe*, *Orpheus und Eurydike*, *Antonius und Cleopatra*, *Dante und Beatrice*, *Don José und Carmen* oder *Pelléas und Mélisande* und zu den Kapiteln über all die vielen anderen, die es dank ihres Schicksals verdienten, in die »Berühmten Liebespaare der Weltgeschichte« eingereiht zu werden.

Im Register findet man allerdings nichts von »Jason und Ariadne«, obwohl es Kapitel über *Jason und Medea* und *Theseus und Ariadne* gibt. Aber das ist eine andere Geschichte.

Der alte Museumswärter mit den sanften Augen und dem langen weißen Bart kennt die Geschichte von Jason und Ariadne. Er kann uns erzählen, wie sie sich kennenlernten und wie sie sich unsterblich ineinander verliebten. Er kann uns auch erzählen, warum sie niemals fähig waren, ihrer leidenschaftlichen Liebe vollen Ausdruck zu geben und damit die irdische Schönheit und die fühlbare Lust der Liebe zu erleben – und daran ist der italienische Bildhauer Luca della Robbia schuld.

Versammeln wir uns also um den alten, ehrwürdigen Wärter, setzen wir uns neben ihn hin und hören wir ihm zu. So oft haben wir Shakespeare, Oehlenschläger, Voltaire und Maupassant zugehört, ihren großartigen und trauervollen Geschichten, und haben die wunderschönen und melancholischen Worte bewundert, die sie einst niederschrieben – Geschichten, die uns tief bewegten.

Unser alter Wärter ist kein Dichter. Er kennt keine großen Worte und weiß auch nicht, wie man sie auf so brillante Weise zusammenfügt wie jene, die die Seiten der »Berühmten Liebespaare der Weltgeschichte« füllten. Doch jedes Wort, das der Wärter sagt, ist wahr, und deshalb schenken wir ihm unsere volle Aufmerksamkeit. Und wenn der alte Mann seine Erzählung beendet hat mit heiserer Stimme und Tränen in den Augen, dann schreiben wir jedes Wort von ihm auf und heften die Aufzeichnung in die »Berühmten Liebespaare der Weltgeschichte«, wo sie rechtmäßig hingehört. Dies sind die Worte des alten Mannes:

Es gibt Menschen, die haben Herzen aus Stein. Wie Granit. Und ihre Augen sind so kalt wie das ewige Eis. Aber zu denen spreche ich nicht. Ich spreche zu denen, die Herzklopfen und leuchtende Augen bekommen, wenn sie das Wort Liebe hören.

Ich spiele nur eine kleine Rolle in der Geschichte, die ich Ihnen erzähle. Ich könnte auch von mir erzählen, eine Geschichte, in der ich oft Anlaß gehabt habe, das Wort Liebe zu gebrauchen. Aber das werde ich nicht tun. Hauptsächlich, weil ich nur selten über mich selber spreche. Und auch, weil ich die wachgerufenen Erinnerungen nicht ertragen könnte.

Ich bin ein alter Mann, bin hier Wärter seit vielen, vielen Jahren. Wieviel Jahre es waren, das weiß ich nicht mehr. Mein Bart ist weiß und staubig, im Lauf der Zeit ist er sehr lang geworden. Meine Erinnerung läßt auch nach. Mir gefällt das ruhige Leben im Museum. Ich spaziere hier gerne zwischen den wunderbaren Skulpturen genialer Meister herum, und ich werde nie müde, ihre Schöpfungskraft und die Schönheit ihrer Werke zu bewundern. Thorvaldsens ›Eros und Psyche‹ werde ich nie überdrüssig.

Und ebensowenig seines ›Ganymed‹, seines ›Merkur‹ und seines ›Adonis‹. Jeden Tag staube ich Canovas ›Ruhende Venus‹ und seine ›Drei Grazien‹ ab, immer zärtlich und sanft. Meine Kollegen lächeln nachsichtig oder schütteln mitleidig den Kopf, wenn sie sehen, wie ich von ›Daphnes‹ Schulter Staubflocken wegwische oder die Augen schließe, wenn ich von ›Hebes‹ weißer Brust etwas Fliegendreck entferne.

Ich bin auch der letzte, der das Museum nach der Schließung verläßt. Wozu sollte ich mich beeilen? Mein Zuhause, das ist nur eine düstere kleine Wohnung, die auf den Hof geht. Gewöhnlich sitze ich am Fenster und rauche eine Pfeife. Wenn es dämmert, mache ich nur selten Licht an. Im Zwielicht, während das Dunkel allmählich das Zimmer ausfüllt, schwelge ich in Erinnerungen an eine glückliche Jugendzeit.

Ja, ja, Sie werden jetzt unruhig. Von den zwei kleinen Zimmern wollen Sie nichts hören. Ich werde Sie nicht länger langweilen mit so unnötigem und bedeutungslosem Geschwätz. Ich werde Ihnen erzählen, was Sie eigentlich hören wollen – die Geschichte von Jason und Ariadne. Und ich werde mich selbst so wenig wie möglich ins Spiel bringen. Ich habe selber so wenig mit dieser Geschichte zu tun. Ich hatte mich hinter eine Säule gestellt und zugehört, was sich Jason und Ariadne zu sagen hatten. Ich habe alles gehört, und ich erinnere mich an jedes Wort. Ich erinnere mich an jeden Satz, den mein Ohr aufnahm. Mir zieht sich das Herz zusammen, wenn ich daran denke, was ich hörte, weil es mir so traurig, so grausam, so sinnlos vorkam, daß ich ...

Eines Tages wurde mir aufgetragen, ›Ariadne‹ von Raum sieben in Raum dreizehn zu bringen. Dort sollte sie stehen, wo vorher Praxiteles' Marmorstatue ›Hermes mit dem Dionysosknaben‹ gestanden hatte. Die käme im Raum sieben besser zur Geltung, hatte der Inspektor gemeint. Infolgedessen tauschten ›Hermes‹ und ›Ariadne‹ die Plätze.

›Ariadne‹ stand nun neben Thorvaldsens ›Jason mit dem Goldenen Vlies‹.

An jenem Abend, nachdem sich die Tür hinter dem letzten Besucher geschlossen hatte und alle anderen Aufseher gegangen waren, machte ich noch eine letzte Runde durch das Museum. Zuerst nahm ich noch einen Schluck aus der Flasche, die ich in meinem Spind stehen habe, um mich etwas aufzumuntern. Als ich das Glas bis zum letzten Tropfen geleert hatte, schien es mir, als hörte ich Stimmen aus Raum dreizehn. Ich stellte die Flasche in den Spind zurück und schlich auf Zehenspitzen zu Raum dreizehn, wo ich mich hinter einer Säule versteckte. Mit angehaltenem Atem lauschte ich.

»Psst! Ich glaube, ich höre Schritte ... Vielleicht war es auch nichts. Die Wärter sind schon längst gegangen. Gewöhnlich sind sie in großer Eile, sowie geschlossen wird. Der einzige, der sich Zeit läßt, ist der alte weißhaarige Mann. Der beeilt sich nie. Ein komischer Kauz ist das. Hast du mal gehört, wie seine Schuhe knarren? Die knarren, solange ich denken kann.«

»Der alte Mann ist sehr nett. Er guckt so freundlich. Er hat so liebe Augen.«

Dann gab es eine Pause. Es waren Thorvaldsens › Jason mit dem Goldenen Vlies‹ und Luca della Robbias ›Ariadne‹ die ich gehört hatte.

Jason stieg von seinem Marmorsockel herunter. Er hatte das Goldene Vlies abgelegt und stand mit gekreuzten Armen gegen eine Säule gelehnt. So männlich sah er aus. Kräftige Muskeln – das ideale Bild eines Jünglings.

»Woran denkst du, Jason?« fragte Ariadne.

Jason wartete, bevor er etwas antwortete.

»Ach, ich habe gerade gedacht, wie wunderbar es ist,

daß du in diesen Raum gebracht worden bist. Über acht Jahre lang habe ich neben ›Hermes mit dem Dionysosknaben‹ gestanden, und das war nicht immer ein Spaß. Zur Nacht, wenn wir Statuen hier unter uns sind und unser eigenes Leben haben, hat dieser Knabe manchmal so geheult, daß man es nicht ertragen konnte. Doch auch wenn er still blieb, war Hermes nicht besonders unterhaltsam. Er erzählte immer dieselben Geschichten. Ich weiß nicht, wie oft er uns erzählt hat, daß er, gerade einen Tag alt, aus der Wiege kletterte und Apollos Ochsen stahl, alle miteinander. Er hat immer gern mit seinen fragwürdigen Heldentaten geprahlt.«

»Ich stand neben Aizelins Mignon«, sagte Ariadne. »Die sagte kaum ein Wort. Sie war immer traurig und weinte viel. Einmal sah ich sie sogar weinen, als das Museum schon geöffnet war, und das tut man einfach nicht. Nicht tagsüber, wenn das Publikum in uns nichts anderes sieht als Marmorstatuen. Der alte weißhaarige Wärter kam angerannt und wischte Mignon die Tränen mit dem Taschentuch ab. Er war den ganzen Tag noch recht durcheinander.«

»Ja, ein bißchen exzentrisch ist er schon, nicht wahr?«

»Ach, ich weiß nicht. Ich hab ihn jedenfalls gern. So, wie er mit seinen tiefliegenden Augen umherschaut, das finde ich sehr schön.«

»Wie du umherschaust, das finde ich auch sehr schön, Ariadne.«

»Schmeichler.« Ariadne lachte, leise und freundlich.

Jason trat zu ihr. »Ist dir nicht kalt? Nachts ist es kühl hier. Erlaube, daß ich dir mein Widderfell über die Schultern lege. Das wärmt.« Jason breitete das schöne goldene Fell über ihre kalten weißen Schultern. Er blieb vor ihr stehen, die Hände auf ihren Schultern. Sie sahen sich lange und tief in die Augen, ohne etwas zu sagen. Ariadne zitterte leicht, und ihre wundervoll geschwungenen Lippen waren halb geöffnet.

»Das Widderfell ist herrlich warm«, sagte sie und lächelte dankbar.

Jason nahm die Hände von ihren Schultern. »Weißt du, wie ich es bekommen habe ... vor langer Zeit?«

»Nein. Aber ich möchte es wissen. Erzähl es. Wir haben die ganze Nacht für uns.«

Jason erzählte ihr, wie König Athamas' Tochter Helle und ihr Bruder Phrixus vor ihrer bösen Stiefmutter flohen und von einem Widder mit goldenem Fell über das Schwarze Meer getragen wurden. Wie dann plötzlich der Widder Helle ins Meer stieß, so daß das unglückselige Mädchen ertrank. Wie dann der Widder von Phrixus nach der glücklichen Ankunft in Kolchis den Göttern zum Dank geopfert wurde. Das Vlies wurde nicht vernichtet, sondern an der Opferstätte aufgespannt an einen Baum genagelt, wo es ein entsetzlicher, riesiger, feuerspeiender Drache Tag und Nacht bewachte. Jason beendete seinen Bericht:

»Aber König Aisons Halbbruder Pelias schickte mich, das Goldene Vlies zu holen. So segelte ich mit anderen Argonauten nach Kolchis. Viel Ungemach bedrängte uns, aber damit möchte ich dich nicht langweilen. Jedenfalls gelang es mir, den schrecklichen Drachen zu töten und das Goldene Vlies an mich zu nehmen.«

»Du hast den Drachen allein getötet?«

»Ja. Ganz allein.«

»Er hat dir keine Wunde beigebracht? Dich nicht mit seinen scharfen Krallen zerrissen?«

»Nein.«

Jason sah keinen Grund, ihr zu erzählen, daß Medea ihn vorher in ihrer Zauberkunst unterrichtet hatte, so daß es ihm möglich gewesen war, das Ungeheuer in einen todesähnlichen Schlaf zu versetzen. Mit allzu vielen Einzelheiten wollte er sie nicht langweilen.

»Du mußt sehr tapfer sein, Jason. Erzähl mir mehr von deinen Abenteuern. Es ist so aufregend ...«

Jason kreuzte die Arme.

»Ich fürchte, wenn ich noch mehr erzähle, wirst du auch mich bald für einen Prahlhans halten, so wie Hermes.«

»Das brauchst du nicht zu befürchten.« Ariadne lächelte süß.

»Könntest du aber.«

»Nein. Mit dir ist es etwas anderes.«

»Anderes? Wieso?«

»Oh, du bist so ...« Sie sah zu Boden.

»Was bin ich?« Er legte ihr die Hände auf die Schultern.

»Ach, ich weiß nicht ...«

Ariadne lächelte so süß, sie war unwiderstehlich. Sie sah Jason an und senkte wieder den Kopf.

Jason hob ihr Gesicht am Kinn zärtlich auf und küßte sie, lang und leidenschaftlich.

»O Jason, das darfst du nicht, bitte nicht!« sagte Ariadne atemlos und wehrte ihn ab.

Jason schien das zu überhören, denn er legte seine Arme um sie. Aber sie beugte sich zurück. »Psst! Was war das? Waren da nicht Schritte?«

»Nein, ich glaube nicht ...«

Aber da waren Schritte gewesen. Ich hatte hinter der Säule mein Gewicht verlagert, und meine Schuhe hatten geknarrt. Ich hustete, räusperte mich und tat so, als wäre ich gerade aus Raum zwölf gekommen. Jason eilte zu seinem Sockel. Als ich an ihm vorbeiging, stand er aufrecht und bewegungslos, den Speer auf dem Rücken, das Goldene Vlies unter dem Arm. Ich drehte mich um und stieg auf den Sockel, scheinbar, um etwas Staub von seiner Schulter zu wischen. Ich stellte fest, daß der Marmor sich nicht mehr so kühl anfühlte wie sonst. Als ich meine Hand über seine Brust gleiten ließ, war kein Zweifel mehr möglich. Irgendwo tief in dem festen Marmor klopfte ein Herz, heftig und stark. Ich verließ Raum dreizehn, tief in Gedanken.

In dieser Nacht fand ich keinen Schlaf. Immer wieder kreisten meine Gedanken um Jason und Ariadne. Ich konnte nicht vergessen, was ich gesehen hatte. Dauernd mußte ich daran denken, wie traurig und wie schrecklich das für sie wäre, wenn sie sich wirklich ineinander verliebten.

Am nächsten Morgen, als ich eigentlich hätte aufstehen sollen, fühlte ich mich krank. Ich hatte fürchterliches Kopfweh. Ich blieb den ganzen Tag im Bett. Am folgenden Tag waren die Kopfschmerzen noch ärger geworden, und ich hatte keinen Appetit. Ich mußte die ganze Woche im Bett bleiben. »Schwere Erkältung«, sagte die Frau, die bei mir putzt. Aber nach dieser Woche hatte ich mich soweit erholt, daß ich wieder zur Arbeit gehen konnte.

Spät am Abend, als das Museum schon geschlossen war und die anderen Aufseher nach Hause gegangen waren, schlich ich mich wieder in Raum dreizehn und versteckte mich hinter der Säule wie vorher.

Lange Zeit blieb ich so stehen. Fast eine Stunde lang. Dann hörte ich Jason mit ruhiger Stimme sagen: »Ich glaube, sie sind alle gegangen. Es ist so still. Soll ich dir nicht das Widderfell auf die Schultern legen, liebste Ariadne?«

»Ja, gern. Danke, Liebling. Es ist so kuschelig und warm.«

Jason stieg von seinem Sockel, legte seinen Speer ab und ging zu Ariadne hinüber. Sanft breitete er das Goldene Vlies über ihre Schultern, nachdem er diese zuvor innig geküßt hatte.

»Ich liebe dich«, sagte er.

»Ich liebe dich auch, Jason. Du kannst nicht wissen, wie sehr ich dich liebe ... dich und nur dich! Ich habe niemals einen anderen Mann so sehr geliebt. Nimm mein Herz und reiß es in tausend Stücke, und du wirst kein einziges kleines Stückchen finden, in dem nicht das Feuer meiner Liebe für dich glüht.«

Ariadne lächelte, und Jason küßte sie auf die Stirn und den schlanken weißen Hals.

»Leg deine Arme um mich, Jason ... und küsse mich!«

Jason küßte die schöne Ariadne, und das Goldene Vlies fiel zu Boden.

Ich bedeckte mein Gesicht mit den Händen und schlich mich auf Zehenspitzen in meinen knarrenden Schuhen hinaus. Tränen liefen mir über die Wangen, und ich spürte Stiche in meinem alten Herzen. Es ist wahr! Jason tat mir so leid, aber noch mehr bedauerte ich Ariadne. Arme Ariadne ... armer Jason.

Was für ein schreckliches Schicksal.

Es hätte alles so schön sein können, hätte Luca della Robbia vierzehnhundertvierundsechzig in seinem Florentiner Atelier Ariadne als vollplastische Gestalt geschaffen, statt nur eine Büste von ihr.

Vielleicht hatte della Robbia damals keinen Marmorblock von entsprechender Größe zur Verfügung gehabt. Ich kann mir nicht vorstellen, daß er so etwas Grausames vorsätzlich getan hat.

Wahu!

Nach langen Jahren harten politischen Ringens wurde Gouverneur Humphrey Dilldock von der Republikanischen Partei endlich mit der Nominierung zum Kandidaten um die Präsidentschaft belohnt. Es war nicht leicht gewesen, so weit zu kommen, und die Methoden, deren er sich dabei bediente, hatten nicht immer zu den lautersten gezählt. Wären sie ans Licht gekommen, hätte das sein Ende bedeutet. Und dann waren da natürlich noch die Wahlversprechen, die kein Mensch hundertprozentig einhalten konnte. Aber schließlich ging es um Stimmen, und Stimmen errang man durch Versprechungen – ob die nun gehalten werden konnten oder nicht.

Lange vor der Wahl begaben sich Gouverneur Dilldock, sein Stab und sein Sonderberater Senator Bubblegum über Land, um Stimmen zusammenzutrommeln.

Wie vorgesehen traf er auch im größten Indianerreservat des Staates ein. Eine Parade war arrangiert worden, und die Indianer hatten sich – mehr oder weniger freiwillig – vor einer Tribüne versammelt, die mit Flaggen, Mikrofonen und Lautsprechern geschmückt war.

Entschlossen, die Stimme jedes einzelnen Indianers für sich zu gewinnen, betrat Gouverneur Dilldock zusammen mit seinen Leibwächtern, Mitarbeitern und Senator Bubblegum zuversichtlich das Podium. Professionell gelassen blickte der Gouverneur auf die Tausende von Zuhörern, die nach echter Indianerart mit überkreuzten Beinen auf dem Boden saßen und ihre langen Pfeifen rauchten. Ihren scharfgeschnittenen Gesichtern war keine Gemütsregung zu entnehmen. Schweigend warteten sie den weiteren Verlauf der Dinge ab.

»Meine Freunde indianischer Herkunft«, begann Gouverneur Humphrey Dilldock mit klarer, fester Stimme. »Sie alle wissen, warum ich heute hier bin, warum ich in diesem Augenblick vor Ihnen stehe. Weil ich bessere Lebensbedingungen für Sie erreichen will, weil ich Ihr wahrer Freund bin!«

»*Wahu*«, murmelten die wenigen, die der Tribüne am nächsten saßen, auf sioux.

»Ich will es so klar und deutlich wie möglich sagen: Wählen Sie mich und meine Partei, dann werde ich Ihnen alles verschaffen, was nötig ist, um die Armut in dieser Reservation zu beenden!«

»*Wahu!*« schrien die Zuhörer unisono.

Diese überwältigende Reaktion spornte Gouverneur Dilldock enorm an, und er fuhr fort:

»Wählen Sie die Republikaner, und ich werde dafür sorgen, daß Sie alle endlich gutbezahlte Arbeitsplätze erhalten. Ich werde dafür sorgen, daß Sie großzügig bemessene Tabakrationen für Ihre Friedenspfeifen bekommen. Ich verspreche Ihnen, einen Gesetzentwurf im Kongreß einzubringen, der Sie dazu legitimiert, jährlich mindestens einen weißen Mann zu skalpieren!«

»*Wahu! Wahu! Wahu!*« dröhnte es ihm entgegen.

Gouverneur Dilldock hatte den Eindruck, daß er sich wirklich großartig machte, und so lief er zur Vollform auf:

»Ich verschaffe Ihnen neue, größere Wigwams. Ich verschaffe Ihnen die besten Adlerfedern für Ihren Kopfschmuck. Ich verschaffe Ihnen eine Preisermäßigung von fünfzig Prozent auf Telefonmasten, damit Sie Ihre Totenpfähle zur Hälfte des Preises schnitzen können. Und ich verspreche Ihnen ein Bison in jeden Topf!«

»*Wahu! Wahu! Wahu! Wahu!*« schrien die Indianer noch begeisterter als zuvor. Viele von ihnen sprangen auf und begannen spontan mit Darbietungen, die einem Kriegstanz ähnelten.

Gouverneur Dilldock machte eine kurze Pause, goß sich ein Glas Wasser ein und flüsterte Senator Bubblegum aus dem Mundwinkel heraus zu:

»Jetzt habe ich die armen roten Teufel in der Hand, Sam. Was kann ich Ihnen sonst noch versprechen?«

»Land«, wisperte der Senator schnell zurück. »Es ist immer gut, ihnen Land zu versprechen. Darauf fallen Sie jedesmal herein!«

Gouverneur Dilldock trank einen Schluck Wasser, stellte das Glas ab und blickte auf die Menge hinunter, die sich inzwischen beruhigt hatte, wieder mit stoischen Gesichtern auf dem Boden saß und abwartete, was als nächstes kam.

»Rothäute! Meine Freunde! Wählen Sie die Republikanische Partei, und ich sorge dafür, daß Sie Land bekommen.

Ich werde Ihnen all Ihr Land wiedergeben – Ihre Weide- und Jagdgründe, die Prärien, Büffel, Tomahawks, Farben für die Kriegsbemalung ... all jene Dinge, die einem roten Mann das Leben lebenswert machen. Wählen Sie republikanisch, und ich verspreche Ihnen, meine Freunde, daß Sie nicht vergessen werden!«

»*Wahu! Wahu! Wahu!*« dröhnte es so laut, daß sich Gouverneur Dilldock, Senator Bubblegum und alle ihre Mitarbeiter die Ohren zuhalten mußten, um ihre Trommelfelle vor dem Zerbersten zu bewahren.

Gouverneur Dilldocks Rede war vorüber. Der Senator schlug ihm enthusiastisch auf den Rücken, als sie die Tribüne verließen.

»Bravo, Gouverneur«, sagte er. »Das waren genau die Worte, die unsere roten Freunde hören wollten. Land, Weide- und Jagdgründe, Prärien, Büffel, Tomahawks! Sie haben wirklich alles gesagt! Die Stimmen dieser Reservation gehören Ihnen! Ich kann Ihnen nur gratulieren!«

Hochbefriedigt begaben sich die beiden Männer zu den Wagen, die sie zum nächsten Wahlkampfauftritt bringen sollten. Doch gerade als Gouverneur Dilldock die Autotür öffnen wollte, trat ein kleiner Indianerjunge vor und deutete auf einen großen Haufen Hundekot, den ein despektierlicher Köter direkt vor der Tür hinterlassen hatte.

»Großer weißer Häuptling«, warnte der Junge, »Vorsicht, treten Sie nicht in die Hunde-*wahu*!«

Es ist die schlimmste Skandalstory, die ich jemals gehört habe

Der Bischof von Cardiganshire rang verzweifelt die Hände, während er auf dem blankgescheuerten Eichenfußboden seines Studierzimmers auf und ab ging. Nach einem Großfeuer auf Callow Castle, dem größten Herrensitz der Grafschaft, waren ebenso unglaubliche wie schockierende Gerüchte an sein Ohr gedrungen, und er hatte deshalb den Erzdiakon von Holyham beauftragt, sich ohne Zögern nach Baconburn zu begeben, dem Bischofssitz, um ausführlich Bericht zu erstatten.

Endlich meldete der junge Hilfskaplan die Ankunft des Erzdiakons, und der Bischof ließ ihn eintreten.

Tief schockiert von den Ereignissen, kam der Geistliche ins Zimmer. Mit einer einladenden Handbewegung bot ihm der Bischof einen Platz an, während er selbst schwerfällig in seinen elisabethanischen Bischofsstuhl sank.

Nach einigen Augenblicken peinlicher Stille forderte ihn der Bischof auf, ohne Umschweife die volle Wahrheit zu sagen.

»Aber ich dulde nicht, daß Sie etwas vor mir verbergen, Andrew!« sagte er, während er den ausweichenden Blick des Erzdiakons festzuhalten versuchte. »Ich will die ganze Geschichte mit allen Einzelheiten erfahren, so fürchterlich sie auch sein mag.«

Der Erzdiakon von Holyham begann mit seinem Bericht. Er sprach vor lauter Eifer ganz abgehackt.

»Es ist, mit einem Wort gesagt, die schlimmste Skandalstory, die ich jemals gehört habe«, stieß er hervor. »Wie Sie wissen, ist neulich in der Nacht Callow Castle abgebrannt. Ein Blitz hatte in die Stallungen eingeschlagen, und es gelang den Rettungsmannschaften leider nicht, alle Tiere zu retten.«

»Das war schlimm«, räumte der Bischof von Cardiganshire ein, »aber es hätte schlimmer kommen können, Andrew.«

»Ich bin noch nicht fertig«, fuhr der Erzdiakon von Holyham mit unvermindertem Eifer fort. »Das Feuer griff mit großer Schnelligkeit auf das ganze Schloß über, und ehe es jemand verhindern konnte, fraß es sich durch die trokkenen Holzbalken der Flure hindurch bis zum Schlafgemach der jungen Gräfin. Als die Bergungsmannschaften sich den Weg nach dort freigekämpft hatten, fanden sie die Gräfin in dem großen, breiten Himmelbett mit einer schweren Rauchvergiftung und ohne Bewußtsein.«

»Das war schlimm«, unterbrach ihn der Bischof von Cardiganshire, »aber es hätte schlimmer kommen können, Andrew.«

»Hören Sie mich bitte weiter an, ich bin ja nicht einmal

halb fertig. Die Gräfin lag splitternackt in ihrem Bett, wie unser Herrgott sie geschaffen hatte, und an ihrer Seite fand man – halten Sie sich bitte fest, Herr Bischof – an ihrer Seite fand man – so nackt wie ein gerade geschlüpftes Vögelchen aus dem Ei – ihre irische Kammerzofe, die rothaarige Sally O'Connor.«

»Au«, flüsterte der Bischof von Cardiganshire betreten, »das ist schlimm, wirklich schlimm, Andrew ... Die gottesfürchtige junge Gräfin in einer derart kompromittierenden Situation! Aber lassen wir es uns zum Trost dienen: Es hätte viel schlimmer kommen können.«

»Sie wissen noch nicht die ganze Wahrheit, Herr Bischof. Es kommt ja noch viel schlimmer. Noch fehlt das vierte Rad am Wagen, wenn ich mich so ausdrücken darf. Zwischen den beiden splitternackten Damen fand man – ja, es fällt mir wirklich äußerst schwer, davon zu sprechen, der Himmel möge es mir verzeihen –, aber zwischen den beiden Frauen lag der junge Landpropst Billy Barrington, der Dekan von Sixpence Moors.«

»Das ist schlimm, Andrew«, stieß der Bischof von Cardiganshire hervor, während er nach Luft schnappte, »das ist schlimm und wirklich demütigend und zerstörerisch für unseren ganzen geistlichen Stand, aber trotzdem, Andrew, trotz allem: Es hätte viel schlimmer kommen können! Viel, viel schlimmer!«

Aber nun verlor der Erzdiakon gegenüber seinem hohen Vorgesetzten die Geduld.

»Nein, hören Sie, Herr Bischof«, sagte er, ohne den Versuch zu machen, seinen Ärger zu unterdrücken. »Sie sollten nun wirklich damit aufhören, ständig zu versichern, es hätte viel schlimmer kommen können. Was hätte denn viel schlimmer sein können, als daß Callow Castle bis auf die Grundmauern abbrennt, daß man die junge Gräfin und ihre schamlose Kammerzofe splitternackt im selben

Bett findet und daß man obendrein, sozusagen als Krönung des Ganzen, einen jungen Geistlichen dabei findet? Alle drei so schamlos und kompliziert ineinander verflochten, daß man glauben konnte, der Knoten der drei nackten Körper würde sich nie lösen lassen. Bei der Keuschheit der Jungfrau Maria, Herr Bischof, hätte da noch etwas schlimmer sein können?«

»Doch«, kam es leise und vertraulich aus dem Mund des Bischofs, während er seine fleischigen weißen Hände zu einem stillen Dankgebet an die himmlischen Mächte über seinem Bauch faltete, »wenn Callow Castle am Wochenende abgebrannt wäre, als ich offiziell auf einer Dienstreise nach Holyham war, dann wäre ich das vierte Rad am Wagen gewesen!«

Ach ja, die Ehe!

Ach ja, die Ehe! Es ist die einzige lebenslängliche Strafe, die wegen guter Führung nicht verkürzt werden kann.

Zu einer glücklichen Ehe gehören jedenfalls mehr als zwei nackte Hintern in einem Bett.

Wenn ein Ehemann auch sonst nichts in und durch die Ehe lernt, so begreift er doch auf jeden Fall schon sehr bald, mit welchem Mann seine Frau viel lieber verheiratet wäre.

Nein, Ehemänner gehören wahrhaftig nicht gerade zu den Themen, über die Ehefrauen in Briefen nach Hause gern ein paar lobende Worte verlieren.

Beispielsweise kann als sicher gelten, daß es die meisten Ehemänner an höflicher Zuvorkommenheit gegenüber ihrer Erwählten fehlen lassen. Wann kommt es schon vor, daß ein Ehemann seiner Frau den Wagenschlag öffnet? Das tut er eigentlich nur dann, wenn es sich um einen neuen Wagen handelt. Oder um eine neue Frau.

Aber auch Frauen können gelegentlich unvorteilhafte Seiten haben: Bevor sie heiraten, waren sie unglücklich darüber, daß es keinen Mann in ihrem Leben gab. Sind sie aber erst verheiratet, sind sie noch viel unglücklicher darüber, daß kein Leben in ihrem Mann ist.

☆

Die allermeisten Ehen bestehen in erster Linie aus Problemen. Denken Sie nur an jenes frisch vermählte Paar auf der Hochzeitsreise, das im Fahrstuhl des Luxushotels, der sie zur Brautsuite hinaufbrachte, zufällig auf eine stark aufgedonnerte ›Dame‹ ziemlich zweifelhafter Herkunft traf.

»Hej, Wilhelm!« rief sie mit einer unglaublich vulgären Stimme dem Bräutigam zu und lächelte ihn vielsagend an. Dann fiel ihr Blick auf die Braut, und von diesem Augenblick an herrschte eisige Stille während der restlichen Strecke im Fahrstuhl. Erst nachdem das junge Paar in der Brautsuite angekommen war, explodierte die Braut: »Was war das für eine aufdringliche, ordinäre Ziege?«

»Von wem sprichst du?«

»Von dem widerwärtigen Weibsbild im Fahrstuhl natürlich!«

»Nimm's nicht so tragisch, meine Liebe«, tröstete sie ihr Mann, »mir steht nämlich morgen noch eine furchtbare Szene bevor, wenn ich ihr erklären muß, wer *du* bist!«

☆

Dann waren da noch zwei Ehemänner, die an der Theke einer Bar standen und sich ein Gläschen gönnten.

»Hatschi!« sagte der eine.

»Du hast dich aber tüchtig erkältet!« erwiderte der andere.

»Ja, das ist – hatschi! – leider nur zu wahr. Hatschi!«

»Weißt du, was du jetzt tun solltest, um deine Erkältung ganz loszuwerden? Du mußt es genauso machen wie ich. Dann bist du im Handumdrehen deine Erkältung los!«

»Einverstanden. Was also soll ich machen?«

»Wenn ich so fürchterlich erkältet bin wie du, gehe ich heim zu meiner Frau, die mir einen tüchtigen, steifen Grog zubereitet, anschließend gehen wir zusammen ins Bett, und dann ... also nach allen Regeln der Kunst, wenn du verstehst, was ich meine? Du glaubst ja gar nicht, wie schnell wir dann ins Schwitzen geraten!«

»Glänzende Idee! Mache ich sofort. Aber sag mal: Bist du auch ganz sicher, daß ich deine Frau jetzt zu Hause antreffe?«

☆

Zwei Ehemänner prallten in der Innenstadt aufeinander. Der eine sah ziemlich niedergeschlagen aus.

»Was ist los, Knud-Börge?« fragte der andere. »Sieht aus, als wäre dir eine Laus über die Leber gelaufen!«

»Es handelt sich um Olga, meine Frau«, erklärte Knud-Börge mit einem tief bekümmerten Ausdruck. »Sie hat mir damit gedroht, mich zu verlassen, wenn ich nicht endlich damit aufhöre, fremde Götter anzubeten und immer und ewig hinter anderen Mädchen herzulaufen. Nach so vielen Jahren einer glücklichen Ehe bin ich jetzt in eine schreckliche Situation geraten. Ganz ehrlich, innerlich halte ich wirklich unendlich viel von meiner Olga. Sie ist eine wunderbare Frau, tüchtig, warmherzig und immer ehrlich. Um die Wahrheit zu sagen, mein Lieber: Ich werde sie schmerzlich vermissen!«

☆

Bei zwei anderen Ehemännern, die sich ebenfalls eher zufällig begegneten, handelte es sich um die gleiche Rollenverteilung: Der eine wirkte frisch und ausgeruht, der andere machte einen sorgenvollen und niedergeschlagenen Eindruck.

»Was, zum Teufel, ist mit dir los, Oskar?« fragte der Zufriedene.

»Ich hätte sie nie und nimmer heiraten sollen«, murmelte Oskar bedrückt und mit traurig herabhängenden Mundwinkeln.

»Und warum nicht?«

»Weil ich meine Frau nicht glücklich machen kann!«

»Was redest du da für einen Unsinn zusammen! Du bist doch ein gutaussehender Kerl, hast einen erstklassigen Job, verdienst viel Geld und strotzt vor Draufgängertum und Gesundheit. Weshalb solltest du deine Frau nicht glücklich machen können?«

»Weil ihr Mann seine Geschäftsreisen aufgegeben hat und fast ständig zu Hause rumhockt!«

☆

Und dann gab es da noch einen Ehemann, der mit ziemlich starker Schlagseite im Morgengrauen heimwärts strebte. Genau gesagt: Das Morgengrauen war schon vorbei, und die Sonne schickte ihre Strahlen ins Schlafzimmer. Einen Augenblick blieb er mit zusammengekniffenen Augen in der Tür stehen, dann gelang es ihm, das Ehebett anzupeilen und sich zu überzeugen, daß seine Frau schlafend unter der Decke lag. Diese Erkenntnis brachte ihn auf einen kühnen Gedanken, der allerdings angesichts seines desolaten Zustands ziemlich fehl am Platz war.

»Verflixt noch mal, Elvira! Liegst du noch immer im Bett? Ich bin schon vor Stunden aufgestanden!«

☆

Ein anderer Mann war ebenfalls aushäusig gewesen und konnte sich kaum noch auf den Beinen halten, als er schließlich heimkehrte. Lange nach Mitternacht torkelte er auf Socken und Zehenspitzen ins eheliche Schlafgemach und versuchte, sich geräuschlos zu entkleiden. Trotzdem wurde seine Frau wach und begann sich zu rühren. Kurz darauf hörte man ihre schlaftrunkene Stimme aus ihrer Betthälfte:

»Bist du es, Hektor?«

Eine schwierige Situation! Der treusorgende Ehemann bereinigte die kritische Situation auf seine Weise. Erst schnupperte er behutsam an Elviras zarter Hand, dann begann er sie stürmisch zu lecken.

☆

In einer Bar saßen zwei Ehemänner und hielten sich an ihren Gläsern fest.

»Auf meine Frau bin ich ziemlich sauer«, sagte der eine.

»Und warum?«

»Letzte Nacht wachte ich davon auf, daß sie laut stöhnte und immer wieder kurzatmig flüsterte: ›Hör auf, Sylvester! Laß das, Sylvester! Was fällt dir ein, Sylvester? Hörst du nicht, was ich sage: Du sollst damit aufhören!‹«

»Na und? Dann ist doch nichts dabei! Solange sie sich

seine Handgreiflichkeiten verbittet, hast du doch keinen Grund, dich zu beklagen!«

☆

In derselben kleinen Bar saßen zwei andere Ehemänner. Auch sie grübelten über ihren Gläsern und führten ein leises Gespräch von Mann zu Mann.

»Meine Frau schwindelt mir die Hucke voll«, sagte der eine. »Egal, was sie sagt – sie lügt wie gedruckt!«

»Wie ist das zu verstehen?«

»Tja«, schimpfte der eine Ehemann wutentbrannt. »Letzte Nacht war sie nicht zu Hause. Als ich sie heute morgen fragte, wo sie gewesen sei, log sie mich dreist an und behauptete, sie habe die Nacht bei ihrer jüngeren Schwester Ingrid verbracht. Aber, wie gesagt, das ist eine ganz dummdreiste Lüge!«

»Wieso?«

»Weil ich die ganze Nacht bei Ingrid war!«

☆

Und dann war da noch Mortensen. Auch er hatte die unangenehme Angewohnheit, ziemlich spät nach Hause zu kommen – ja, oft kam er sogar erst in den Morgenstunden heim. Dann schlich er auf allen vieren die Treppenstufen hinauf und krabbelte heimlich in sein Bett, in der Hoffnung, seine Frau würde es nicht hören. Das tat sie aber dennoch, und sie wußte auch genau, wie sie ihrem Mann seine Unart abgewöhnen konnte. Eines Nachts – und hier soll gleich erwähnt werden, daß ihr Mann Birger heißt – schlich Birger mit dem gewohnt schlechten Gewissen auf Socken die Treppe zum Schlafzimmer hinauf; Frau Mortensen öffnete behutsam und leise die Tür zum dunklen Flur und flüsterte erwartungsfroh: »Bist du es, Anton?«

☆

Vor einem der großen Kinos in der Hauptstraße zu später Stunde, als man die letzten Kinobesucher nach der zweiten Abendvorstellung in dunkle Nacht und peitschenden Regen hinausließ, warf eine junge Frau einen sehnsuchtsvollen Blick auf den muskulösen, halbnackten Sylvester Stallone, der auf einem großen, farbenfrohen Plakat im Foyer des Kinos abgebildet war, und sagte mit einem tiefen Seufzer:

»Gute Nacht, lieber Sylvester! Ich muß jetzt nach Hause zu meinem Dieter!«

☆

Eine andere verheiratete Frau schlenderte mit ihrem Mann die Hauptstraße entlang, als ihnen eine junge Dame zweifelhafter Herkunft hüftwackelnd und aufgetakelt entgegenkam. Der Ehemann warf ihr einen verstohlenen Blick zu.

Ach ja, das wäre was gewesen ...

Die Ehefrau preßte die Lippen zusammen und keifte:

»Kannst du denn nicht so ein junges Luder ansehen, ohne auf der Stelle zu vergessen, daß du ein verheirateter Mann bist?«

Aber da irrte sie sich.

»Im Gegenteil, liebe Kirsten, gerade dann wird es mir immer wieder erst richtig klar ...«

☆

Werfen wir noch einen kurzen Blick in die vier Wände eines einfachen Heims bei einer ganz gewöhnlichen Familie.

Mann und Frau. Er liegt mit einer Zeitung auf dem Sofa. Sie sitzt ihm gegenüber in ihrem Lehnstuhl mit einer Illustrierten.

Sie seufzt: »Hier lese ich gerade die Geschichte eines Mannes, der seiner Frau ein Diamanthalsband geschenkt hat. Von dir habe ich noch nie eins bekommen!«

Worauf ihr Mann erwiderte: »Und ich lese gerade die Geschichte eines Mannes, der seiner Frau zu einem blauen Auge und einem gebrochenen Arm verholfen hat. Von mir hast du bislang weder das eine noch das andere bekommen!«

☆

Im Haus von Direktor Simmerhoch steht das Mittagessen auf dem Tisch. Um die Wahrheit zu sagen: Es steht dort seit genau drei Stunden, aber noch immer ist der Direktor nicht nach Hause gekommen.

»Ist das nicht entsetzlich?« jammert Frau Simmerhoch. »Hoffentlich ist er nicht mit seiner hübschen neuen Sekretärin ausgegangen!«

»Warum denken Sie denn gleich an das Schlimmste?« tröstet die Köchin sie. »Vielleicht ist er ja nur bei einem Verkehrsunfall überfahren worden!«

☆

Unten am Hafen standen Herr Jörgensen und seine Frau und sahen den Barkassen zu, die im Hafenbecken hin und herfuhren. Als ein Schlepper mit einer vollgeladenen Schute im Schlepp genau an der Stelle vorbeikam, wo das Ehepaar stand, bemerkte Herr Jörgensen philosophisch:

»Ist es nicht genauso wie in einer Ehe? Der Mann ist der Schlepper, der von früh bis spät unterwegs ist und die Arbeit erledigt, und die schwerfällige Schute, die an ihm dranhängt – das ist seine Frau!«

Worauf Frau Jörgensen nickte und auf eigene Rechnung hinzufügte: »Wie recht du hast! Der Schlepper raucht und dampft und faucht von früh bis spät, während die Schute still dahingleitet und alle Bürden schweigend trägt!«

☆

Und zum Schluß noch ein kleiner Aphorismus, um dieses Kapitel abzurunden:

Eine gute Frau aktiviert den Mann. Eine intelligente Frau interessiert ihn. Eine schöne Frau fasziniert ihn, und eine Frau mit Sex-Appeal bringt ihn in Fahrt und auf Touren. Aber die Frau, die ihm ein ordentliches Beefsteak braten kann – die kriegt ihn!

Hochzeitsreise an die Côte d'Azur

Limonenbäume, die das ganze Jahr über blühen und Früchte tragen; Mimosen; schattige Palmen mit sanft sich im Wind wiegenden Kronen; azurblaue See mit schaumigen warmen Wellen, die sich auf den Myriaden glatter Kieselsteine am Strand brechen; riesige Luxushotels mit prachtvollen Marmorfassaden; rote, weiße und blaue Markisen, glänzende Limousinen; aufregende Spiel- und Roulettetische; Glamour und High-Society – kurz gesagt, die Côte d'Azur an der französischen Riviera.

Der genaue Schauplatz der Handlung ist das noch immer elegante Cannes, wo der junge Beamte des britischen Innenministeriums Arthur Higgins und seine sehr junge Frau

Barbara Lavelle – berühmt als Fernsehstar und Popsängerin – eben auf ihrer Hochzeitsreise eingetroffen waren.

Sie liebten sich sehr. Aber schon an ihrem allerersten Abend in Cannes ereignete sich etwas, das ihr Glück für immer und ewig zerstörte.

Sie nahmen unter dem blau-weißen Sonnenschirm im Straßencafé der Blauen Bar einen Drink. Dann schlenderten sie inmitten des nie endenden Menschenstroms Hand in Hand über die Croisette, die beliebte Strandpromenade von Cannes. Als sie in ihr Hotelzimmer zurückkehrten, war es schon ziemlich spät.

Arthur hatte eben sorgfältig die Tür verschlossen, als ein breitschultriger, dunkelhäutiger, unheimlich aussehender Mann mit einer Pistole in der Hand hinter dem Vorhang hervorkam.

Barbara stöhnte entsetzt auf und wich ein paar Schritte zurück, während Arthur wie gelähmt, wie angewurzelt dastand. Entgeistert starrte er auf die Pistole, die direkt auf sein wild klopfendes junges Herz gerichtet war.

»Mein Schmuck!« schrie Barbara auf und warf einen verzweifelten Blick zum Toilettentisch, wo sie ihren Schmuckkoffer abgestellt hatte.

Der finstere Hoteldieb lächelte triumphierend und ließ seine weißen Zähne blitzen, während er lässig ein paar von Barbaras Schmuckstücken halb aus seiner Tasche fischte.

»Wie Sie sehen, ist Ihr Schmuck bereits in guten Händen, Madame«, sagte er.

Rasch und mit geübter Hand nahm er jetzt Arthur die Wertsachen aus den Taschen. Dann schnappte er sich einen Lippenstift vom Toilettentisch und zog einen roten Kreis um Arthur herum.

»Wenn du es wagst, aus diesem Kreis herauszutreten, kriegst du eine Kugel zwischen die Augen«, sagte er mit einer Stimme, die keinen Zweifel daran ließ, daß die Drohung sehr ernst gemeint war.

Dann drehte er sich zu Barbara um und lächelte sie arrogant und unverschämt an. »Du bist Barbara Lavelle, die berühmte englische Popsängerin, nicht wahr?«

Barbara nickte.

»Ich«, fuhr er unverfroren fort, »hab' dich mal beim Grand-Prix-Wettbewerb gesehen und seither davon geträumt, eine Nacht mit dir zu verbringen. Und dieser Traum soll jetzt wahr werden.«

Er schaltete das Stereoradio ein, suchte so lange, bis Tanzmusik erklang, und hörte ein paar Sekunden aufmerksam zu, um in Stimmung zu kommen. Dann legte er den Arm um die zu Tode erschrockene Barbara, preßte sie an seinen Körper und zwang sie zu tanzen. Während sie tanzten, bedeckte er ihren Hals mit Küssen.

»Tu doch was, Arthur!« flehte Barbara verzweifelt.

»Mach einen Schritt aus diesem Kreis, und du bist eine Leiche!« warnte der Dieb brutal.

Die Hände stramm an der Hosennaht, blieb Arthur steif wie ein Brett stehen.

Als er vom Tanzen genug hatte, befahl der Dieb Barbara, sich auf das weiche, mit Seidendamast überzogene Sofa zu setzen, ging zum Barschrank und holte eine Flasche sowie zwei Gläser. Er schenkte ein und reichte Barbara ein Glas. Sie wollte nicht trinken, doch er zwang sie, indem er, die Brauen finster gerunzelt, den Mund zu einem hämischen Grinsen verzogen, mit der Pistole auf Arthur zielte.

Nach einer Weile mußte sie sich auf den Rücken legen, und er begann sie leidenschaftlich zu küssen, während seine Hände sachkundig über ihren Körper glitten.

Plötzlich ertönten im Flur vor der Zimmertür Stimmen. Er sprang auf und sah sich nervös um. Es klopfte.

»Wer ist da?« schrie er.

»Der Zimmerservice, Monsieur!«

»Einen Moment, bitte!«

Hastig nahm er Barbara in die Arme und gab ihr einen letzten langen, leidenschaftlichen Kuß. Dann ging er, wobei er immer noch mit der Waffe auf Arthur zielte, rücklings auf den Balkon, schwang sich über das Geländer und verschwand in einer Seitenstraße.

Kaum war er draußen, stürzte sich Barbara auf Arthur, packte ihn bei den Schultern und schüttelte ihn.

»Was bist du doch für ein erbärmlicher Feigling!« schrie sie. »Wie konntest du nur in diesem gottverdammten Kreis stehenbleiben und diesen widerlichen Kerl alles mit mir tun lassen? So was ist mir noch nie passiert! Ich hätte nie geglaubt, daß ich einen solchen Feigling geheiratet habe.«

»Oh, aber ich hab' ihn doch ein paarmal ausgetrickst«, verteidigte sich Arthur. Seine Augen funkelten übermütig. »Jedesmal wenn der Kerl mir auch nur eine Sekunde lang den Rücken gekehrt hat, habe ich einen Fuß aus dem Kreis rausgesetzt.«

Ein richtiger Waschlappen

Henry war ein richtiger Waschlappen. Er hatte keinen Schwung, kein Rückgrat. Verhätschelt, schlapp, verweichlicht, durch und durch eine lahme Ente. Ein Jammer, wenn ein junger Mann von 21 Jahren es nicht weiter gebracht hat, als von morgens bis abends im Sessel herumzuhängen, die Füße auf dem Tisch, die Stereoanlage auf voller Lautstärke, und sich in billige Krimis und unanständige Comicserien zu vertiefen.

Um ihn herum lagen Zigarettenstummel verstreut, denn Rauchen war seine einzige Leidenschaft. Er hatte nie Rauschgift genommen, sich gespritzt oder ähnliches probiert. Er war von Natur aus abgestumpft, ihm fehlte jegliches Interesse, sich mit irgend etwas zu beschäftigen. Zum Studium hatte er keine Lust, von einer Arbeit ganz zu schweigen. Sport kümmerte ihn nicht, Politik oder Jugendgruppen langweilten ihn. Er lebte vor sich hin. Um Geld brauchte er sich nicht zu sorgen. Er hatte schließlich seinen Vater, und der besaß eine pompöse Villa mit breiter Kiesauffahrt am teuren Ende der Elbchaussee, und da ließ es sich wohnen! Es reizte ihn nicht einmal, eine Freundin zu finden.

Mag man sonst auch über die heutige Jugend schimpfen, haben die Jungen doch gewöhnlich so viel Mumm in den Knochen, daß sie ein Mädchen aufreißen wollen. Dann haben sie jemanden, mit dem sie in der Diskothek rumhängen können. Oder sie setzen das Mädchen hinter sich auf ihre schwere BMW oder noch besser neben sich in den offenen Sportwagen, der Dekoration wegen. Henry jedoch zeigte nicht mal Interesse an einem Sportwagen. Er zog es vor, zu Hause rumzulungern, Platten zu hören, Zigaretten zu rauchen und beim Schmökern von Groschenheften zu vergammeln.

»Mußt du immer hier herumhängen?« fragte seine Mutter manchmal verzweifelt. »Könntest du nicht wenigstens versuchen, ein hübsches Mädchen zu finden, um deine Interessen mit jemandem zu teilen?«

»Doch, das könnte ich«, murmelte Henry desinteressiert.

Und mehr wurde nicht daraus.

Welche Interessen hatte er überhaupt, die er mit einem jungen Mädchen teilen konnte? Zigarettenrauchen? Westernhefte? In die Luft gucken?

»Hör mal, Henry«, sagte sein Vater eines Abends, »wäre es nicht an der Zeit, eine Freundin zu finden? Was alle jungen Männer schaffen, das wirst du wohl auch fertigbringen. Als ich in deinem Alter war, da hättest du mich mal sehen sollen. Ich hatte einen großen gelben BMW mit aufklappbarem Verdeck. Da konnte kein Mädchen widerstehen. Auf diese Weise fand ich deine Mutter. Montag kauf' ich dir einen schicken Sportwagen. Dann zeig mal, daß du ein Mann bist!«

Henry bekam also einen Sportwagen, und obwohl er eigentlich keine Lust hatte, fuhr er damit ein bißchen durch die Gegend, pfiff auch mal hinter einem Mädchen her, ließ es gleich einsteigen und führte es am Abend in die Diskothek. Er fuhr es nach Hause, küßte es einmal, und ein paar Monate später waren sie verlobt. Es klappte wie am Schnürchen – doch Henry blieb eine lahme Ente. Abend für Abend hing er jetzt bei seinen künftigen Schwiegereltern herum und glotzte auf den Bildschirm.

»Ein ganz netter junger Mann, aus gutem Hause«, bemerkte Birgits Vater, »aber viel Mumm scheint er nicht zu haben. Hättest du dir nicht einen anderen mit ein bißchen mehr Schwung aussuchen können, Birgit?«

»Das kommt schon, wenn wir verheiratet sind«, meinte seine Tochter.

Also heirateten sie. Birgit war eine bezaubernde weiße Braut, mit Myrte und Schleier, alles sehr hübsch. Henry trug einen Frack. Die Reporter erschienen, um die Hochzeitsgäste zu fotografieren, und niemand konnte einen Makel an dem jungen Bräutigam erkennen. Nach der Hochzeit zogen sie in ein modernes Atriumhaus, und Henry sollte sich nach einer Arbeit umsehen. Das Studium hatte er endgültig aufgegeben, aber er mußte irgend etwas finden, was Zukunft für ihn hatte. Sein Vater hatte allerhand gute Verbindungen. Er hätte also ohne weiteres unterkommen können, doch es fehlte Henry an jeglicher Energie, um sich auch nur irgendwo vorzustellen. Fast täglich rief der Schwiegervater an, um sich nach Henrys Zukunftsplänen zu erkundigen.

»Er hat noch nichts gefunden«, beruhigte Birgit ihn,

»aber wir lieben uns noch immer, und das ist doch das wichtigste. Ich rechne fest damit, daß Henry sich morgen aufrafft und eine Stellung findet.«

Aber Henry raffte sich nicht auf, er suchte nicht einmal. Es verging ein Monat, es vergingen zwei, ohne daß sich Henry zu irgendeinem Plan durchgerungen hätte. Von morgens bis abends hing er über seinen Krimis, seinen Pornoblättern und Tarzanheften, zuweilen saß er auch nur in seinem Sessel und stierte vor sich hin, die Zigarette im Mundwinkel, oder er hing auf einem Barhocker in der Hausbar des Atriumhauses. Bei Sonnenschein faulenzte er auf einem Liegestuhl am Swimmingpool im Garten. Es war kein Staat mit ihm zu machen.

Nach drei Monaten hatte Birgit die Nase endgültig voll. Sie sah ein, daß sie den Fehler ihres Lebens gemacht hatte, sich mit einem Waschlappen wie Henry zu verheiraten. Sie verließ ihn, zog zu ihren Eltern nach Hause und schwor sich, ihn nicht eher wiederzusehen, als bis er sich aufgerafft und eine Stellung gefunden hatte, bis er aufhörte, den ganzen Tag stumpf und passiv zu Hause herumzuhocken.

»Und stellt euch vor«, erzählte sie ihren Eltern, »als ich ihn verließ, hatte er noch nicht mal seine Koffer ausgepackt! Er lief noch immer mit Frack und Zylinder rum.«

Robby Killer, der gefürchtete Chicago-Gangster

Es war fast so etwas wie eine Heimsuchung, mit Robby Killer, dem gefürchteten Chicago-Gangster, verheiratet zu sein.

Sally hatte ihn sieben Jahre lang ertragen, aber nun war sie ziemlich verzweifelt. So verzweifelt, daß sie bereit war, das äußerste zu tun, um seinen Anblick nicht länger ertragen zu müssen. Merkwürdig genug, da sie ihn ohnehin so gut wie nie zu Gesicht bekam.

Denn Robby hatte die unerträgliche Angewohnheit, sich stets hinter seiner Zeitung zu verstecken. Wenn sich Sally an den Frühstückstisch setzte, sah sie nur die Morgenzeitung. Kaum daß er sie einmal senkte, um sich noch eine Tasse Kaffee einschenken zu lassen.

Frauen verachten Männer, die am Frühstückstisch Zeitung lesen und für ihre Frau nicht das geringste Interesse bekunden.

Dabei ließen Sallys Formen wahrlich keinen Wunsch offen. Sie hätten es verdient, von oben bis unten bewundert zu werden. Jeder andere Mann hätte sich gewünscht, ihre wohlproportionierte Figur in dem durchsichtigen schwarzen Morgenrock zu betrachten, und jeder andere Mann hätte schleunigst seine Zeitung vergessen und sich bei der stets sexbereiten Sally eine Aufmunterung für den beginnenden Tag geholt. Nicht so Robby. Er hielt sich an seiner Zeitung fest, der *Chicago Times*.

Der Weg zu einer dramatischen Geschichte ist kurz, wenn es darum geht, daß ein Mann seit sieben Jahren jeden Morgen am Frühstückstisch Zeitung liest.

Der Tag, von dem wir hier berichten, begann wie jeder andere – nur hatte Sally an diesem Morgen einen scharfgeladenen Revolver in der Hand, als sie ihren Platz Robby gegenüber einnahm.

»Guten Morgen, mein Bester«, sagte sie, wie sie es seit sieben Jahren getan hatte.

»Guten Morgen«, erwiderte eine uninteressierte Stimme hinter der Zeitung.

Sally nippte ein wenig an ihrem Grapefruitsaft. »Du bist heute nacht spät nach Hause gekommen, Robby«, fuhr sie fort, »stand etwas Besonderes auf deinem Programm?«

»Hm.«

»Habt ihr die Bank in Scarsdale geleert, von der Louis gesprochen hat?«

»Hm.«

»Heißt das ja?«

»Nein.«

Sally sandte einen haßerfüllten Blick zur Zeitung hinüber. Robby hörte, was er hören wollte, aber nicht mehr.

Sie nippte wieder an ihrem Saft. »Inspektor Branigan hat angerufen.«

»Hm.«

»Das FBI hat Larry geschnappt.«

»Hm.«

»Dem ist der elektrische Stuhl sicher, meinte Branigan.«

»Hm.«

Sallys Hand umspannte den Revolver fester. Konnte dieser Schafskopf nicht einen Augenblick die Zeitung sinken lassen und fragen, auf welche Weise man Larry gefaßt hatte? Vielleicht war das FBI auch auf der Spur von Robby? Seine Sicherheit mußte ihm doch mehr bedeuten als die blöde Morgenzeitung, oder war er wirklich so damit beschäftigt, daß er nicht mehr hörte, was sie sagte?

Sie machte einen neuen Versuch. »Sag mal, warst du mit Lizzibelle, dieser großen, fetten Blondine mit den Kuhaugen, die du im Seven-Star-Club in Las Vegas aufgetan hast ... warst du mit der gestern abend zusammen? ...«

»Hm.«

Es war hoffnungslos. Warum ließ er nicht die Zeitung sinken und sagte, was sie sich doch selber ausrechnen konnte, daß er nicht mit der Blondine aus Las Vegas zusammengewesen war, wenn sie, Sally, sehr gut wußte, daß Lizzibelle wegen Zuhälterei hinter Gittern saß?

Nein, sie konnte ihn einfach nicht länger ertragen. Es mußte Schluß gemacht werden, gleichgültig, was hinterher mit ihr geschah. Langsam hob sie den Revolver und zielte auf seine Brust.

»Hast du etwas dagegen, Liebster, wenn ich dich jetzt abknalle?« fragte sie mit übertrieben zärtlicher Stimme und beugte sich vor.

»Hm.«

Dieser große dumme Klotz! Er hörte natürlich überhaupt nicht hin, wenn sie etwas sagte. Das sollte ihn teuer zu stehen kommen! Das sollte ihn sein elendes Leben kosten!

»Dann erschieße ich dich jetzt, Darling, mein Robbyboy.«

»Hm.«

Sie zählte bis drei – dann schoß sie.

Robby ließ die Zeitung sinken und knöpfte seine Jacke auf. »Sieh mal«, sagte er mit schwachem unheilverkündendem Lächeln, »ich trage seit neuestem eine kugelsichere Weste.«

Wie man ein besserer Mensch und dadurch glücklicher wird

Herr Awlenspike stellte Nägel her – Nägel aller Größen und Arten, für innen und außen, für Holz und Beton, eben für jeglichen Zweck. Seine Arbeit nahm ihn ganz in Anspruch. Vom frühen Morgen, wenn er erwachte, bis zum späten Abend, wenn er ins Bett kroch, dachte er kaum an etwas anderes als an Nägel. Mit etwas anderem beschäftigte er sich überhaupt nicht. Seine Frau, seine Kinder und sein Zuhause nahm er kaum wahr, seine Angestellten und Arbeiter noch weniger. Bei seinen Mitarbeitern kümmerte er sich einzig darum, daß sie pünktlich zur Arbeit kamen, nie auch nur eine Minute vor Feierabend gingen und sich tagsüber nicht allzu oft von ihrer Arbeit aufrichteten. Was nicht mit Nägeln zusammenhing, interessierte ihn absolut nicht. Weder der Innen- noch der Außenpolitik schenkte er auch nur die geringste Beachtung. Und die Regierung seines Landes bedeutete ihm genausowenig wie die der USA oder der UdSSR. Für ihn drehte sich alles lediglich um die Herstellung und den Verkauf von Nägeln.

Nägel, Nägel, Nägel.

Herr Awlenspike war kein böser Mensch. Er war auch nicht dumm. Nägel waren eben sein ein und alles. Sie bildeten seinen Daseinsgrund – Nägel für den Großhandel, Nägel für die Ausfuhr.

Eines schönen Tages jedoch fiel ihm ein Buch mit dem Titel »Wie man ein besserer Mensch und dadurch glücklicher wird« in die Hand. Er fing an, es während seiner kurzen Mittagspause zu lesen, dann fesselte es ihn so sehr, daß er sich damit in sein Büro zurückzog und die Anweisung erteilte, ihn keinesfalls zu stören, nur damit er es zu Ende lesen konnte. Das lobenswerte Ziel dieses Buches war, dem Leser zu zeigen, wie er sich und anderen das Leben schöner und leichter machen könnte. Es empfahl, die eigenen Fehler und Engstirnigkeiten zuzugeben und zu lernen, anderen zuzuhören, um ihre Probleme zu verstehen und ihnen helfen zu können. Sein Motto lautete: Hilf anderen, und du hilfst dir selbst, dich am Leben zu erfreuen wie nie zuvor!

Dieses Buch berührte eine bisher tief in Awlenspike verborgene Seite, und er fing an, sich Gedanken über die Menschen um ihn herum zu machen. Vor allem über Frandsen, den Buchhalter und ältesten Angestellten der Firma. Frandsen saß in seiner winzigen Zelle von Büro und leistete tagein, tagaus, jahrein, jahraus wahre Sklavenarbeit für nicht viel mehr als ein Butterbrot. Was wußte Awlenspike von dem Menschen Frandsen? Nichts, gar nichts. Also beschloß Awlenspike, Frandsen zu sich zu bitten, um mit ihm zu plaudern.

Awlenspike begab sich in die Buchhaltung und betrat Frandsens kleines Büro.

»Frandsen«, sagte er, »würden Sie bitte mit mir in mein Büro kommen?«

»Selbstverständlich, Herr Awlenspike«, piepste Frandsen unterwürfig, denn diese Geschichte trug sich in der Vorkriegszeit zu, als es noch so etwas gab, was man ›Respekt vor seinem Vorgesetzten‹ nannte. Also legte Frandsen seinen Federhalter nieder und beeilte sich, seinen Chef zu begleiten.

»Setzen Sie sich und nehmen Sie sich eine Zigarre, Frandsen«, forderte Awlenspike ihn herzlich auf.

»Vielen Dank, Herr Awlenspike, aber ich rauche nicht. Das kann ich mir nicht leisten.«

»Nein, vermutlich nicht.« Awlenspike nahm sich eine dicke, teure Havanna und zündete sie an, nachdem er die Spitze abgebissen hatte. Während er vor sich hinpaffte, lehnte er sich in seinem Ledersessel hinter dem großen Mahagonischreibtisch zurück.

Dann blickte er Frandsen in die Augen.

»Wissen Sie was, Frandsen«, begann er. »Ich bin sicher, daß Sie ein feiner Kerl sind. Ich muß zugeben, daß ich bisher nie darüber nachgedacht habe, was für eine Art Mensch Sie sind. Ich möchte Sie mir deshalb einmal richtig ansehen.«

Frandsen verstand absolut nicht, was das Ganze sollte, stand jedoch gehorsam auf.

Großer Gott! Er sieht ja halb verhungert aus, der Arme, dachte Awlenspike.

»Bitte setzen Sie sich wieder«, sagte er schnell. »Wie lange arbeiten Sie eigentlich schon hier?«

»Vierzig Jahre, Herr Awlenspike. Heute sind es genau vierzig Jahre!«

»Was Sie nicht sagen! Vielleicht feiern wir das später,

während der Nachmittagspause, mit Kaffee und Kuchen. Doch kommen wir erst zur Sache: Wie hoch ist Ihr Gehalt? Ich kümmere mich nicht selbst um diese Dinge, aber ich kann mir vorstellen, daß es nicht angemessen ist. Also, was verdienen Sie, Frandsen?«

Als Frandsen es ihm sagte, wäre Awlenspike fast an seiner Zigarre erstickt.

»So wenig?« Er war ehrlich schockiert. »Das ist ja ungeheuerlich! Ich schäme mich, Frandsen. Ich bin wirklich ein schlechter Arbeitgeber. Aber zumindest ist es noch nicht zu spät, mich zu informieren, und ich bin nun aufgeschlossen. Ihr Gehalt reicht ja kaum zum Leben. Und gewiß haben Sie eine Frau, Kinder und vielleicht sogar Enkel.«

»Ja, ich habe eine Frau, Kinder und Enkel, das stimmt.«

Awlenspike beugte sich zu Frandsen vor.

»Sie müssen entsetzlich unzufrieden mit Ihrem Gehalt sein, Frandsen. Nicht wahr?«

Frandsen schwieg und blickte zu Boden, um dem Blick seines Chefs nicht begegnen zu müssen.

»Geben Sie es zu, Frandsen. Sie sind sehr unzufrieden. Habe ich recht?«

»Nun, Herr Awlenspike, da Sie ja selbst davon angefangen haben ...«

Sein Chef rutschte nervös in seinem Sessel umher. Er konnte es sich einfach nicht bequem machen. Es war ganz offensichtlich, daß er sich in seiner Haut nicht wohl fühlte. Jetzt hatte er an etwas anderes zu denken als an Nägel. Nägel interessierten ihn im Augenblick nicht – keine Art von Nägel. Sein schlechtes Gewissen würde ihn drücken, bis er eine Lösung für dieses Problem gefunden hatte.

»Frandsen«, sagte er und legte seine Zigarre ab. »Ich habe ein Buch darüber gelesen, wie man seine Fehler und seine Engstirnigkeit erkennen kann. Dieses Buch lehrt einen, andere zu verstehen: ihre Lage, ihre Sorgen, ihre Hauptprobleme ... Und in Ihrem Fall, Frandsen, erkenne ich ganz klar, daß Ihr Problem das niedrige Gehalt ist, das ich Ihnen in den vergangenen vierzig Jahren gezahlt habe. Frandsen – ganz ehrlich –, ich würde mich schämen, ich könnte mir nicht mehr in die Augen schauen, wenn ich Ihnen auch nur noch für einen Monat ein so niedriges Gehalt gäbe. Das bringe ich nicht übers Herz. Im Grunde bin ich nämlich ein guter Mensch. Bitte, glauben Sie mir das, Frandsen.«

Er stand auf und ging um den Schreibtisch zu Frandsen, der ebenfalls aufstand. Awlenspike legte die Hände auf Frandsens Schultern.

»Frandsen, mein lieber, alter, treuer Angestellter«, murmelte er, während ihm Tränen über die dicken, rosigen Wangen rannen. Plötzlich erhellte sich seine Miene, und er lächelte durch die Tränen. *»Ich hab's, Frandsen: Sie sind entlassen!«*

Der Räuber von der Watermoor Street

Ted Moor hatte alles minutiös geplant, hatte selbst die scheinbar nebensächlichsten Details nicht unberücksichtigt gelassen. Es konnte einfach nichts mehr schiefgehen. Die kleine Bank in der Watermoor Street kannte er inzwischen wie seine Westentasche. Von seinen zahlreichen Besuchen der Filiale in dieser stillen Vorortstraße wußte er genau, daß der Kassierer um halb zwölf zum Essen ging und um 12 Uhr 05 wieder zurückkam.

Während dieser fünfunddreißig Minuten wurde er von der jungen blonden June Haywood, der Tochter des Geschäftsführers, vertreten, und in dieser halben Stunde mußte er zuschlagen.

Ted wußte genau, was er zu tun hatte, wenn der Coup geglückt war. Nichts wie raus aus der Stadt, Gas geben, unverzüglich über die kleinen Nebenstraßen in nördlicher Richtung bis zum Dorf Yewlands Grove brausen, wo alles vorbereitet war. Wenn er erst einmal in Yewlands Grove war, konnten seine Verfolger ihn herzlich gern besuchen kommen. Unternehmen konnten sie dann ohnehin nichts mehr.

Jetzt brauchte er nur noch eine Schußwaffe. Etwas, womit er den Leuten Angst einjagen konnte. Für so manchen großen Coup hatte eine Spielzeugpistole vollkommen ausgereicht. Warum sollte das nicht auch diesmal funktionieren?

Im nächsten Spielzeugladen sah er sich eine handliche kleine Kanone an, die gar nicht teuer war.

»Schießt die auch?« vergewisserte er sich.

»Ja, Sir. Sie legen die Zündplättchen hier ein, und dann drücken Sie einfach ab. Peng-peng-peng ...«

»Sehr schön«, sagte Ted. »Genau das, was ich suche.«

Er zahlte und gondelte noch ein bißchen in der Gegend herum. Um 11 Uhr 35 bog er in die Watermoor Street ein, parkte den Wagen am Gehsteig vor der kleinen Filiale der Southey Crescent Bank und ließ den Motor laufen. Dann stieg er aus, rannte über den Gehsteig, band sich rasch ein dunkelblaues Tuch vors Gesicht, zog die Kapuze tief in die Stirn, packte mit entschlossenem Griff den Messingknauf und stieß die Tür auf. Befriedigt stellte er fest, daß sich keine Kunden in der Bank aufhielten und nur ein paar jüngere Angestellte hinter den Schaltern standen. Dann hob er die Spielzeugpistole, schoß ein paarmal gegen die Decke und lief auf die Kasse zu.

»Dies ist ein Überfall«, donnerte er und schwenkte drohend die Zündplättchenpistole. »Ruhig bleiben. Finger weg vom Alarmknopf. Die Kassiererin zu mir.«

June schrie auf und trat erschrocken zurück. Sie hatte ihm schon ein paar Packen Geldscheine hingeschoben.

»Zu mir, habe ich gesagt«, wiederholte Ted.

»Meinen – meinen sie mich?«

Ted nickte hinter seinem dunkelblauen Tuch und der Kapuze. Dann riß er June mit einer gnadenlos-brutalen Bewegung an sich.

»Aber das Geld ... wollen Sie das vielleicht nicht?«

Ted tat die Geldbündel, die auf dem Kassenbrett lagen, mit einem verächtlichen Schnauben ab. Er zerrte June zum Ausgang. In diesem Augenblick kam ihr Vater, der Geschäftsführer, aus seinem Büro.

»Haltet den Dieb«, schrie er verzweifelt und sah sich nach dem nächsten Alarmknopf um. Aber noch ehe er ihn betätigen konnte, hatte Ted sich das Mädchen über die Schulter geworfen und die Bank verlassen. Zehn Sekunden später brauste er die Watermoor Street hinunter, bog mit quietschenden Reifen um die Ecke, und fünf Minuten später lag die Stadt bereits hinter ihm. Über schmale, verlassene Nebenstraßen rollte er in Richtung Yewlands Grove. Jetzt endlich nahm er die Kapuze und das dunkelblaue Tuch ab.

June schnappte nach Luft. »Ted!« Sie fiel ihm um den Hals. »Nun hast du mich also doch gekriegt, obgleich für Vater ein Schauspieler als Schwiegersohn partout nicht in Frage kam. Und du hast deine Rolle ganz toll gespielt.«

Verliebt schmiegte sie sich an ihn, und er trat das Gaspedal durch, denn in Yewlands Grove wartete der Friedensrichter.

Es ist ein verdammt lausiger Sport

Wildhüter Birk hatte schlechte Laune. Wieder hatte er sich eine Nacht wegen diesem verdammten Mikkel Holt um die Ohren geschlagen, ohne auch nur eine Spur von ihm zu finden. So sicher er war, daß Mikkel Holt auf privatem Waldbesitz herumstreunte, so gewiß konnte Birk sein, daß Mikkel sich längst in Luft aufgelöst hatte, wenn er sein Gewehr von der Wand nahm und sich auf die Suche begab.

Jedesmal hörte man zuerst einen Schuß in den Wäldern, und verantwortungsbewußt, wie er war, sprang Birk jedesmal aus dem Bett, zog sich eilends an und folgte der Windrichtung. Er pirschte zu den entlegensten Lichtungen und kam selten nach Hause, bevor die Sonne sich im Osten zeigte. Und jedesmal, wenn er wiederkam, hatte er miserable Laune, denn Mikkel war gerissen und ließ sich nicht ohne weiteres schnappen.

Mikkel Holt betrieb ein kleines Landgut in der Nähe des Waldes. Er bestellte sein Feld ordentlich, kümmerte sich um das Vieh, hielt sein Haus so sauber, wie man es von einem Junggesellen erwarten konnte, und zahlte pünktlich den Pachtzins. Er war ein umsichtiger und energischer junger Mann, bei allen beliebt, hochgewachsen, breitschultrig und gutaussehend – mit einem Wort: ein ganzer Kerl. Er hatte nur eine schlechte Angewohnheit – daß er ständig in den weitläufigen Wäldern des Grundherrn wilderte.

Und jetzt hatte Mikkel Holt wieder einmal zugeschlagen, und Birk war umsonst die ganze Nacht unterwegs gewesen.

»Hast du ihn erwischt?« fragte seine hübsche Frau Constanze neugierig, während sie die Patronenschachtel in das Schränkchen neben dem Schreibtisch legte und mit der Bereitung des Frühstücks begann.

»Erwischt!« knurrte der Wildhüter, während er wütend in seiner Kaffeetasse rührte. »So einfach das klingt – Mikkel Holt ist nicht der Typ, den man ohne weiteres stellen kann, wenn er einem über den Weg läuft. Er hat die unheimliche Gabe, sich unsichtbar zu machen, sobald ich den Wald betrete und ihn mit einem erlegten Wild unterm Arm auf frischer Tat ertappen will. Aber ich verspreche dir, Mädchen, ich kriege ihn ... früher oder später. Der Wilderer muß früher aufstehen, der es wagt –«

»Ich weiß, Rudolf«, begütigte seine Frau. Ich weiß doch, daß du was von deiner Arbeit verstehst. Aber meine Güte, nur weil er alle Jubeljahre mal einen Fasan oder einen Rehbock stibitzt, ist das denn wirklich so tragisch? Du weißt doch, daß er keinen Lebensunterhalt daraus macht. Einfach aus Sport zieht er nachts los und ...«

»Es ist ein verdammt lausiger Sport, einen älteren Mann wie mich zum Narren zu machen, und das Nacht für Nacht! Es ist schlicht und einfach eine Schweinerei. Andauernd muß ich mitten in der Nacht raus und mit meiner Knarre durchs Dickicht, anstatt im warmen Bett zu liegen und mein Ischias zu pflegen.«

»Dann laß ihm doch einfach den Spaß. Laß ihm die paar Fasane, ein Kaninchen oder ein Reh dann und wann ...«

»Der Eigentümer zahlt mir guten Lohn dafür, daß ich die Wilderer vom Wald fernhalte. Und ich werde nicht klein beigeben, bevor ich nicht diesen Kerl beim Kragen habe und vors Gericht schleifen kann.«

So verging die Zeit. Sommers wie winters hörte man Mikkel Holts Gewehrschüsse; und er nahm anscheinend noch nicht mal auf die Schonzeiten Rücksicht. Und wenn sich seine Nachbarn deswegen über ihn lustig machten, antwortete er ausweichend: »Man läuft ja nicht ständig mit der Schutzliste unterm Arm im Wald rum ... und das noch mitten in der Nacht! Außerdem: Wenn im Gebüsch plötzlich ein Tier auftaucht und einen bedroht, muß man sich doch zur Wehr setzen und es abschießen dürfen!«

An einem kühlen Abend im Spätherbst wollte der Wildhüter gerade zu Bett gehen und beugte sich vor, um die Schnürriemen zu lösen, als er draußen im Wald einen Schuß fallen hörte.

Birk zuckte zusammen und straffte sich.

»Jetzt werd' ich's ihm zeigen«, knurrte er wütend.

Rasch zog er die Stiefel wieder an und streifte einen warmen Pullover über. Dann befahl er seiner Frau Constanze, ihm rasch das Gewehr zu holen, während er nach der Munition kramte.

»Heute nacht kriege ich ihn ... tot oder lebendig!« verkündete er finster entschlossen. »Der Mond scheint, und die Nacht ist sternenklar. Diesmal geht er mir nicht durch die Lappen. Im ganzen Bezirk hat er mich unmöglich gemacht, aber damit ist jetzt ein für allemal Schluß!«

»Nimm den dicken Wollschal mit, damit du dich nicht erkältest«, mahnte Constanze. »Und bleib nicht wieder die ganze Nacht weg.«

»Ich bleibe so lange weg, bis ich ihn habe!«

Birk warf sich den Schal um den Hals und grunzte wütend, als er das Gewehr schulterte. Dann stapfte er hinaus und verschwand im Unterholz.

Er war kaum fort, als Mikkel Holt leise ans Gartentor klopfte. Constanze eilte hinaus, um ihn einzulassen.

Drinnen schnallte er das Gewehr ab. Dann legte er die großen, festen Hände um Constanzes runde, weiche Hüften und zog sie eng an sich. Sie spürte seine Hände abwärts gleiten.

Er versiegelte ihre halbgeöffneten Lippen mit einem heißen Kuß und sagte dann mit einem zufriedenen, jungenhaften Grinsen:

»Es ist ja so einfach, Liebling: Nur ein Schuß, und die Luft ist rein!«

Tunnels? Wir haben die längsten Tunnels der Welt

Holland ist sehr flach.

Waren Sie je in s'Hertogenbosch? Dann erinnern Sie sich vielleicht an ein komisches altes, zweistöckiges Giebelhaus mit dreifachen Fenstern, das halb verborgen hinter dem bischöflichen Sitz mitten in der Feijenstraat liegt. Natürlich können Sie sich nicht an alle Häuser erinnern, die Sie in Ihrem Leben gesehen haben. Es ist auch nicht von Bedeutung. Aber im Erdgeschoß dieses alten Giebelhauses mit den sauber bemalten Fensterrahmen wohnte das süße junge Fräulein Caroline van Kloos, von der Sie nun hören sollen.

Holland ist sehr, sehr flach.

Vielleicht empfinden Sie es als sonderbar, daß ich so starken Nachdruck auf diese Feststellung lege. Aber man muß sich unbedingt darüber im klaren sein, daß Holland kein gebirgiges Land ist, wenn man die ungewöhnliche Lage begreifen will, in der sich Caroline van Kloos am Ende dieser Geschichte befand.

Caroline hatte gerade das Alter von 21 Sommern erreicht. Sie war keine große Schönheit, sah aber entschieden gut aus. Dennoch hatte sie das Gefühl, daß die jungen Männer von s'Hertogenbosch sich nicht um sie kümmerten. Vielleicht war sie zu schüchtern. Vielleicht vermied sie die Gesellschaft von jungen Männern. Vielleicht war es auch reiner Zufall, daß sie immer noch keinen Freund hatte und kaum jemals geküßt worden war.

Ah ... ein Kuß! Ein schöner, langer, von Herzen kommender Kuß! Davon träumte sie.

Eines Tages schrieb sie einen ernsthaften Brief an die Spalte »Einsame Herzen« in einer Wochenzeitschrift. Sie bat um Rat bei der Suche nach einem jungen Mann, der sie ein wenig küssen – und an sich drücken – würde. Der Kolumnist nahm den Brief aber nicht ernst und schrieb die folgende amüsante Antwort: *Waren Sie schon einmal allein mit einem jungen Mann im Zugabteil, wenn es durch einen dunklen Tunnel ging? Wenn nicht, dann versuchen Sie es! Sie werden Erfolg haben!*

Sehr komisch. Manche Ratgeber für »Einsame Herzen« nehmen ihre Arbeit nicht ernst. Aber Caroline nahm die Antwort sehr ernst und wörtlich. Lange dachte sie über den Ratschlag nach. Aber ihr wurde sehr schnell klar, daß die Welt, in die das Schicksal sie gesetzt hatte, in bezug auf Tunnels keine Hoffnung bot.

Holland war zu flach. Im ganzen Land war kein einziger

anständiger Tunnel zu finden. Aber so leicht wollte Caroline nicht aufgeben. Sie ging in ein Reisebüro.

»Ich möchte eine Ein- oder Zweiwochen-Reise durch ein gebirgiges Land machen«, sagte sie.

»Wie wäre es mit der Schweiz oder mit Norwegen?«

»Welches hat die meisten Tunnels?«

»Das ist ungefähr gleich. Auf jeden Fall gibt es eine Menge Tunnels in Norwegen. Zum Beispiel auf der Strekke nach Bergen.«

»Die Strecke nach Bergen«, wiederholte Caroline. »Das hört sich gut an. Ich habe eine Schwester in Bergen. Dann kann ich sie auch gleich besuchen.«

Caroline entschloß sich zu einer Zweiwochenreise nach Norwegen. Vom Flughafen fuhr sie sofort zum Hauptbahnhof Oslo.

»Haben Sie eine Fahrkarte nach Bergen?« fragte sie am Schalter.

»Wir haben die besten Fahrkarten nach Bergen in der ganzen Welt, jawohl!«

»Ich habe gehört, daß es unterwegs viele Tunnels gibt ... stimmt das?«

»Und ob! Tunnels! Wir haben die längsten Tunnels der Welt auf der Strecke nach Bergen, jawohl!«

Bei dem Gedanken bekam Caroline eine Gänsehaut. Sie konnte es kaum erwarten, in den D-Zug nach Bergen einzusteigen. Zuerst saß sie ganz allein im Abteil. Aber an der ersten Haltestelle stieg ein großer, starker, hübscher junger Norweger ein. Mit einiger Mühe verstaute er seinen mächtigen Rucksack unter dem Sitz und setzte sich dann Caroline gegenüber.

Fieberhaft blätterte sie in der mitgebrachten holländischen Zeitschrift. Ab und zu warf sie einen verstohlenen Blick auf den jungen Norweger. Sie war so nervös, daß sie am ganzen Körper zitterte. Der junge Norweger holte eine

Karte mit Wanderwegen durch das Gebirge hervor und studierte sie gründlich. Offenbar existierte Caroline gar nicht für ihn.

Sie zog ihren Rock ein wenig in die Höhe, damit ihre Beine besser zu sehen waren. Und ihre Knie auch. Sie wußte, daß die meisten Männer eine Schwäche für wohlgeformte Beine haben. Und für schöne runde Knie.

Der junge Norweger packte seine Karte wieder ein und betrachtete Caroline. Von Kopf bis Fuß und wieder zurück. Das kleine Fräulein Caroline van Kloos war einer Ohnmacht nahe.

Sie lächelte ein wenig.

Er sah auf ihre holländische Zeitschrift und begann die Unterhaltung.

»Sind Sie schon mal in Norwegen gewesen, mein Fräulein?« fragte er.

»Nee, ik was hier nog noolt geweest.«

»Fahren Sie bis nach Bergen?«

»Ja, m'n zuster woont in Bergen.«

Caroline verstand kein Norwegisch, die einzige Sprache, die er beherrschte, aber irgendwie verstanden sie einander. Sie unterhielten sich weiter und lächelten immer häufiger. Das geht ganz gut, dachte Caroline, aber wo sind die Tunnels, die es auf dieser Strecke geben soll?

Ob sie fragen sollte? Aber ja!

»Mag ik U even iets vragen? Wet U hier ergens n'tunnel?«

»Ein Tunnel?« Der junge Norweger verstand ihre Frage. »Ob wir bald zu einem Tunnel kommen? Aber sicher! In ein paar Minuten kommen wir zu einem der längsten und dunkelsten Tunnels auf der Strecke nach Bergen. Wir Norweger nennen ihn den Tunnel der Liebe ...«

Caroline wurde es schwindlig. Schnell zog sie den Rock tiefer, bis er wieder die Knie bedeckte. Dann umklammerte sie die Sitzlehne. Sie mußte sich zusammennehmen, um nicht in Ohnmacht zu fallen.

Dies war der größte Augenblick in ihrem Leben ... WUTSCH ... der Zug stürzte sich in den stockdunklen Tunnel. Als er Minuten später wieder ins helle Sonnenlicht kam, zeigte es sich, daß das hübsche kleine, liebeshungrige Fräulein Caroline van Kloos die Nerven verloren hatte.

Sie hatte sich in Sicherheit gebracht – oben im Gepäcknetz!

Eine große, schöne, brandneue Bügelsäge für Springmesser-Karl-Otto

Karl-Otto erfreute sich guter Gesundheit, bekam dreimal täglich zu essen und hatte ein Dach über dem Kopf. Das einzige Problem war, daß dicke Eisenstäbe vor dem Fenster waren. Er hatte gerade dreieinhalb Jahre bekommen, weil er vergessen hatte, einige Sachen, die er gefunden hatte, auf die Fundstelle der Polizei zu bringen. Eines Nachts war er plötzlich, eher zufällig, in einer kleinen Fabrik gestanden, die keinen Nachtwächter hatte. Auf einmal war er einfach so über den Safe der Fabrik gestolpert. Und zumal er von ein paar Freunden begleitet war – er konnte sich selbst nicht erklären, wie das passiert war, vielleicht durch Gedankenlosigkeit –, hatten sie den Safe mitgenommen, als sie gingen. Natürlich wurden sie sehr neugierig und wollten wissen, was sich in dem Safe befand, als sie damit zu Hause angekommen waren. Da Karl-Otto gewöhnlich eine Lötlampe statt einem Feuerzeug bei sich hatte, konnte ihn nichts davon abhalten, ein Loch in den Safe zu machen. Er und seine Freunde waren sehr überrascht, als sie plötzlich dicke Bündel von Hundert- und Fünfhundert-Kronen-Noten in Händen hielten. Karl-Otto war so überrascht, daß er die schwere Hand des Gesetzes nicht auf seiner Schulter spürte, bis eine rauhe Stimme sagte: »Jetzt haben wir dich, Karl-Otto! Wieder einmal auf frischer Tat erwischt!«

»Auf frischer Tat?« fragte Karl-Otto unschuldig. »Was habe ich denn getan?«

Er wurde zu dreieinhalb Jahren verurteilt, um darüber nachdenken zu können.

Er hatte gehört, daß die Verhältnisse im Gefängnis sich gebessert hatten, seit er zuletzt dort gewesen war. Aber auch wenn das Gefängnis sein Bestes tat, um das Leben für die Gefangenen angenehmer zu machen, hielt er es nicht für angenehm genug. Er hatte daher kaum ein paar Tage in seiner Zelle verbracht, da fing er auch schon an, davon zu träumen, wie schön das Leben außerhalb der grauen Wände doch war ... Wie würde er diesen grauen Mauern entkommen? Er schmiedete einen gewagten und gefährlichen Plan nach dem anderen. Die meisten dieser Pläne waren sehr schlau, aber sie scheiterten alle an den Gittern an seinem Fenster.

Eines Tages jedoch geschah etwas, das neue Möglichkeiten eröffnete. Der nette Gefängniswärter kam mit einem Päckchen in seine Zelle.

»Das ist für dich, Karl-Otto«, sagte er mit einem freundlichen Lächeln. Er gab Karl-Otto das Päckchen und ging wieder, die Tür leise hinter sich zuziehend.

Karl-Otto war sehr aufgeregt, als er das Päckchen öffnete. Es war das erste Paket seines Lebens.

»O Mann!« murmelte er, als er es endlich geöffnet hatte. »Kaffeekuchen! Echter, altmodischer, selbstgemachter Kaffeekuchen. Genauso wie ihn Mama immer gemacht hat!«

Er las langsam den mit Bleistift geschriebenen Brief, der beigelegt war: *Hier, mein Junge. Ich habe ihn selbst gemacht. Ich hatte keine Rosinen, aber paß trotzdem auf Deine Zähne auf beim Kauen. Deine Mutter.*

»Sie hat mir also vergeben«, sagte Karl-Otto laut, seine Stimme zitternd vor Rührung, »daß ich ihr Silberbesteck verkauft, ihr Sparbuch geplündert und ihre monatliche Pension gestohlen habe.«

Karl-Otto war den Tränen nahe.

Der herrliche Duft des Kuchens ließ ihm das Wasser im Mund zusammenlaufen. Natürlich gab es im Gefängnis am Sonntag auch Kuchen zum Kaffee, aber er war nicht hausgemacht, und selbst wenn, wäre der Teig nicht mit derselben liebevollen Sorgfalt geknetet, mit der ihn seine Mutter für ihren einzigen Sohn knetete.

Er nahm einen Bissen, oder versuchte es zumindest. Da war etwas sehr Hartes. Was konnte das sein? Hatte sie stahlhartes Zitronat verwendet? ... oder ... EISEN! Karl-Otto brach den Kuchen rasch in zwei Teile ... und zum Vorschein kam, was er vermutet hatte: eine große, schöne, brandneue Bügelsäge!

»Ha ha!« Er lachte, daß seine verfaulten Zahnstummel zu sehen waren. »Die wird mir sicher sehr nützlich sein!«

Er versteckte die Säge sofort unter seiner Matratze. Als der Gefängniswärter hereinkam, um seine Zelle zu inspizieren und ihm gute Nacht zu sagen, saß Karl-Otto auf seiner Matratze und pfiff einen Sonntagsschul-Psalm.

Etwas später, um zehn Uhr, wurden die Lichter ausgedreht, und Karl-Otto begann, die Eisenstäbe durchzusägen. Es war harte Arbeit, und er fing bald an zu schwitzen. Obwohl er nicht an harte, körperliche Arbeit gewöhnt war, gab er nicht auf, bis er die erste Stange fast durchgesägt hatte.

Nacht um Nacht verbrachte er nun so. Er hatte sich den Fluchtplan durch und durch zurechtgelegt. Er wußte bis zum letzten Detail, was er zu tun hatte, wenn er erst durch das Fenster hinausgestiegen und über die Mauer geklettert war.

Mit dem Taschengeld, das er verdient hatte, wollte er sich eine gestrickte Skimaske kaufen, um sein Gesicht zu verbergen, dann würde er die Tür zur nächsten Bank aufreißen, die Angestellten mit einer Schreckschußpistole bedrohen und die Bank um all ihr Bargeld erleichtern. Danach wollte er zum Bahnhof gehen und den ersten Expreßzug ins Ausland nehmen. Wenn der Gefängniswärter entdeckte, daß seine Zelle leer war und man die Polizei in die umliegenden Bars schicken würde, um nach ihm zu suchen, säße er schon in einem Erste-Klasse-Abteil die Füße auf den Sitz gegenüber gelegt und eine dicke Zigarre rauchend, während der Expreß ihn zügig über die Grenze transportierte. Und die Polizei hätte nicht die leiseste Ahnung, wo sie den Gefangenen mit der Nummer 454711, Karl-Otto Emilius Hansen, suchen sollte.

»So, das hätten wir!« sagte er zufrieden, als er den letzten Gitterstab durchsägt hatte. Man müßte nur ein wenig dagegendrücken, und sie würden herausfallen. Jetzt brauchte er nur noch eine einzige Kleinigkeit, bevor er flüchten konnte.

Er hatte alles andere, außer dieser Kleinigkeit, erledigt. Er hatte die Leintücher, die er zusammenbinden würde, um sich daran aus dem Fenster hinunterzulassen; die Leiter, die ihm über die Mauer helfen sollte, hatte er unter ein paar Büschen im Hof versteckt, als er draußen war, um ein wenig frische Luft zu schnappen. Er hatte sie aus einigen Holzstücken gebastelt, die er in der Tischlerwerkstatt gefunden hatte. Der gefälschte Paß war für ihn von einem seiner begabten Freunde aus der Druckerei des Gefängnisses angefertigt worden. Jetzt brauchte er nur noch eines. Er war sicher, daß ihm der nette Gefängniswärter dabei helfen wurde. Er war besonders nett und freundlich und immer bereit, den Gefangenen kleine Gefallen zu tun.

Er fragte also den Wärter, der natürlich zusagte. Aber auf dem Weg zum Dienstraum fing er an, sich über die seltsame Bitte Karl-Ottos zu wundern und beschloß, die Sache mit seinen Kollegen zu besprechen. Sie hatten kaum davon erfahren, als sie auch schon zu Karl-Ottos Zelle eilten, um die Angelegenheit zu untersuchen.

Sie sahen sich auch die Gitterstäbe an ... und damit ging Karl-Ottos Fluchtplan den Bach hinunter. Obendrein bekam er noch achtzehn Monate an seine Strafe angehängt.

»Verdammt noch einmal! Wie konnte ich nur so dumm sein?« verfluchte er sich selbst immer und immer wieder, während er auf seinem Bett saß und darüber nachdachte, wie er sich seine Flucht selbst vermasselt hatte.

Karl-Otto hatte den Gefängniswärter um einen kleinen Gefallen gebeten. Er möge doch so nett sein, ihm den Fahrplan für den Paris- oder Orient-Expreß zu besorgen!

Salami-Ludwig

Ludwig hatte einen guten, sicheren Arbeitsplatz – in einer Brauerei. Er hatte nichts mit dem Kosten des Biers zu tun, jedenfalls nicht mehr als die anderen Arbeiter auch, und ebensowenig mit dem Gärprozeß oder dem eigentlichen Brauen.

Nein, er verbrachte seine Arbeitszeit von täglich acht Stunden in der warmen Mälzerei, wo er das Malz rühren mußte, was ziemlich eintönig war. Eine Zeitlang hatte er auch in der Abfüllung gearbeitet, aber in seiner Ungeduld geriet er zu leicht in Wut, und da waren viele Flaschen draufgegangen. Deshalb hatte man ihn an den Bottich gestellt, wo er nicht allzu viel anstellen konnte, wenn sein Temperament mit ihm durchging.

Diese Geschichte über Ludwig soll nur klarstellen, wie

wichtig eine gute Jause ist, um jemanden zufrieden zu stimmen und dadurch seine Leistungen zu steigern.

Vom ersten Tag in der Mälzerei an fiel seinen Arbeitskollegen auf, daß Ludwig sich während der gemeinsamen Mittagspause veränderte. Jedesmal, wenn er seine Jause auswickelte, knirschte er wütend mit den Zähnen.

»Was hast du denn, Kumpel?« erkundigte sich Thomas, der Vorarbeiter. »Magst du deine Brote nicht?«

»Mögen?« knurrte Ludwig. »Sie hängen mir zum Hals raus! Keine Abwechslung! Alle drei mit Salami belegt!!!«

Jedenfalls aß er sie trotzdem, und nach der Mittagspause kehrte er an den Bottich zurück und rührte mißmutig das Malz, bis die Pfeife schrillte und es Zeit war, Feierabend zu machen, auf sein Moped zu steigen und heimzuzuckeln.

Am nächsten Tag verlief die Mittagspause nicht besser. Kaum hatte er seine Jause ausgepackt, knirschte er wieder wütend mit den Zähnen.

»Hab' ich's mir doch gedacht!« zischte er, während er drei Salamibrote vor sich auf den Tisch legte.

Thomas und die anderen Arbeiter saßen mit ihm am Tisch.

»Ich weiß nicht, wie es euch geht«, brummte Ludwig gereizt, »aber hättet ihr Appetit auf drei Salamibrote?«

Thomas lachte. »Na zumindest brauchst du dir nicht den Kopf zu zerbrechen, welches du zuerst essen sollst.« Thomas konnte gut lachen, seine Frau hatte ihm ein Brot mit gebackener Leber, gerösteten Zwiebeln und knusprigem Speck gerichtet, ein zweites mit selbstgemachtem Preßkopf und ein drittes mit Roastbeef und Essiggurken. Also, wenn einer zufrieden sein konnte, dann Thomas.

Verlangend blickte Ludwig auf das Preßkopfbrot, während er lustlos an seiner Salami kaute.

»Möchte jemand mit mir tauschen?« fragte er und hielt eines seiner Salamibrote hoch.

Aber seine Kumpel schüttelten den Kopf. Wer von ihnen Salami mochte, hatte sie ohnehin auf einem seiner Brote.

»In der Abfüllung haben wir immer getauscht, wenn einer mehrere Brote mit dem gleichen Belag hatte. Was ist mit dir, Thomas? Wie wär's mit deiner gebackenen Leber für meine Salami?«

»O nein!« wehrte Thomas ab. »Ich kann Salami nicht ausstehen.« Und schon führte er sich das Brot mit der gebackenen Leber zu Gemüte.

Finster aß Ludwig seine Salamibrote. Den Rest des Tages war nicht mit ihm auszukommen. So wütend rührte er den Malz, daß sich keiner in seine Nähe traute.

Am nächsten Tag warf er fluchend seine Jause auf den Tisch. Dann setzte er sich, starrte sie feindselig an und machte keine Anstalten, sie auszupacken.

Den Mund voller Schinkenbrot, fragte Thomas: »Willst du dich denn nicht an deine Delikatessen machen?«

Ludwig bedachte ihn mit einem bitterbösen Blick.

»Delikatessen!« schnaubte er und wickelte seine Brote aus. Dann sprang er auf und schlug die Faust so heftig auf den Tisch, daß drei Bierflaschen hochschnellten und überschäumten.

»Ich hab's gewußt!« brüllte er. »Ich hab's gewußt. Drei gottverdammte Salamibrote!«

Thomas streckte seine kräftige Pranke aus, packte Ludwig an den Schultern und drückte ihn sanft auf den Stuhl zurück.

»Trag's mit Fassung und gib Frieden, wir wollen in Ruhe essen!« warnte er.

»Sch... fraß!« zischte Ludwig und aß angewidert seine Salamibrote.

Als er mit dem dritten fast fertig war und immer noch wütend aussah, wandte Thomas sich an ihn.

»Hör zu, Kumpel«, sagte er nicht gerade freundlich. »Wenn du Salami nicht magst, warum zum Teufel sagst du denn deiner Alten nicht, daß sie dir was anderes mitgeben soll?«

Zum zweitenmal an diesem Tag sprang Ludwig auf und schmetterte die Faust so wuchtig auf den Tisch, daß gleich alle Bierflaschen hochsprangen. Dann brüllte er dem verdutzten Vorarbeiter ins Gesicht:

»Ich hab keine Frau ... Ich bin nicht verheiratet – *und ich schmiere mir meine Brote selber!*«

Drei gute Freunde ...

Drei gute Freunde, der arabische Ölscheich Fahim El Hassan, der jüdische Großkaufmann Josef Yahiva und der Muezzin Adham ben Hafid, saßen im Mukhaad, dem Haus der Männer, und aßen eine bescheidene Mahlzeit, wobei ein fetter, stickiger, herrlicher Duft von stinkendem Rohöl des nahe gelegenen Ölfeldes ihre Nasenflügel erzittern ließ.

Mit Maßen nahmen die drei Männer von den bescheidenen Gerichten, die ihnen von Scheich El Hassans treuem Diener Abdullah dargereicht wurden. Es gab Schafsmilch, dazu gekochten Reis in Ghee mit Sultaninen, spröde Oasenzwiebeln, Mandeln und orientalische Gewürze. Auf einem großen Teller aus gehämmertem Zinn hatte Abdullah einen gekochten Dromedarbuckel angerichtet und ihn mit großen gelben gebratenen Grashüpfern und Fettschwanzklumpen des delikaten Fettschwanz-Beduinenschafes garniert. An der Feuerstelle saß Abdullah und zerrieb Kardamonsamen, um das Pulver zur Förderung der Verdauung in den starken arabischen Kaffee zu schütten.

Der Muezzin schloß seine Mahlzeit nach altem arabischem Brauch, indem er die fettigen Finger in seinem langen weißen Bart trocknete.

»Selim dayetak, mögen deine Hände gesegnet sein«, sagte der Wirt des Gastmahls, Scheich El Hassan, zu dem Muezzin und zutzelte ein Lammauge aus, bevor er es in die Zinnschale neben sich ausspuckte.

Eine Weile versanken die drei in tiefe philosophische Gedanken, während der Wüstenhund Salih einen aufdringlichen Kamelfloh fing. Abdullah schraubte die Öllampe unter der rauchgeschwärzten, mit Kameldünger verklebten Decke ein wenig runter, um der Umwelt ein gutes Beispiel dafür zu geben, daß man die kostbaren Öltropfen möglichst sparen sollte.

Auch Scheich El Hassan beendete seine Mahlzeit.

»Allah akbar, Allah ist groß«, sagte er mit einem dankbaren Blick auf den Tisch.

»Ya hoo«, ächzte der Muezzin beifällig, »bissahi. Bissahi akbar, Allah! In Wahrheit, groß ist Allah!«

Das stand also fest, und Abdullah schenkte das kochende Kaffeegebräu in die kleinen henkellosen Tassen und achtete genau darauf, daß der Kaffee nach Rang und Würde serviert wurde. Erst nach der vierten Tasse konnte das Gespräch wiederaufgenommen werden.

»Ach ja«, seufzte Josef Yahiva, »hätte man nur mehr Dinare!«

Dann setzte er sich etwas besser zurecht und nahm einen tiefen Zug aus der Nargileh, der Wasserpfeife, die ihm der Wirt des Hauses reichte. Lange saßen die Männer stillschweigend da und brüteten über ihren Gedanken. Endlich brach der heilige Muezzin das Schweigen.

»Ye wellah«, sagte er, »du hast recht, Josef, man sollte mehr Dinare haben. Die großen multinationalen Gesellschaften rennen mit dem ganzen Profit davon.«

Scheich El Hassan nickte langsam und zustimmend. »Ja, jedesmal tun sie das, nein, es lohnt sich kaum, dafür zu arbeiten.«

Auch Josef Yahiva nickte beifällig, ja, er ging sogar noch einen Schritt weiter und behauptete kühn: »Geld, nur das Geld zählt. Wer Geld hat, hat alles. Wer eine Menge Geld hat, hat eine Menge von allem.«

»Das ist richtig«, die beiden anderen nickten bestätigend. Und sie ließen die Wasserpfeife weiter herumgehen. Wohl liefen die Geschäfte der drei Männer wie mit Öl geschmiert, aber trotzdem gaben ihnen die finanziellen Probleme genügend Anlaß, darüber in tiefes und grübelndes Schweigen zu versinken. Geld, Geld, das sie nie erlangen würden, und wenn sie sich noch so sehr bemühten.

Sie sehen, auch die Ölscheichs und ihre Freunde haben eine Menge Probleme. Und so saßen die drei Männer Abend für Abend im Mukhaad und ließen ihre Gedanken um das Geld kreisen, um Geld, und immer wieder um Geld.

Aber an diesem besagten Abend geschah plötzlich etwas, das die drei sonst so unerschütterlichen Männer die Augen vor Verwunderung weit aufsperren ließ. Als Abdullah frisches Öl auf die Kupferlampe goß und dabei in Gedanken mit dem Ärmel daran rieb, offenbarte sich plötzlich mitten im Mukhaad eine wundersame Erscheinung. Von einem Strahlenkranz umgeben, trat der Geist der Lampe, wie man ihn aus *Tausendundeiner Nacht* kennt, in den Raum. Zuerst wollten die Männer ihren eigenen Augen nicht trauen, aber als der Wüstenhund Salih zu knurren begann, begriffen sie, daß sie richtig sahen, daß der Geist der Lampe wahrhaftig vor ihnen stand.

»Ihr findet also das Leben traurig und kaum lebenswert, weil ihr nicht genug Geld habt«, begann der Geist der Lampe mit seiner tiefen, beruhigenden Stimme. »Ich werde jetzt jedem von euch einen Wunsch freigeben, und das gilt auch für dich, Abdullah. Denkt alle vier gut nach, und gebraucht euren Verstand. Ihr habt jeder nur diesen einen Wunsch frei, und sobald ihr ihn ausgesprochen habt, kann er nicht mehr geändert werden. Wenn ihr alle vier euren Wunsch ausgesprochen habt, verschwinde ich ebenso plötzlich, wie ich gekommen bin, und im selben Augenblick wird euer Wunsch in Erfüllung gehen. Sagt jetzt euren Wunsch, und du zuerst!«

Dabei zeigte er auf Scheich El Hassan.

Scheich El Hassan begann fieberhaft an seinem Kaffijeh zu zupfen, dem großen weißen Kopftuch, das an einem Ring befestigt war und den größten Teil seines schwarzen Hauptes bedeckte. »Ich würde mir wünschen ...«, begann er, machte dann eine kleine Pause, um gründlich nachzudenken, ob er nun auch den richtigen Wunsch nannte, aber es fiel ihm nichts Besseres ein.

»Ich würde mir wünschen«, wiederholte er dann bedächtig, »daß eine Pipeline zu allen bekannten und unbekannten Ölquellen der ganzen Welt gestochen würde und daß das Öl der ganzen Welt hierher zu meinem Ölfeld in Metab-al-Zaban flösse, daß ich ebenso viele Dinare besäße wie Tropfen Öl in all diesen Leitungen wären. Das ist mein größter, mein einziger Wunsch, und Allah helfe mir, daß er jetzt und hier in Erfüllung gehen möge.«

»Es wird geschehen, wie du es gewünscht hast«, der Geist der Lampe nickte, »und jetzt du!«

Der Geist der Lampe zeigte auf den Muezzin, der seinen Wunsch schon bereit hatte.

»Wellah! Ich wünschte, ich hätte ebenso viele Golddinare wie es Vögel in der Luft gibt, Tiere auf dem Feld, Fische im Meer und Insekten, die herumschwirren und auf der Erde kriechen.«

»Dein Wunsch soll in Erfüllung gehen, und du?«

Der Geist der Lampe nickte dem jüdischen Großkaufmann zu.

»Ich wünschte«, begann Josef langsam und bedächtig, um sicher zu sein, daß er seinen Wunsch korrekt formulierte, »ich wünschte, ich hätte ebenso viele Dinare wie es Sandkörner in allen Wüsten gibt, an allen Stränden und auf allen Meeresgründen der ganzen Welt.«

»Dein Wunsch wird erfüllt werden.«

Der Geist der Lampe wandte sich an Abdullah, der nicht zu sprechen wagte, bis er die Erlaubnis seines Herrn erhalten hatte.

»Tfadal bil awal, ya Fahim?« fragte er und suchte den Blick des Scheichs.

»Sprich ruhig, Abdullah«, lautete die großzügige Antwort des Scheichs, und Abdullah sprach:

»Ich würde mir wünschen, daß ihr alle drei auf der Stelle tot umfallen würdet, sobald sich euer Wunsch erfüllt hat ... und daß ich, Abdullah Shalan, der Sohn des Kamelwäschers, euer einziger Erbe wäre.«

Ich halte das Leben mit dir nicht mehr aus

Nicht alle Geschichten spielen im Milieu der oberen Zehntausend, wo man weder Sorgen noch Probleme kennt. Nicht immer stehen Ölmagnaten, Hollywoodstars, Prinzen und französische Herzöge im Mittelpunkt, und nicht immer ist der Schauplatz die Riviera mit ihrer frischen Luft und den von Palmen und Agaven gesäumten Prachtstraßen. Manchmal spielen diese Geschichten in einer ganz alltäglichen Umgebung, die farblos und wenig aufregend ist, und die Menschen sind glücklich, was in jedem Fall auf Valborg und Aksel und ihre Ehe zutrifft.

Valborg und Aksel lebten wie Katz' und Hund. Nun ja,

wir alle kennen Katzen und Hunde, die sich großartig vertragen und sogar eng aneinandergeschmiegt auf dem Sofa schlafen. Doch das sind Ausnahmen. Valborg und Aksel entsprachen eher der traditionellen Vorstellung. Sie biß, kratzte, zischte und schlug nach ihm – und er verkroch sich winselnd unter dem Tisch oder flüchtete zumindest aus dem Zimmer.

Natürlich kann man sich daran gewöhnen, mit einer ewig nörgelnden Xanthippe verheiratet zu sein. Man wird mit der Zeit unempfindlich, um nicht zu sagen immun gegen die fast ununterbrochenen Schimpfereien und Wutanfälle. Man hört sie kaum noch. Man sagt nur ja und amen zu allem und duckt sich, wenn richtig rauhe Wetter aufziehen.

Aksel hatte sich daran gewöhnt. Trotz ihres hitzigen Temperaments kochte Valborg für ihn, stopfte seine Socken und bügelte seine Hemden. Schließlich kann man im Leben nicht alles haben. Aksel tröstete sich damit, daß es viel schlimmer wäre, wenn er eine stets liebevolle, zärtliche Frau hätte, die nicht kochen, keine Socken stopfen und keinen Kragen bügeln konnte. Ehre wem Ehre gebürt. Ihre Ehe war nicht total unglücklich.

Hin und wieder ging er in die Eckkneipe in der Nähe, trank ein paar Bier und schwatzte ein bißchen mit Arbeitskollegen und Leidensgenossen. Manchmal würfelte er auch um die nächste Runde oder gewann ein paar Kronen beim Billard. Man könnte sagen, daß die Kneipe in gewisser Weise einer der wenigen Lichtblicke in seinem Leben war. Niemand kann ganz ohne Licht leben – mit Ausnahme von Würmern und Maulwürfen vielleicht.

Dann passierte etwas, das Aksel von Grund auf erschütterte und sein Leben zerstörte. Er hatte kaum genug Kraft, um in die Kneipe zu wanken und seinen Freunden zu berichten, was ihm Furchtbares widerfahren war.

Schwerfällig setzte er sich auf einen der abgewetzten Stühle. Oscar, der große, beleibte Wirt, schlurfte an seinen Tisch.

»Was ist denn mit dir los, Aksel?« fragte er und ließ seinen mächtigen Körper auf einen Stuhl sinken. »Hat dir jemand dein Frühstücksbier geklaut?«

Aksel sah ihn traurig an. Er wollte etwas sagen, doch seine Lippen brachten kein Wort zustande. Nach mehreren Versuchen antwortete er bekümmert:

»Valborg hat mich verlassen.«

»Was hat sie?«

»Sie hat mich verlassen.«

Aksel holte ein zerknittertes Blatt Papier aus der Tasche. Er strich es sorgfältig glatt und reichte es Oscar, der laut vorlas:

Aksel, hieß es da, *ich halte das Leben mit Dir nicht mehr aus. Ich bin zu meiner Schwester nach Hobro gegangen. Du wirst mich nie wiedersehen. Im Kühlschrank findest Du Bier und gebratene Frikadellen. Vergiß nicht, das Goldfischglas zu reinigen und frisches Wasser hineinzugehen. Valborg.*

Aksel sah aus, als sei ihm das Herz gebrochen.

»Ich weiß nicht, wie du empfinden würdest«, sagte er mit schmerzlich klingender Stimme. »Nach neunundzwanzig Jahren Ehe! Vier Jahre nach der silbernen Hochzeit! Ach, was war das doch für ein schönes Fest. Erinnerst du dich? Wir haben deinen Saal im ersten Stock gemietet, hatten den besten Partyservice und die allerbeste Band. Einfach alles. Und unsere dreißig Gäste wünschten uns nur das Beste für die nächsten fünfundzwanzig Jahre.«

Aksel lief eine Träne über die Wange.

»Das ist ja wirklich schrecklich«, sagte Oskar mitfühlend, als er Aksel den Zettel zurückgab.

»Darüber komm' ich nie hinweg, Oscar«, sagte Aksel

stockend, während er sich mit seiner großen Schweißerfaust unter der Nase herumwischte.

»Aber selbstverständlich kommst du darüber hinweg. Es wird seine Zeit dauern, klar, aber du schaffst es bestimmt. Und jetzt hol' ich dir ein Glas Lagerbier.«

Und tatsächlich fühlte sich Aksel ganz allmählich immer besser. Manchmal konnte er den ganzen Abend in der Kneipe sitzen und würfeln, ohne wegen Valborg eine einzige Träne zu vergießen oder ihren Namen zu erwähnen. Manchmal spielte er stundenlang Billard und sammelte, da er ein ausgezeichneter Spieler war, viele Punkte, ohne an Valborg auch nur einen einzigen Gedanken zu verschwenden.

Aber wie schon das alte Sprichwort sagt: Ein Unglück kommt selten allein.

Eines Abends stolperte Aksel völlig gebrochen in die verrauchte Kneipe mit der niedrigen Decke. Er war so blaß wie der Tod und sank apathisch auf einen der alten Stühle. Dann starrte er einfach ins Leere.

Oscar kam herübergeschlurft. Sein mächtiger Bauch war ungefähr einen halben Meter früher da als der übrige Oscar.

»Was ist denn jetzt passiert, alter Junge?« fragte er mitleidig. »Ist Valborg von uns gegangen?«

Aksel schüttelte total verzweifelt den Kopf.

»Nein.« Er seufzte. »Es ist viel schlimmer! Sie ist zurückgekommen!«

Alles ist verboten und nichts erlaubt

Die große Gefahr des Alkohols besteht darin, daß er jeden Trinker zu einem neuen Menschen macht. Der neue Mensch ist dann aber ebenfalls durstig und möchte sich öfter mal ein Gläschen gönnen.

Wenn ich es mir recht überlege, so war es meine alte Flamme, Elvira Madsen, die mich zum Trinker machte. Und ich übles Subjekt habe mich nicht einmal bei ihr bedankt!

Elvira war Stripperin. Ich erinnere mich noch, wo ich sie zum ersten Male sah: In einer Bar, zu der auch Showeinlagen gehörten. Nie zuvor in meinem jungen Leben hatte ich etwas Derartiges gesehen. Fasziniert starrte ich auf die winzige Bühne, wo sich junge Mädchen in entzückende Nackedeis verwandelten. Stunde um Stunde sah ich ihnen zu. Ganz zum Schluß mußte ich mich einfach losreißen, ob mir nun danach zumute war oder nicht. Ich hatte meiner Mutter ausdrücklich versprochen, bald nach Mitternacht zu Hause zu sein. Schweren Herzens winkte ich dem Kellner.

»Herr Ober«, flüsterte ich, »geben Sie bitte Ihrem Rausschmeißer einen Wink, sonst sitze ich noch bei Tagesanbruch hier herum!«

☆

In meinem späteren Leben hatte ich eine Stammbar. Kürzlich saß ich dort mit einem Herrn zusammen, den ich gerade erst kennengelernt hatte. Er sprach über Reisen.

»Italien!« schwärmte er. »Was ist das für ein wunderbares Land! Denken Sie nur an Roms Ruinen! Denken Sie an Venedig mit dem Markusplatz, denken Sie an die Olivenhaine in der Toscana, denken Sie an Capri! Alles, alles ganz herrlich! Ach ja, Italien hat mir viele unvergeßliche Erlebnisse geschenkt!«

»Wann waren Sie denn zuletzt dort unten?« unterbrach ich ihn.

»Zuletzt?« fragte er verwundert, während er dem Barkeeper ein Zeichen gab, unsere Versorgung mit Whisky nicht zu vernachlässigen. »Zuletzt? Ich bin noch nie in meinem Leben in Italien gewesen, aber meine Frau fährt jahraus, jahrein für mehrere Wochen hinunter. Sie glauben ja gar nicht, was ich dann für herrliche Erlebnisse hier bei uns in der Stadt habe!«

☆

Ich möchte ungern prahlen, aber es kann nicht ausbleiben, daß man im Lauf der Zeit seine Erfahrungen mit dem Alkohol macht. Inzwischen habe ich mir ein gewisses Ansehen als Kenner erworben. »Blindtester« nennt man mich. Meine Spezialität besteht darin, daß ich nur ein wenig an einem Glas zu schnuppern brauche und meine Zunge mit einigen Tropfen benetze – schon kann ich ganz präzise sagen, um welche Marke es sich handelt und woher sie kommt.

»Da bin ich platt!« rief einer der Gäste in meiner Stammbar, als er davon hörte. »Soll das heißen, daß Sie auf Anhieb sagen können, ob es sich um französischen, italienischen oder spanischen Rotwein handelt, um welchen Jahrgang und in welcher Preisklasse?«

Barkeeper Henry mischte sich in unser Gespräch.

»Das ist vollkommen richtig; wenn Sie den Herrn auf die Probe stellen wollen, darf die Aufgabe sogar noch wesentlich schwerer sein!«

Der Gast überlegte einige Zeit, dann hatte er eine Idee. Er zog einen Flachmann aus der Tasche und schenkte ein.

»Prost!« rief er. »Ich bin wirklich gespannt, ob Sie so hohen Ansprüchen gewachsen sind!«

Ich schnupperte am Glas und nahm dann einen winzigen Schluck. »Pfui! Zum Teufel!« schrie ich und spuckte das Gesöff auf den Fußboden. »Das ist ja Petroleum!«

Der Gast nickte befriedigt. »Allerdings, aber das weiß ich selbst. Ich möchte nur etwas über seine Herkunft wissen: Kommt es aus Texas oder dem Iran?«

☆

An einem anderen Tag erschienen zwei stark angesäuselte Herren in meiner Bar und baten um zwei doppelte Whiskys.

»Wir sind Zwillinge«, sagte der eine zum Barkeeper Henry. »Wir trinken stets das gleiche.«

»Wir trinken auch stets die gleiche Menge«, ergänzte der andere.

»Und wir werden beide auch stets sternhagelvoll. Ulkig, nicht wahr?«

»Sehr ulkig«, bestätigte Henry.

Dann bestellten die Zwillinge noch jeweils einen doppelten Whisky, und nachdem sie die Gläser intus hatten, holte der eine eine Münze aus der Tasche.

»Wir knobeln immer, wer von uns bezahlen soll.«

Barkeeper Henry nickte verständnisvoll und wartete die weitere Entwicklung ab.

»Ich nehme Zahl«, sagte der eine Zwilling und warf die Münze in die Luft.

»Ich auch«, rief sein Bruder.

Die Münze fiel auf den Tresen. Die Zahl lag oben.

Die Zwillinge drückten einander die Hand und beglückwünschten sich, während sie Henry anstrahlten. »Da haben wir wirklich Dusel gehabt«, sagten sie wie aus einem Munde. »Wir haben beide gewonnen! Keiner von uns muß bezahlen!«

☆

Plötzlich flog die Tür auf. Ein schwer bezechter Herr torkelte mit starker Schlagseite und starrem Blick herein und hielt sich an der Theke fest, ehe er Henry einen Wink gab und lallte: »Schnell einen Drink, Alter. Am besten gleich einen doppelten. Beeil dich ein bißchen. Ich muß sehen, daß ich bald nach Hause komme.«

»Wo bist du denn gewesen?« fragte Henry.

»Ich war zu einer Weihnachtsfeier!«

Henry blickte seinen Stammgast kopfschüttelnd an:

»Was für eine Weihnachtsfeier? Wir haben doch schon Ende Februar!«

»Na, siehst du! Dann wird es doch wohl höchste Zeit, daß ich endlich nach Hause komme!«

☆

Über dem Tresen der Bar Zur blauen Ziege hängt ein Pappschild mit der nachdenklich stimmenden Aufforderung:

Lieber Gast! Trinken Sie, um zu vergessen? Dann bezahlen Sie bitte, ehe Sie den ersten Schluck zu sich nehmen!

☆

Spätabends, als die Polizeistunde schon dicht bevorstand, blickte ein Stammgast von seinem Glas auf, atmete einige Male tief durch und schien in Panik zu geraten. Er winkte dem Barkeeper: »Hier stimmt was nicht!« murmelte er. »Irgendein ganz merkwürdiger Duft ist ganz deutlich wahrnehmbar!«

»Nimm's nicht weiter tragisch«, sagte der Barkeeper gelassen. »Ich habe gerade ein Fenster geöffnet. Was dich so unruhig macht, ist nur die frische Luft!«

☆

Donnerstags, wenn Oskar seinen Wochenlohn ausgezahlt bekommen hatte, war es ihm zur lieben Gewohnheit geworden, betrunken nach Hause zu kommen. Alvilda, seine Frau, hatte es sich ebenso zur Gewohnheit gemacht, ihm beim Betreten der Wohnung ein paar kräftige Fausthiebe in den Nacken zu versetzen, allerdings ohne eine nennenswerte Wirkung zu erzielen. Sie beschloß deshalb eine Änderung ihrer Taktik: Sollte er auch am nächsten Donnerstag sturzbetrunken nach Hause kommen, wollte sie es zur Abwechslung mit Zärtlichkeit und Liebe versuchen. Der Donnerstagabend kam heran, aber erst gegen Mitternacht taumelte Oskar durch die Wohnungstür.

Selten zuvor hatte er einen so gewaltigen in der Krone gehabt wie diesmal. Alvilda empfing ihn mit liebevollen Küssen und umarmte ihn dabei. Sie führte ihn behutsam ins Eßzimmer und schob ihm einen Stuhl hin. Der Tisch war festlich gedeckt, auch ein paar Kerzen hatte sie angezündet, um den freundlichen Eindrück zu verstärken.

Oskar rührte keine der Speisen an. Er schien völlig verstört.

»Vielleicht sollten wir uns aufs Sofa setzen und ein wenig zärtlich zueinander sein?« fragte Alvilda behutsam.

»Na gut, von mir aus«, lallte Oskar und schüttelte seinen Kopf so kräftig, als wolle er den schweren Vollrausch loswerden. »Denn wenn ich jetzt nach Hause ginge, würde mir meine Frau ohnehin nur die Hölle heiß machen!«

☆

An einem anderen Donnerstag kam Oskar ebenfalls mit starker Schlagseite heim. Diesmal aber stand kein liebevoll gedeckter Tisch, kein festliches Mahl bereit, um ihn zu empfangen. Alvilda war längst zu Bett gegangen. Oskar torkelte durch die Wohnung – im Dunkeln, denn er hatte den Lichtschalter nicht finden können; plötzlich hörte man ein furchtbares Krachen, dann folgte ein Geräusch wie von einem geplatzten Wasserrohr. Alvilda flog geradezu aus ihrem Bett, knipste das Licht an, rannte ins Wohnzimmer und sah die Bescherung.

»Du hast unser schönes, großes Aquarium kaputtgeschlagen«, fauchte sie. »Warum hast du das getan? Was in aller Welt soll das bedeuten?«

»Was das bedeuten soll?« schrie Oskar und war noch beleidigter als sonst bei ähnlichen Gelegenheiten. »Glaubst du vielleicht, ich lasse es mir bieten, wenn mich unsere Goldfische ankläffen?«

☆

Und dann möchte ich noch eine Geschichte aus den sogenannten besseren Kreisen erzählen, aus einer höheren gesellschaftlichen Sphäre.

Sie spielt in Cannes an der französischen Mittelmeerküste. Ein nicht mehr ganz nüchterner Gentleman verließ einen der exklusivsten Nachtclubs an der Riviera. Vor dem Eingang fiel sein Blick auf einen Herrn in einer goldstrotzenden Uniform.

»Holen Sie mir ein Taxi!« befahl der Gentleman in der Annahme, es handele sich um den Portier.

»Erlauben Sie mal!« brauste der Uniformträger auf. »Ich bin Admiral!«

»Macht nichts«, besänftigte der Gentleman den Offizier. »Dann bestellen Sie mir eben ein Schlachtschiff!«

☆

Und zum Schluß noch eine Anekdote von einem Trunkenbold, der offensichtlich einen furchtbaren Kater hatte. Er wankte in das Sprechzimmer einer Wahrsagerin. Auf ihre Frage, ob er einen Blick in die Zukunft durch ihre Kristallkugel tun möchte, wehrte er ab:

»In die Zukunft? Nein, im Gegenteil! Sagen Sie mir lieber, wo ich gestern abend und heute nacht gewesen bin!«

Es gibt so vieles, was man feiern müßte ...

Es gibt so vieles, was man feiern müßte. Wer sagt denn, daß man sich nur auf Geburtstage beschränken sollte? Wenn man sich eine Feier wünscht, kann man viele Ereignisse zum Anlaß nehmen. Das war der Fall bei Severinsen, dem alten Buchhalter; es handelt sich um die wahre Geschichte eines Mannes, der einen bemerkenswerten Tag feierte, der nicht sein Geburtstag war.

Der alte Severinsen war bei einer kleinen Großhandelsfirma angestellt, die altmodisch und überhaupt nicht daran interessiert war, sich den zeitlichen Veränderungen anzupassen.

Der Chef der Firma drückte die Einstellung der Firmenleitung voller Stolz so aus: »Unsere Firma hat in den letzten fünfundsiebzig Jahren immer auf dieselbe gute alte Weise gearbeitet und wird sich die weiteren fünfundsiebzig Jahre an die bewährte Methode halten.«

Die Geschichte spielt in den muffigen, verstaubten Büros der Firma. Auf dem Schreibtisch des alten Severinsen lag zwischen den Fässern mit Tinte und mit Tintenlöschmittel ein Schreibtischkalender, den er von den Vereinigten Strumpfbandwerkstätten erhalten hatte. Auf die Seite, die den ersten September anzeigte, hatte Severinsen ein »X« gesetzt und drumherum kleine dänische Flaggen gezeichnet, wobei er für die Umrahmung des weißen Kreuzes rote Tinte benutzt hatte.

Jeden Morgen, wenn er auf den hohen, dreibeinigen Stuhl vor seinem Schreibtisch kletterte, zählte er nach, wie viele Tage es noch bis zum ersten September waren.

»Ja, jetzt sind es nur noch drei Tage bis zum Ersten«, sagte er zum Schreiber Frandsen.

Der junge Frandsen kam zu seinem Schreibtisch herüber. »Wie wollen Sie es feiern, Severinsen?« fragte er. »Wollen Sie Bier zu unserem Imbiß spendieren?«

Severinsen nickte. »Und dazu einen Schnaps oder zwei. Aber im übrigen möchte ich den Tag ruhig verbringen.«

Am nächsten Morgen sah Severinsen wieder im Kalender nach. Nur noch zwei Tage bis zum Ersten. Der junge Frandsen kam zu seinem Schreibtisch herüber und fragte: »Meinen Sie, der Chef gibt uns einen halben Tag frei?«

»Ha, ha!« schnaubte Fräulein Lind, die Kassiererin. »Das ist ja zum Lachen! Wie naiv wollen Sie denn noch sein? Nein, wir werden am Freitag wie gewöhnlich arbeiten – bis sieben Uhr. Meinen Sie, der alte Geizkragen ...«

Fräulein Lind verstummte mitten im Satz, als sich die Tür öffnete und Herr Knurrhahn, der Firmeninhaber, hereinkam. In barschem Ton sagte er: »Guten Morgen.« Alle Angestellten begannen, wie wild zu arbeiten. Flink kratzten die Federn, üppig floß die Tinte. Herr Knurrhahn hängte Hut, Stock und Mantel mit dem Pelzkragen auf und verschwand in seinem Büro.

Am nächsten Tag kündigte Severinsen an, daß es nur noch ein Tag bis zum ersten September war.

»Ich sollte mich wohl bei meinem Friseur anmelden ... Das hätte ich dem Anlaß zu Ehren schon gern getan«, sagte Fräulein Lind.

»Ich werde losgehen und das Bier und den Schnaps holen, Herr Severinsen«, sagte Egon, der Bürojunge.

»Es lohnt sich doch nicht, solch einen Aufwand zu machen«, sagte Severinsen.

»Aber der Tag wird gefeiert, nicht wahr?« Frandsen fürchtete, um das Bier und den Schnaps gebracht zu werden. Im Imbißzimmer war es immer lustiger, wenn jemand einen im Kalender rot angestrichenen Tag feierte und für jeden Bier besorgte.

»Natürlich wird der Gedenktag begangen.«

»Er sollte in die Zeitung kommen«, meinte Hansen, der Vertreter.

»Auf keinen Fall!« sagte Severinsen und blickte drein, als meine er das auch wirklich so.

»Wieviel Bier soll ich kaufen? Wir können es gleich jetzt ausmachen, dann ist bis zum Imbiß alles erledigt.« Egon zeigte sich äußerst hilfsbereit.

Als Severinsen am Freitagmorgen, dem ersten September, um acht Uhr ins Büro kam, fand er seinen Schreibtisch mit Blumen und einer dänischen Flagge geschmückt vor; alle möglichen Geschenke lagen darauf. Fräulein Lind hatte ihm eine Flasche Sherry gespendet; Frandsens Geschenk bestand aus einer Kiste Zigarren; der Vertreter überreichte ihm einen Aschenbecher aus Keramik, und

Egon hatte ihm eine kleine Flasche Schnaps geschenkt, obwohl er sich das selbst kaum leisten konnte.

Frandsen hielt dem Anlaß zu Ehren eine kleine Rede, die dem alten Severinsen die Tränen in die Augen trieb.

Severinsen dankte allen und sagte: »Laßt uns zu Ehren des Anlasses mit einem Gläschen Wein beginnen!« Er öffnete die Flasche mit Sherry, und als alle Gläser gefüllt waren, prosteten alle Severinsen zu. »Lang soll er leben!« riefen sie und brachen in ein dreifaches »Hurra!« aus.

Gerade als das letzte »Hurra« verklang, kam Herr Knurrhahn herein. Wie gewöhnlich hängte er Hut, Stock und Mantel in der Ecke auf. Dann blickte er erstaunt auf den mit Blumen und Flagge geschmückten und mit Geschenken beladenen Schreibtisch Severinsens.

»Was ist denn los, Severinsen?« fragte er. »Haben Sie heute Geburtstag?«

»Nein«, sagte Severinsen langsam und sah seinen strengen Chef an; die warmen Augen des Buchhalters glänzten. »Es ist nur eine Art Jahrestag. Heute sind es genau zehn Jahre her, seit ich die letzte Gehaltserhöhung bekam!«

Constanze und Conrad

Die folgende Geschichte spielt in einer Zeit, als es noch Sitte war, vor seiner Auserwählten auf die Knie zu fallen, wenn man ihr seine Liebe gestehen wollte. In einer Zeit, als der junge Kavalier nervös die lilienweiße Hand seiner Angebeteten ergriff, sie bebend in der seinen hielt und voller Pathos erklärte, er wolle sie auf Händen bis ans Ende der Welt tragen, sofern sie ihm nur ihr Jawort gab. Wir lassen die Geschichte absichtlich in jener entschwundenen Zeit spielen, denn heute sagt man ja einfach: »Wollen wir zusammenziehen?« Kurz und bündig, ohne Trauschein. Und damit hat sich die Sache.

Nein, damals in der guten alten Zeit gab es noch Romantik, als Constanze auf Conrads Heiratsantrag wartete. Sie wartete schon seit sieben Jahren, aber das war damals nichts Ungewöhnliches. Nun jedoch spürte sie, daß die große Stunde nahte. Conrad wirkte seit einiger Zeit so sonderbar rastlos, wenn sie beisammen waren. Er konnte keinen Augenblick ruhig auf dem Plüschsofa sitzen, ständig zupfte er nervös an seiner Krawatte, er erhob sich, dann setzte er sich wieder, er antwortete abwesend, wenn sie ihn etwas fragte, seine Hand zitterte, wenn er den Tee einschenkte, und jeden Augenblick faßte er sich fahrig an den Hals, wie es damals vor der großen Brautwerbung Sitte war.

Constanze versprach sich viel von Conrads Antrag. Er war zwar nicht besonders poetisch oder romantisch, aber hinsichtlich seiner Brautwerbung war es sicher von Vorteil, daß er ein junges Gemüt voller Hemmungen besaß, daß es ihm schwerfiel, das auszudrücken, was ihm auf dem Herzen lag. Man mußte ihm immer wieder Mut machen, und das war in dieser Situation gar nicht so unpassend. Es verlieh seiner Werbung etwas Delikates, Spannendes, etwas, an das man lange zurückdenken konnte.

»Ich glaube, am Sonntag wird er sich endlich ein Herz fassen«, vertraute Constanze ihrer Busenfreundin Charlotte an, als sie eines Abends in ihrem Jungmädchenzimmer saßen und an ihrer Aussteuer häkelten.

»Ach, wie spannend«, flüsterte Charlotte.

»Ja, der Gedanke daran läßt mich erschauern«, gab Constanze zu. Und sie erschauerte.

Der Sonntag nahte, und Conrad erschien zum Tee. Constanze bemerkte voll Befriedigung, daß er nervöser war denn je. Die Tasse klirrte auf der Untertasse, wenn er sie auf den Tisch setzte, ein gutes Zeichen.

»Nimm doch noch einen Vanillekeks, Liebster«, ermunterte Constanze ihn; mechanisch griff er nach der Keksschale, tat einen Vanillekeks in seinen Tee und rührte abwesend um.

»Aber, Conrad! Was machst du denn da? Glaubst du, meine guten Vanillekekse sind der Zucker?«

Conrad errötete flammend.

»Verzeihung«, murmelte er, »ich – ich habe wohl an etwas anderes gedacht.«

Leicht erschauernd in freudiger Erwartung bemerkte Constanze, wie er mehrmals die Hand in die Jackentasche steckte; kein Zweifel, er wollte sich vergewissern, daß er auch an die Verlobungsringe gedacht hatte.

»Du wirkst so sonderbar heute abend, Conrad«, versuchte Constanze, ihm Mut zu machen, als er seinen Tee getrunken hatte und rastlos im Salon auf und ab wanderte. »Bedrückt dich etwas?«

»Ja, äh – nein ... bedrückt? Keineswegs.«

Er faßte sich an die Halsbinde.

»Möchtest du über etwas Bestimmtes mit mir sprechen?« fuhr Constanze einige Minuten später fort, weil es so aussah, als hätte ihn jeglicher Mut verlassen.

»Ja, wenn du selbst davon anfängst, dann ... Das heißt ... also ...« Er faßte sich wieder an die Halsbinde.

»Ja?« half ihm Constanze weiter.

»Ja, also ...«, murmelte er und blieb vor ihr stehen.

Constanzes Herzschlag jagte. Jetzt ist es soweit! dachte sie voll Freude. Jetzt fällt er vor mir auf die Knie. Und dann wird er meine Hand ergreifen ...

Aber Conrad fiel nicht auf die Knie. Er stand einfach vor ihr und sah erbarmungswürdig hilflos aus.

»Du wolltest etwas sagen, Conrad?«

»Ja, aber ... Ich weiß nicht, wie ich anfangen soll ... Ich meine ...«

»Was meinst du?«

»Ja, ich meine also, daß – daß das nicht so leicht zu sagen ist.«

Constanze warf ihm von ihrem strategisch günstigen Platz in der äußersten Sofaecke einen ermunternden Blick zu.

»Wer sagt denn auch, daß es leicht sein muß, liebster Conrad?« lächelte sie und zog den kleinen ovalen Mahagonitisch etwas zur Seite, damit er mehr Platz hatte, vor ihr auf die Knie zu fallen.

Aber statt dessen setzte er sich plötzlich neben sie und ergriff ihre Hände. Ihr Herz klopfte, daß sie fürchtete, ihre dünne weiße Seidenbluse würde reißen. Conrad starrte sie an, bleich und nervös, kein Wort kam über seine Lippen.

»Nun sag es doch!« bettelte sie fast flehentlich, aber schon mit einer Spur Ungeduld. Jetzt mußte er sich wirklich bald zusammennehmen und die Sache durchstehen.

»Ja, ich möchte dich darum bitten, äh ...«

Pause.

»Ja?«

»Ich möchte gern um deine ...«

Neue Pause.

»Ja, Conrad?«

»Ich möchte gern wissen, ob du – wir ... Ich meine ...«

Abermals blieb er stecken. Dann riß er sich schließlich unter Aufbietung aller Kräfte zusammen.

»Ja, also, ich hätte gern dein Einverständnis, daß – daß ich Charlotte heirate!«

Nie gab es eine Freundin für Gert

Es gibt junge Männer, die alle Mädchen kriegen können, die sie nur haben wollen, andere dagegen finden kein einziges. So war es mit Gert: Nie gab es eine Freundin für ihn.

Gert war sonst ein netter junger Mann, vielleicht ein wenig zu schüchtern, zu zurückhaltend. Er wußte nicht recht, wie man ein Mädchen kennenlernt, wie man Kontakte knüpft, wie man die ganze Sache überhaupt anpakken soll.

Er arbeitete in einem großen Architektenbüro, und dort neckte man ihn manchmal, weil er Mädchen gegenüber so gehemmt war.

»Immer rangehen, feste drauflos, mit frischen Kräften«, ermunterte ihn sein Freund Henning, der ein Don Juan war.

»Ja, aber ...«

»Schau dir Dieter an. Der hat fast jeden Abend ein neues Mädchen. Der geht ran! Der versteht die Frauen zu nehmen, weiß immer eine aufzutreiben.«

Dieter legte Rechenmaschine und Winkelmesser zur Seite und sonnte sich im Lob seines Kollegen. »Mädchen gibt es doch genug«, stimmte er zu.

»Ja«, gab Henning ihm recht, »süße Mädchen sind keine Mangelware. Sie machen das Leben erst lebenswert. Aber du läufst still herum und läßt den Kopf hängen. Allenfalls wirst du rot wie ein gekochter Krebs, wenn ein Mädchen dich bloß anguckt. Geh doch ran an den Speck, Mann! Aber vielleicht interessieren dich Mädchen gar nicht?«

Gert sah immer verzweifelter aus.

»Doch, natürlich«, beteuerte er eifrig, »natürlich interessieren sie mich, sehr sogar. Aber ich kann doch nicht einfach auf die Nächstbeste zugehen, die mir über den Weg läuft, und sagen: ›Wie wär's mit uns beiden, Kleine?‹ Zuerst muß man einem Mädchen doch richtig vorgestellt werden ... Oder ein Mädchen aus dem Bekanntenkreis ansprechen, auch eine, die man von der Schulzeit her kennt. Aber all die Mädchen, die ich von der Schule oder Universität her kenne, habt ihr euch ja längst geholt.«

Henning und Dieter lächelten zufrieden.

»Tja, man muß eben auf Draht sein«, prahlte Dieter.

Gert zog den Zirkel aus dem Kasten und beugte sich wieder über seine Arbeit. Ihm war richtig jämmerlich zumute. Wenn man sich so nach einem Mädchen sehnte und nicht auf Draht war, dann war das Leben nicht viel wert. Alle anderen hatten eine schicke Freundin, mit der sie ausgingen, tanzten, schmusten, sich amüsierten, vielleicht zum Camping fuhren, sie später sogar heirateten – nur er war allein.

»Ich habe eine Idee«, rief Dieter plötzlich begeistert, »ich habe ein Mädchen für dich, ein verdammt süßes Mädchen. Meine Schwester. Sie wirkt zur Zeit so bedrückt. Ich wette, sie hat keinen Freund. Mit der bist du gut bedient, das kann ich dir versprechen. Sie ist wirklich lieb und nett, vernünftig durch und durch. Und du siehst doch einigermaßen passabel aus. Ihr beiden würdet ein prima Paar abgeben. Weißt du was? Ich rufe sofort an.«

Dieter lief auf den Gang zum Münztelefon, und einige Minuten später kam er freudestrahlend zurück. Aufmunternd klopfte er Gert den Rücken.

»Alles klar, alter Knabe! Ich habe ihr von dir erzählt, und sie ist schon ganz gespannt. Sie sagt, sie hat die Nase voll von all diesen tollen Supermännern, die so selbstherrlich und treulos sind und es nur auf ein Abenteuer abgesehen haben. Sie ist an einem festen Verhältnis interessiert. Ich wette, ehe vierzehn Tage vergangen sind, steht ihr schon vorm Pfarrer. Heute abend sollst du sie treffen, pünktlich um acht an der großen Uhr am Dammtor. Sie ist klein und dunkel und trägt als Kennzeichen eine Langspielplatte von ABBA unterm Arm. Viel Glück, Kumpel! Aber benimm dich wie ein Gentleman, hörst du?«

Gert war völlig verwirrt und wußte nicht, was er sagen sollte. Kaum zu glauben, daß das so leicht ging. Da steckte sicher etwas dahinter. Vermutlich war sie potthäßlich. Er hatte Dieters Schwester nie gesehen, und wenn sie ihm nun verkuppelt werden sollte, dann wohl deshalb, weil kein anderer sie bei diesem Aussehen haben wollte. Aber natürlich konnte man ja mal hingehen und sie sich ansehen. Und das tat er.

Fünf Minuten vor acht stand er an der großen Uhr – und wirklich, da kam sie: klein und dunkel und mit einer

Langspielplatte unterm Arm; kein Zweifel, die Platte war von ABBA. Sie war das entzückendste Mädchen, das er seit langem gesehen hatte. Er lief auf sie zu.

»Ich bin's also, der ...«, begann er außer Atem.

»Okay, alles klar«, lächelte sie zurück. »Ich heiße Gabi. Was fangen wir an?«

In der Aufregung fiel Gert nichts Besseres als das Kino ein, aber sie fand die Idee himmlisch. Also gingen sie ins Kino: in einen Liebesfilm, in dem auch ein Gauner auftrat. Als der Gauner die Heldin miserabel behandelte, griff Gabi nach Gerts Hand und ließ sie bis zum Ende der Vorstellung nicht mehr los. Gert hätte vor Freude laut aufschreien mögen. So ein süßes Mädchen!

»Na«, fragte sie mit reizendem Lächeln, als sie wieder auf die Straße traten, »was nun? Wollen wir zu mir nach Hause und ein Glas Wein trinken?«

Das war mehr, als Gert je zu träumen gewagt hätte. Und sie hatte das so offen und unbefangen vorgeschlagen, als würden sie einander schon jahrelang kennen.

»Aber nur auf ein Glas Wein«, fügte sie sicherheitshalber hinzu. »Ich bin ein anständiges Mädchen ...«

»Na, ist doch klar«, murmelte Gert, »selbstverständlich. Außerdem habe ich Dieter versprochen, mich wie ein Gentleman aufzuführen.«

Gabi sah ihn erstaunt an. »Dieter?« fragte sie dann, »was für ein Dieter? Ich kenne keinen Dieter!«

Meine Ehe ist sehr glücklich, Sir

Paris. Stadt der Städte. Die Stadt, wo alles mögliche geschehen kann ... und auch ziemlich bald geschieht.

Es ist ein wunderbarer Frühlingstag. Die Straßencafés auf den Champs-Élysées sind zum Bersten voll. Der letzte freie Korbstuhl an einem kleinen runden Tisch vor dem Café George V. wird soeben von Jean Petit, dem berühmten Pariser Charmeur und Herzensbrecher, in Beschlag genommen. Eine hübsche junge Dame sitzt gegenüber. Jean Petit grinst ihr freundlich zu. Sie antwortet mit einem kühlen, herablassenden Blick – doch, um einen Mann wie Jean Petit zurückzuweisen, braucht es einiges mehr.

Beherzt versucht er, sie ins Gespräch zu ziehen. Sie gibt einsilbige Antworten – auf englisch. Offensichtlich eine Urlauberin! Jean bietet ihr eine Zigarette an. Höflich lehnt sie ab, zahlt ihre Rechnung und schickt sich an, zu gehen. Jean will, noch bevor sie aufstehen kann, ihre Aufmerksamkeit fesseln.

»Könnten wir uns nicht wiedersehen, Mademoiselle? Bitte vergeben Sie mir meine Kühnheit ... Wir wär's, wenn wir heute abend zusammen in die Oper gingen? Schenken Sie mir diesen Tag. Ich zeige Ihnen den Louvre ... die Mona Lisa, Tizian, Toulouse-Lautrec ... die Place de Concorde, die Tuilerien, Napoleons Grabmal ... ganz Paris! Ich versichere Ihnen, meine Absichten sind ehrenhaft, Mademoiselle.«

Sie bleibt sitzen.

»Ich bin kein Fräulein mehr.«

»*C'est très triste!* Sind Sie verheiratet?«

»Allerdings.«

»Aber warum sind Sie dann allein? Allein in Paris ... Darf ich fragen, wo sich Ihr Herr Gemahl aufhält?«

»Es geht Sie zwar überhaupt nichts an, aber wenn Sie's unbedingt wissen wollen: Er ist in London geblieben.«

»Ahhh! Und Sie machen ein paar Tage Urlaub – hier, in der Stadt der Städte?«

»So kann man es ausdrücken.«

»*C'est bien!* Dann könnten wir doch genausogut ...«

»Nein, können wir nicht. Meine Ehe ist sehr glücklich, Sir. Kommen Sie also nicht auf dumme Gedanken!«

»*C'est dommage!* Glücklich verheiratet, ha! Ihr Herr Gemahl muß ein wahrer Teufel sein. Wenn er Sie liebte, würde er Sie nicht allein nach Paris reisen lassen. Weiß Gott, ein gefährlicher Ort für eine alleinstehende Dame ... Sie könnten verführt werden! Gegen Ihren Willen den Verlockungen erliegen! Lassen Sie mich Ihr Beschützer sein! Wo wohnen Sie?«

»Hotel Châtillon.«

»Ah, *merveilleux*! Ich habe da eine Idee – eine wundervolle Idee! Hören Sie: Ich ziehe ins Hotel Châtillon, und

Sie brauchen nur mit den Fingern zu schnippen, wenn Sie meine Hilfe benötigen ... Aber zuerst zeige ich Ihnen die ganze Stadt: Sacré-Coeur, Palais-Royal, Montmartre ...«

»Hören Sie schon auf«, erwidert sie lächelnd. »Das ist wohl die unverschämteste – die verrückteste Idee, die ich je gehört habe. Das kommt überhaupt nicht in Frage! Jeder im Hotel weiß, daß ich verheiratet bin und mein Mann sich in London befindet. Mein guter Ruf wäre ein für allemal dahin, wenn ich plötzlich in Begleitung eines völlig Unbekannten dort auftauchte. Ihr Franzosen seid noch draufgängerischer, als ich dachte. Du lieber Himmel!«

Jean Petit sitzt ruhig da und starrt traurig ins Leere, während er das Pernod-Glas in der Hand dreht. Plötzlich ist der Schatten auf seiner Stirn wie weggeblasen. Ein breites, fast jungenhaftes Lächeln erhellt sein Gesicht. Anscheinend hat er einen neuen, wundervollen Einfall.

»Verzeihen Sie ... wie darf ich Sie nennen, Madame?«

»Mrs. Harrison.«

»Und – der Vorname?«

»Kathleen.«

»Bitte hören Sie mich an, Madame Kathleen ... *ma chérie* ... Sie erzählen im Hotel, daß Ihr Mann brieflich angekündigt hat, heute abend in Paris einzutreffen. Dann ziehen Sie mit Ihrem Gepäck – auf meine Rechnung, versteht sich! – in die teuerste Suite des Hauses. Ich komme mit meinem ganzen Gepäck dazu. Jeder im Hotel wird glauben, daß ich Ihr Mann bin. Wie Sie hören, spreche ich perfekt ausländisch, so daß niemand den geringsten Verdacht schöpfen wird. Und wir werden ein paar wunderschöne Tage verleben ... wunderschön, wirklich!«

»Niemals! Ich bin eine anständige Frau.«

Jean Petit nimmt ihre Hand und drückt galant seine Lippen drauf.

»Herz ist Trumpf, Madame!« seufzt er leidenschaftlich

und läßt nicht locker.»Das Leben ist so kurz ... genießen Sie es! Eine so gutaussehende, bezaubernde Frau wie Sie sollte doch nicht ohne ein winziges romantisches Abenteuer nach Hause zurückkehren. Das würden Sie sich nie verzeihen.«

Kleinlaut schüttelt sie den Kopf.

»Sie sind ein hoffnungsloser Fall«, fügt sie mit einem mitleidigen Lächeln hinzu, das in Jean Petit schon die Hoffnung aufkeimen läßt, er habe gewonnen.

Er winkt nach dem Kellner, und Kathleen protestiert nicht, als er zwei Gläser Pernod bestellt. Eine halbe Stunde später sind die Gläser leer, und Jean bestellt noch einmal dasselbe. Auch diesmal leistet die hübsche junge englische Lady keinen Widerstand.

Sie hat auch nichts dagegen, daß er sie schüchtern küßt, bevor sie gemeinsam aufbrechen.

»Sie werden doch tun, was ich vorgeschlagen habe, nicht wahr?« fleht er.

»Vielleicht.«

Sie zwinkert ihm verheißungsvoll zu, bevor sie im Gedränge der Champs-Élysées verschwindet.

An diesem Abend zieht Jean Petit mit seinem Gepäck zum Hotel Châtillon.

»Ich bin William Harrison aus London«, erklärt er dem Mann an der Rezeption. »Hat meine Frau Sie von meiner Ankunft informiert?«

»Mr. Harrison? *Oui, Monsieur!* Ihre Suite steht bereit.«

Jean Petit atmet erleichtert auf.

»Ausgezeichnet«, sagt er. »Bitte servieren Sie ein erstklassiges Abendessen in unserer Suite, für mich und meine Frau ... und vergessen Sie nicht den besten Champagner des Hauses!«

Der Portier hinter der Theke zieht erstaunt die Brauen hoch.

»Aber Monsieur, Mrs. Harrison ist vor einer Stunde abgereist!«

»Abgereist?«

»*Oui, monsieur*. Hier ist die Rechnung Ihrer Frau für die letzten vierzehn Tage. Sie würden alles begleichen, wenn Sie abends kommen, meinte sie.«

Herrscher des Dschungels

Der Held unserer Geschichte liegt zwischen dichten Büschen, kleinen Bäumen und trockenem, störrischem, graugelbem Savannengras im tiefsten Afrika. Es ist der König der Tiere höchstpersönlich, der Herrscher des Dschungels, der mächtige Löwe Simba. Schläfrig, mit gefülltem Bauch hat er den ganzen Tag dort gelegen, und erst als die Sonne untergeht und die Luft sich abkühlt, erhebt er sich träge und gibt durch tiefes, grollendes Brüllen bekannt, daß er wach ist. Zu Tode erschreckt, fliegen die Tiere der Savanne nach allen Seiten, aber heute haben sie nichts zu befürchten, denn Simba hat ein fettes Zebra im Bauch, er ist satt und ruhig.

Einen Augenblick verharrt er unentschlossen. Soll er sich wieder hinlegen und weiterschlummern, oder soll er in den Dschungel zur Wasserstelle trotten und Flüssiges schlabbern? Er wählt letzteres. Der Durst ist schnell gelöscht, aber die Nacht ist noch jung. Was tut er jetzt?

Er schlendert über die Savanne, pfeift eine kleine Melodie auf suaheli und langweilt sich. Die Tiere der Savanne spüren, daß er keine Beute sucht, und sie flüchten weniger erschreckt, als das ungeschriebene Dschungelgesetz es vorschreibt. Das stört Simba, erbost ihn. Er ist ja der Herrscher des Dschungels. Der Drang, sich zu behaupten, so daß keiner im Zweifel darüber bleibt, wird übermächtig. Mit einem Satz springt er auf eine grasende Gazelle und legt seine Klaue auf sie.

»Wer ist der Herrscher des Dschungels?« brüllt er und starrt in die großen sanften, zu Tode erschreckten Augen der Gazelle.

»Das bist du, mächtiger Simba«, versichert die Gazelle hastig.

»Und wer ist der Schrecken der Gazellen?« brüllt Simba.

»Auch du, Simba.«

Der Löwe lockert seinen Griff um die Gazelle und murmelt zufrieden: »Okay, dann verschwinde jetzt, hau ab!«

In langen Sätzen springt die Gazelle über die Savanne fort, und Simba schleicht von dannen, summt eine Strophe aus *Savannah* vor sich hin. Er muß sich ja die Zeit vertreiben.

Wenig später spürt er ein Gnu auf, er verfolgt es, bis er dem großen schwarzen Tier gegenübersteht. Schnell dreht sich das Gnu um, will die Flucht ergreifen, aber Simba ist schneller, schlägt eine Klaue in das büffelartige Horn und zwingt den Kopf des Gnus zu Boden, daß es kaum Luft kriegt.

»Wer ist der König der Tiere?« brüllt Simba.

»Du, mächtiger Simba«, keucht das Gnu.

»Und wer ist der Herrscher des Dschungels, der Schrekken aller hinterlistigen Gnus?«

»Auch du. O mächtiger Simba«, stöhnt das Gnu und sinkt halb in die Knie.

Simba läßt sein Horn los. »Okay«, murmelt er geschmeichelt, »jetzt kannst du dich wieder unsichtbar machen. Aber schnell!«

Das Gnu verschwindet, und Simba stößt ein Donnergebrüll der Zufriedenheit aus. Weiter trottet er über die Savanne und schnalzt mit der Zunge zu den aufreizenden Rhythmen der Urwaldtrommeln.

Plötzlich steht er einem Büffel gegenüber, seinem schlimmsten Feind. Bevor der Büffel mit seinen mächtigen, geriffelten, lebensgefährlichen Hörnern in Notwehr zustoßen kann, hat Simba seine Klauen auf ihn gesetzt und mit einem sicheren Griff um sein Horn seinen Kopf herumgezwungen.

»Wer ist der König der Tiere?« brüllt Simba und hält den Kopf wie in einem Schraubstock fest.

Der Büffel antwortet nicht. Simba setzt die Zähne in seinen Hals.

»Na los jetzt«, zischt er zwischen seinen scharfen Eckzähnen hervor, »wer ist der König der Tiere?«

»Du, mächtiger Simba«, kapituliert der Büffel.

Simba spuckt ein Büschel Büffelleder ins Gras aus. »Und wer ist der Herrscher des Dschungels, der Schrecken aller korrupten Büffel?«

Simba beißt sich im Hals des Büffels fest, aber über dessen Lippen kommt kein Wort. Tapfer frißt er den Schmerz in sich hinein, und noch fester dreht Simba seinen Hals um.

»Na los, du Niete, wer ist der Herrscher des Dschungels?«

»Du ... mächtiger Simba«, stöhnt der Büffel.

Simba lockert seinen Griff. Der Büffel steht einen Augenblick kopfwackelnd da, murmelt etwas Unverständliches und schleicht von dannen. Simba wirft ihm einen triumphierenden Blick nach und geht weiter, wobei er mit seiner Baßstimme einige Strophen aus Kiplings *Mandaley* brummt: *Wenn die Reisfelder im Nebel versanken und der Sonnenuntergang nahte, ergriff sie ihr kleines Banjo und sang kulla-lolo* ...

Nochmals schreitet er zur Wasserstelle. In einem nahen Sumpf erblickt er ein Nashorn. Um es zu verscheuchen, gibt Simba ein donnerndes Gebrüll von sich, aber das Nashorn grast unangefochten weiter. Ein gefährliches Blitzen, das nichts Gutes verheißt, kommt in Simbas Blick. Vorsichtig schleicht er sich an das große, graszupfende Tier heran, setzt zum Sprung an, schlägt seine Klauen in den Rücken des Nashorns und brüllt: »Wer ist der König der Tiere, der Herrscher des Dschungels, der Schrecken aller kleinen lächerlichen Nashörner?«

Das Nashorn schlägt mit seinem Kopf aus, stößt blitzschnell sein Horn unter Simbas Bauch, hebt ihn hoch in die Luft und schickt ihn mit gewaltiger Kraft in einem riesigen Bogen hinüber ins Dornengebüsch.

Verletzt rappelt sich Simba taumelnd wieder hoch und trottet aus dem Gebüsch über die Savanne. Als er am Nashorn vorbeikommt, wirft er dem großen, plumpen Tier einen bösen Blick zu und murmelt verdrießlich: »Okay ... aber nur, weil du nicht sofort die Antwort auf meine Frage weißt, brauchst du ja nicht gleich grob zu werden.«

Das Mädchen aus dem Straßencafé

Heinrich war ein recht flotter Bursche. Und er wußte das. Wie er so smart und weltmännisch mit seinem Drink in der Hand in dem exklusiven Straßencafé dasaß, konnten die Mädchen leicht auf ihn fliegen. Und das war auch seine Absicht. Er wollte ein Mädchen aufreißen. Seiner vielen Freundinnen wurde er nämlich immer sehr schnell überdrüssig, und dann gab er ihnen den Laufpaß. Ab mit dir! Mädchen gab es genug. Das heißt – im Augenblick gab es gar nicht so viele. Er ließ seinen Blick von Tisch zu Tisch schweifen. Die weiblichen Gäste sahen ihm entweder zu alt, zu verheiratet oder zu langweilig aus – und trotzdem! Die hochgewachsene Blondine am Nachbartisch war eigentlich nicht schlecht, sie war gut gebaut, alles saß, wo es sollte, vielleicht war sie ein wenig naiv, aber das würde die Sache ja nur vereinfachen! Sie hatte gerade die Rechnung verlangt, und jetzt wühlte sie fieberhaft in ihrer Handtasche, während sie sich gleichzeitig nervös umblickte, in der Hoffnung, der Ober sei noch nicht unterwegs. Es war eindeutig: Sie konnte ihr Portemonnaie nicht finden. Heinrich erhob sich resolut und setzte sich zu ihr an den Tisch.

»Gestatten Sie, daß ich diese Rechnung begleiche, Fräulein?« sagte er mit seinem betörendsten Lächeln.

»Es ist furchtbar.« Das junge Mädchen ergriff den so unerwartet aufgetauchten Rettungsring. »Ich muß mein Geld zu Hause liegengelassen haben. Und jetzt habe ich hier für viel Geld gegessen. Aber ich kann Sie doch nicht einfach bezahlen lassen ... oh, das ist die blödeste Situation, in der ich jemals...«

Heinrich rief den Ober und bezahlte.

»Wenn Sie mir ihre Adresse geben, kann ich Ihnen einen Scheck schicken, und –«

»Vergessen Sie es!« unterbrach Heinrich und versuchte es noch einmal mit seinem allerbetörendsten Lächeln.

»Ah ...« Das Mädchen atmete erleichtert auf und stellte ihre Handtasche wieder hin. »Das war ein schlimmer Schreck. Ich glaubte schon, ich müßte in die Küche zum Tellerwaschen!«

»Wenn Sie es nicht so eilig haben, Fräulein, darf ich Sie vielleicht einladen, mit mir etwas zu trinken, bevor Sie gehen? Selbstverständlich ohne jede Verpflichtung.«

»Ja, ich könnte eigentlich etwas brauchen ... nach dem Schock!« lächelte das junge Mädchen. Sie tranken etwas. Eine halbe Stunde später fragte Heinrich, ob er Annegret (so hatte sie sich vorgestellt) ins Theater einladen dürfe.

Sie könnten es gerade noch schaffen, meinte er. Wenn sie Lust hätte. Sie hatte Lust.

Sie amüsierten sich köstlich über das Stück. In der Pause lud Heinrich sie zu einem Drink ein, und mitten im dritten Akt ergriff er ihre Hand und hielt sie ganz fest. Alles klar!, dachte er, das Mädchen war so gut wie sein. Aber sie gehörte zu dem Typ, bei dem man langsam und methodisch vorgehen mußte. Nicht gleich mit der Tür ins Haus fallen und versuchen, schon am ersten Abend mit nach Hause genommen zu werden! Nein, es war eher eine langfristige Investition nötig; aber mit ein bißchen Geduld würde es schon klappen. Es war nicht das erste Mädchen, das er ins Verderben geführt hatte. Er verstand sein Metier.

Nach der Vorstellung gingen sie tanzen. Dann wollte Annegret nach Hause. Am nächsten Morgen um halb neun müsse sie zur Arbeit im Flughafen sein, sagte sie.

Heinrich brachte sie nach Hause.

»Es war ein schöner Abend«, sagte sie beim Abschied. Heinrich fragte nicht, ob er mit hineinkommen dürfe. Dazu war er zu routiniert. Annegret gehörte zu den etwas altmodischen Mädchen, bei denen man sein Ziel nur erreichte, wenn man sich die ersten Abende wie ein hundertprozentiger Gentleman benahm – aber diese Methode war dann auch bombensicher.

»Vielleicht könnten wir uns an einem anderen Abend wiedersehen?« fragte er mit seinem gewinnendsten Lächeln. »Es ist wundervoll, daß wir uns getroffen haben. Darf ich Sie morgen früh zu Ihrer Arbeit im Flughafen fahren? Ich muß sowieso in die Richtung.«

»Ich möchte Ihnen keine Ungelegenheiten bereiten.«

»Das tun Sie auch nicht ... ganz im Gegenteil.«

»Also gut, dann sehen wir uns morgen früh um acht. Vielen Dank für den schönen Abend.«

Sie gab ihm einen zurückhaltenden Kuß auf die Wange und ging hinüber zu einer kleinen Villa. Noch einmal winkte sie ihm zu, als er mit seinem Wagen aus der stillen Nebenstraße davonfuhr. Dann drückte sie die Haustürklingel. Eine ältere Frau öffnete.

»Ich komme vom Zimmernachweis des Fremdenverkehrsbüros. Mir wurde hier ein Zimmer angewiesen, bin ich richtig?«

»Ihr Zimmer ist bereit«, antwortete die Frau. »Sie benötigen es nur für eine Nacht, nicht wahr?«

»Ja, morgen fliege ich wieder nach Hause«, antwortete Annegret.

»Soll ich Ihnen ein Taxi zum Flughafen bestellen?«

»Nein, vielen Dank. Ich habe schon eine Transportmöglichkeit!«

Sie dachte an Heinrich. Wie konnten junge Männer bloß *so* naiv sein!

Warum ist das Schwimmbad der einzig wahre Ort, um ernsthafte Bekanntschaften zu schließen? Was hat Ephraim Kishon mit einem Wesen von einem anderen Stern gemein? Warum ist die Ehe nur für Frauen erfunden worden?

Diesen und vielen anderen Fragen geht Sara Kishon in ihrem unkonventionellen Ehe-Porträt nach, das zugleich eine humoristische Offenbarung für alle Kishon-Fans ist, die hier die »beste Ehefrau von allen« und ihren Angetrauten einmal von einer ganz anderen Seite kennenlernen.

»Praktisch jeder Satz dient dem Amüsement einer Leserschaft, die für ihr Interesse auf jeder Seite dutzendfach belohnt wird.« Welt am Sonntag

ISBN 3-404-14389-2

BASTEI LÜBBE